曾中懋

四川省文物考古研究院名家学术文集

曾中懋 著

巴蜀书社

图书在版编目（CIP）数据

四川省文物考古研究院名家学术文集.曾中懋卷 /
曾中懋著. -- 成都：巴蜀书社，2023.11
ISBN 978-7-5531-1956-4

Ⅰ.①四… Ⅱ.①曾… Ⅲ.①文物—考古—中国—文
集 Ⅳ.①K870.4-53

中国国家版本馆CIP数据核字（2023）第060481号

SICHUANSHENG WENWU KAOGU YANJIUYUAN MINGJIA XUESHU WENJI·ZENGZHONGMAO JUAN

四川省文物考古研究院名家学术文集·曾中懋卷

曾中懋 著

策　　划	周　颖　吴焕姣
责任编辑	王欣怡
封面设计	冀帅吉
内文设计	四川胜翔数码印务设计有限公司
出　　版	巴蜀书社
	四川省成都市锦江区三色路238号新华之星A座36楼
	邮编：610023　总编室电话：（028）86361843
网　　址	www.bsbook.com
发　　行	巴蜀书社
	发行科电话：（028）86361852
经　　销	新华书店
印　　刷	成都东江印务有限公司
版　　次	2023年11月第1版
印　　次	2023年11月第1次印刷
成品尺寸	170mm×240mm
插　　页	8页
印　　张	18.75
字　　数	260千
书　　号	ISBN 978-7-5531-1956-4
定　　价	78.00元

总序

　　四川省文物考古研究院前身为四川省文物管理委员会（办公室），成立于1953年5月1日。在党和政府的领导、关怀下，我院从不足30人的团队起步，逐渐成长为一个拥有185人编制，兼具考古、文物修复、文化遗产保护、《四川文物》编辑出版四大职能的综合性考古机构。

　　七十年来，全院职工勠力同心，探索历史未知、揭示历史本源，各项事业蓬勃发展，取得了长足进步：共获得全国十大考古新发现11项、中国考古新发现4项、百年百大考古发现2项、新时代百项考古新发现5项、田野考古奖3项，为"建设具有中国特色、中国风格、中国气派的考古学"贡献了四川力量。

　　饮水思源，回顾我院发展的每一个阶段，无一不浸透着我院一代代文物考古工作者拼搏奋斗的艰辛。在我省文物考古事业的发展进程中，他们始终恪守初心，身体力行地积极投身于四川文化遗产保护体系的缔造，甘之如饴地用心守护着巴蜀大地的文化遗产。在他们的努力下，四川先秦考古学的文化序列日渐完整，巴蜀文明起源和发展的历史脉络逐渐明朗，西南地区的历史轴线不断延伸，古代四川的文化面貌愈发清晰。他们为中国考古事业做出了卓越的贡献，为四川考古争得了荣誉，更为我院今天的厚积薄发奠定了坚实的基础。

　　《四川省文物考古研究院名家学术文集》是为四川省文物考古研究

院七十周年华诞而发起的一套纪念性文集，共九卷，分别收录了四川省文物考古研究院学术名家秦学圣先生、沈仲常先生、李复华先生、王家祐先生、曾中懋先生、赵殿增先生、黄剑华先生、张肖马先生、陈显丹先生的代表性学术论文。

这些老前辈中，有的是四川省文物管理委员会（办公室）初创成员，有的是新中国培养的第一批文物考古工作者，有的是新中国成立以来四川文物考古事业从蹒跚起步到步入"黄金时代"的亲历者、见证者。从旧石器时代考古到明清时期考古，从青藏高原的遗址发掘到长江三峡的文物抢救，前辈们筚路蓝缕，风餐露宿，心怀使命与赤诚，在巴蜀大地上写就了锦绣文章。他们将四川考古提升到了一个全新的高度，在中国考古史上留下了光辉的印记。在本职工作之外，前辈们对待后学更是关怀备至，倾囊相授，无私扶掖，令我们感念不已。

本套文集所收均为前辈们的心血之作，有着很高的学术价值：材料运用充分详尽，理论与实践紧密结合；视野开阔，旁征博引，富于创新精神；论述严密，分析鞭辟入里，给人以深刻启发；多学科手段交叉运用，研究路径多元。这些文字饱含着前辈们的科学精神与人文情怀，充分展现了他们求真务实的工作作风和严谨的治学态度。嘉惠学林、泽被后学，本套文集既是我院七十年学术发展历程的缩影，也是我院后学接续前辈们的学术脉络，踔厉奋发、继往开来的新起点。

"雄关漫道真如铁，而今迈步从头越"，衷心期望我院全体干部职工以前辈们为榜样，传承前辈们的优良学统，勇于担当，努力成长。按照习近平总书记提出的"在新的历史起点上继续推动文化繁荣、建设文化强国、建设中华民族现代文明这一新的文化使命"，在更广的领域、更深的层面开展文物考古研究和探索实践，笃行不怠，奉献出更多、更新、更好的学术成果，进一步积淀我院的学术底蕴，为我院创建世界一流考古机构注入崭新力量。

2023 年 10 月

作者简介

曾中懋，男，1942年12月生，四川成都人，中共党员，四川省文物考古研究院研究馆员。1964年毕业于西南财经大学（原成都大学）化学系化学专业。先后任职于四川省博物馆、四川省文物考古研究院文物科技保护中心。1965年开始从事文物科技保护工作。研究方向为：石质文物的保护和出土饱水竹、木、漆器的脱水定型。先后完成"MSG-8风化岩石雕刻品封护加固材料的研究""古代石刻表面油烟污物清洗材料的研究""石质文物表面风化层厚度的无损测试技术""出土饱水竹、木、漆器含水率无损测试技术""出土饱水漆器的脱水定型技术"等多项研究工作。其中MSG-8风化岩石雕刻品封护加固材料获1985-1986年文化部科技进步三等奖。先后主持"大足石刻中风化石雕的封护加固工程""巴中南龛石窟防风化处理工程"和"涪陵白鹤梁水文题刻保护"等26项文物保护工程。在国内外学术刊物上发表《四川地区古代石刻风化原因的研究》《高颐阙残损阙檐的修复技术》《王建墓防渗、排水和通风工程及其稳定性的研究》《飞天藏木雕人像的杀虫和加固》《三星堆祭祀坑出土金器的成分分析》《三星堆祭祀坑出土金面铜头像上的铜—金黏合剂分析》《王建墓棺床四周雕刻风化原因的研究》《试探新都战国墓青铜器不锈之原因》《四川新都战国墓椁板颜料鉴定》等学术论文和工作报告32篇。1990年11月被聘为中国联合国科教文组织委员会主办的"泰山壁画保护研讨班"高级教师。1989年赴日本福冈讲学。2002年以来，先后被湖北大冶建筑园林公司和重庆园林建筑公司聘为技术顾问，并承担项目技术负责人的职务。

图版一　1982年10月乐山中国文物保护技术协会一届三次理事扩大会
（第三排左五为曾中懋）

图版二　1983年3月在大邑安仁刘氏庄园召开的第一期四川省文管所长培训班讲课

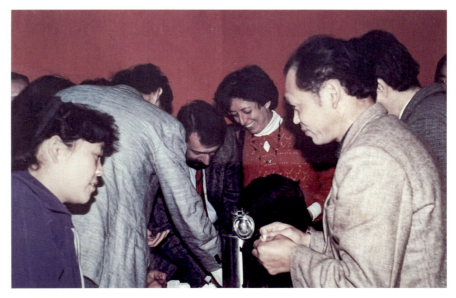

图版三　1983年3月在大邑安仁刘氏庄园召开的第一期四川省文管所长培训班课后
与学员交流

图版四　1984年3月在大邑安仁刘氏庄园召开的第二期四川省文管所长培训班讲课

图版五　1985年大足宝顶山摩崖造像危岩治理工程竣工（第二排右五为曾中懋）

图版六　1986年7月三星堆祭祀坑发掘现场

（知名考古学家林向摄）

图版七　1986年7月三星堆
祭祀坑发掘现场工作照
考古学家林向照片题字

图版八　1989年5月某汉墓出土文物现场保护

图版九　2003年云阳张飞庙张飞造像保护

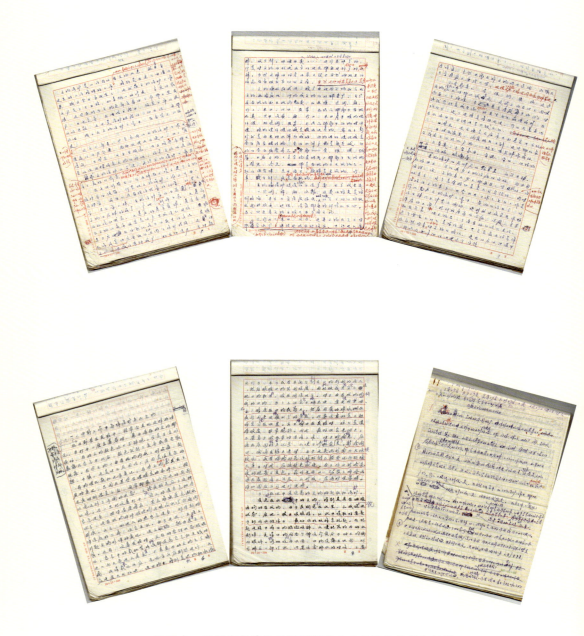

图版十　四川省文管所长培训班讲义《文物的保养》初稿

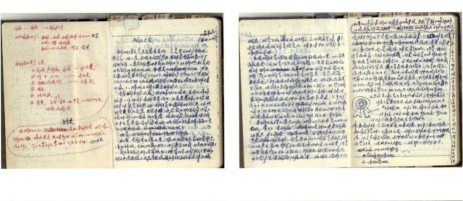

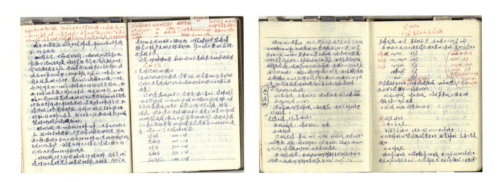

图版十一　四川省文管所长培训班讲义《文物的保养》修订稿

图版十二　四川省文管所长培训班讲义《文物的保养》定稿

目　录

其他类文物保护修复研究

教学讲义

附　录

金属类文物保护修复研究

试探新都战国墓青铜器不锈之原因

　　四川新都县战国墓的腰坑中，出土了青铜器188件。这批青铜器保存程度较好，大部分器物仅是表面局部轻微氧化变黑。特别是分别盛在两个铜缶内的铜工具和铜兵器，更是金光闪闪、色泽如新、锋利无比，毫无锈蚀的痕迹。[①]它们是四川出土的战国时期青铜器中，保存质量最好的一批。在全国同时代的墓葬中，青铜器保存得如此之好，也属少见。

　　这批青铜器，除盛在一个铜缶中的铜兵器以外，表面都未经过任何防锈处理。壶、鼎、鉴、缶等容器氧化锈蚀的程度是内壁低于外壁，腰坑水中浸泡部分低于暴露在腰坑空气中的部分。很显然，这些青铜器不锈蚀或轻弱锈蚀的原因，主要是环境条件。为此，我们对腰坑水和一些器物内的盛水进行了分析。

一

　　腰坑中有大量的地下水存在，在发掘时，由于不慎，已将腰坑水

---

① 四川省博物馆、新都县文物管理所：《四川新都战国木椁墓》，《文物》1981年第6期。

弄脏污染，无法取样分析。只好将保留在壶、缶、鼎等有盖容器内仅存的少量液体作为腰坑水的样本，分别取样，分别分析。共取样8个，见表一：

表一

出土号	器物名称	器物内装有何物	PH值	总硬度	暂时硬度	永久硬度	氧化度
273	壶	仅有水液	8.17	6.80	6.80	○	14.4
281	壶	仅有水液	7.20	2.04	2.04	○	未测
217	鉴	有水液和青铜兵器	7.74	4.08	4.08	○	23.9
264	缶	有水液和青铜工具	7.72	4.76	4.76	○	31.4
205	鼎	有水液和鸡骨	8.46	7.48	7.48	○	17.5
194	鼎	有水液和猪骨	8.01	6.12	6.12	○	22.5
272	鼎	有水液和狗骨	7.59	4.08	4.08	○	19.2
154	鼎	仅有水液	7.42	3.40	3.40	○	12.9

取样后，将水样在常温下静置几天，让泥土和杂质从水样中自然沉降。然后用离心分离法，进一步除去水样中的悬浮物。

经过初步机械法处理，观察到所取8个水样，都是无色、无味、无嗅、透明的液体。

（一）PH值（酸碱度）的测定

使用成都仪器厂生产的SHD-2型酸度计，利用甘汞电极作为参比电极，玻璃电极作为指示电极，进行PH值（酸碱度）的测定。测定结果见表一。

从分析结果来看，各个器物内液体的酸碱度在7.20～8.46之间。粗略地说，水液是中性偏碱。准确地说，应属弱碱性。

（二）定性分析

各个水样采用H_2S（硫化氢）分组法，分别进行阳离子组检，然后再进行个别鉴定。发现各个水样中都仅有Ca^{2+}（钙离子）和Mg^{2+}（镁离子）存在。而Ca^{2+}的含量又大大地多于Mg^{2+}的含量。

再对各号水样进行阴离子组检和个别鉴定，均未发现常见的阴离子存在，特别是Cl^-（氯离子）和SO_4^{2-}（硫酸根离子）。而在水样中存在着少量的CO_3^{2-}（碳酸根离子）和HCO_3^-（碳酸氢根离子），使用一般的化学方法是不易检出的。

（三）硬度的测定

水样中存在着Ca^{2+}（钙离子）和Mg^{2+}（镁离子），而钙盐和镁盐的含量决定着水样中的硬度。水样的硬度是水的一种重要的特性，测定水样的硬度有多种方法，我们采用酸碱滴定法。分别测定所取水样的总硬度、暂时硬度和永久硬度，测定结果见表一。

按照工业上对水的软硬划分标准，这些水样，包括腰坑水都属于软水之列。这些水样中总硬度和暂时硬度的差别，反映了这些青铜器在入墓前的使用情况，与入墓时内盛何物也有着密切的关系。

（四）氧化度的测定

水的氧化度表明在一定条件下，将已溶解于一升水中的有机物氧化所需要的氧量。同时，氧化度也表明在一升水中溶解的有机物数量的多少。水样的氧化度的测定是使用$KMnO_4$（高锰酸钾）氧化法，测定结果见表一。

从测得各个水样的氧化度数据来看，盛有青铜工具的264号缶内氧化度最高，内盛有狗、鸡、猪之类食物的鼎内水样的氧化度比不盛食物的偏高。一般未盛有食物的壶、鼎内水样的氧化度均在12.9～14.4之间。

二

在进行了上述分析的基础上，现在来讨论这批出土青铜器不锈蚀和轻弱锈蚀的原因。我们认为：

（一）腰坑水中不存在Cl^-（氯离子），是青铜器不锈蚀和轻弱锈蚀的最主要原因

通过定性分析和硬度测定看出：在水样中钙和镁离子的含量是不高的，钙和镁离子在腰坑水中存在量的多少，对于青铜器的锈蚀不产生直接影响，而阴离子的存在对于青铜器的锈蚀却是异常重要的。如

果青铜器是浸泡在既含有氧气，又含有Cl⁻（氯离子）的腰坑水中，就会慢慢地生成氯化亚铜，使青铜器患上"青铜病"，种下青铜器继续锈蚀的祸根。[1]时间一长，会使整个青铜器完全崩溃，成为一块块碱式碳酸铜和碱式氯化铜的锈体，这在四川地区的早期考古发掘中是经常遇到的现象。

通过定性分析未发现有氯离子的存在，通过硬度测定，得出永久硬度为零，也说明无氯离子存在，或者氯离子的含量在检出限量以下。

（二）缺氧的环境是青铜器不锈蚀或轻弱锈蚀的一个原因

青铜器放置在湿润的空气中，能生成铜绿——碱式碳酸铜；放置在干燥的环境中，青铜器的表面也会缓慢地氧化，生成氧化铜。这层黑色氧化铜紧密地分布在青铜器的表面上，保护着青铜器。上述两种锈蚀的发生，都离不开氧气，也就是说，氧气的存在对青铜器的锈蚀是必要的。

新都战国墓的腰坑处于离地表三米多的深处，上面覆盖着腰坑盖板、棺椁和三米多厚的泥土，腰坑四周也同棺椁一样，填满了较厚的灰膏泥。墓室虽然早年被盗，但棺椁位置却未移动，腰坑也未被盗墓者发现。这样就保持了腰坑内长期的密封性，造成了一个与外界无气体交换的特殊空间。鼎内盛放的易于腐败的食物——鸡、猪等动物肢体的腐败，一部分青铜器表面缓慢开始的轻弱氧化，再加上腰坑内一些喜氧微生物的呼吸，致使腰坑逐渐成为一个缺氧的环境，使青铜器的锈蚀，不管是开始了的，还是未开始的，都停止了下来。

从测得的各个水样的氧化度可以看出：在各个已测的水样中，特别是盛有食物的三个鼎内能够被氧化的有机物的量比常水中多，这里面也包含着腰坑木板和青铜工具上木柄的部分水解产物。这些较多的有机物为什么不继续氧化呢？这显然是腰坑中氧气缺乏所致。这批出土青铜器是处在既没有氧气，又没有有害离子，特别是没有对青铜器危害最大

① 奥根：《古青铜器的检验与处理》，《国际文博参考资料》1965年第5期，第49—50页。

的氯离子存在的良好环境中。这个良好环境的造成，不是人为的，而是偶然的。

（三）在无氯缺氧的环境中，少量的可溶性金属阻蚀剂——$Ca(HCO_3)_2$（碳酸氢钙）的存在，对青铜器保存得特别好是有一定作用的

从总硬度的测定结果中，我们看到各个水样的总硬度不算大，水溶液中碳酸氢钙的含量不多。碳酸氢钙是一种常见的水溶性的金属阻蚀剂。[1]当把青铜器放在含有碳酸氢钙的水溶液中，碳酸氢钙在阴极反应的作用下，在金属表面上会形成一层薄而透明的石灰质的保护层，使青铜器免遭锈蚀。这层石灰质的保护层在水溶液中，会与碳酸氢钙分子处于一种化学平衡之中。这种平衡一旦遭到破坏，碳酸氢钙对金属的阻蚀作用也就失效。碳酸氢钙的这种对青铜器的保护作用，只有在水溶液中没有氯离子存在时才是有效的。一旦有氯离子存在，阴极反应的产物，就不是具有保护青铜器作用的石灰质，而是易溶解于水的氯化钙。[2]分析结果表明，没有氯离子存在，正是这批青铜器所处的一个特殊环境。

（四）264号铜缶内装铜工具保存得特别好的原因分析

在264号铜缶内装有65件铜工具和铜兵器，保存状况为这批出土青铜器之冠。出土时，在缶内也装满了水溶液，将铜工具和铜兵器完全浸泡。经检查发现铜缶内壁保存状况也与所盛的铜工具一样，毫无锈蚀。这样仅用上述的有关这批出土青铜器轻弱锈蚀的三条理由，来说明264号铜缶内装有的铜工具不锈蚀是不够的。在对缶内水溶液进行氧化度测定后，与其他容器内的水样的氧化度相比较，偏高较多，这是为什么呢？对缶内的水溶液取样进行钒—8—羟基喹啉试验，发现有微量的醇类存在。

青铜工具上的木柄长期浸泡在腰坑水中，由于腰坑水是弱碱性，

---

① U.R.艾万思：《金属的腐蚀与氧化》，华保定译，机械工业出版社，1976年，第258、128-132、144、338-339页。

② U.R.艾万思：《金属的腐蚀与氧化》，华保定译，机械工业出版社，1976年，第258、128-132、144、338-339页。

木柄发生了水解，产生了一系列水解产物。两千多年的浸泡，使这些青铜工具上的木柄水解得相当厉害，经测定含水率在199～508之间（见表二）。再加上厌氧微生物的存在，使得水解产物又发生了生物化学作用，产生了一系列复杂的有机物。

表二

样品号		1	2	3	4	5	6
湿重（W_1）		3.091	5.001	2.507	2.990	2.555	0.961
干重（W_2）		0.545	1.006	0.872	0.590	0.447	0.158
含水率	$\dfrac{W_1 - W_2}{W_1}$	82.40%	78.30%	65.40%	80.27%	82.50%	83.40%
	$\dfrac{W_1 - W_2}{W_2}$	467	397	199	407	472	508

在古代，缶是盛酒的容器之一，用酒殉葬在四川地区的明代墓葬中是常见的。战国时期的墓葬中，发现用酒殉葬的也是有的。1974年在河北省平山县中山国墓中，出土酒便是一例。因那时的酒还不是蒸馏酒，乙醇含量不高，在长期存放的过程中，由于厌氧微生物的生物化学作用，也产生了一系列有机化合物：乙酸、丁酸和己酸，以及己酸乙酯、丁酸乙酯和乙酸乙酯等。[①]

无论是木材还是乙醇的生物化学作用所产生的有机化合物，它们对青铜器能否起到阻蚀作用呢？在一些有关金属腐蚀理论的专著中，曾提到在水中加入某些极性有机物，可以降低金属腐蚀的速度。[②]仅从264号铜缶中青铜工具保存状况极佳来看，在无氯缺氧的环境中，金属腐蚀的速度与这些极性有机化合物的存在是有着一定关系的。

① 北京市发酵工业研究所：《中山王墓出土铜壶中的液体的初步鉴定》，《故宫博物院院刊》1979年4期。
② U.R.艾万思：《金属的腐蚀与氧化》，华保定译，机械工业出版社，1976年，第258、128-132、144、338-339页。

三

我们依据上述的四个推论，安排了一个模拟实验，即用人工的办法造成一个近似于腰坑环境的空间，把用战国时期出土青铜器做成的样品放在这个人工空间内，观察其锈蚀的情况。为此，我们使用了一个40cm的玻璃干燥器，在瓷板上分别放上五个250ml烧杯，烧杯内分别装入下述溶液：

①去离子水50ml；

②暂时硬度和总硬度在4～6之间的$Ca(HCO_3)_2$水溶液50ml，其中含乙醇0.1%，乙酸乙酯0.1%；

③暂时硬度和总硬度在4～6之间的$Ca(HCO_3)_2$水溶液50ml；

④暂时硬度和总硬度在4～6之间的$Ca(HCO_3)_2$水溶液50ml，其中含NaCl（氯化钠）0.1%；

⑤暂时硬度和总硬度为19.56的$Ca(HCO_3)_2$水溶液50ml。

在溶液中，分别放入青铜器的试样，再把各号烧杯连同溶液和试样一起放入干燥器内，封闭干燥器，用燃烧法除去干燥器内的氧气，这样在干燥器内部就形成了一个缺氧的空间。

另外，再取四个250ml烧杯，分别装入①②③④号溶液，分别放入青铜器的试样，编号分别为⑥⑦⑧⑨。将它们置于大气中，让其与空气中的氧气充分接触。

对这九个实验样品进行观察、记录。模拟实验进行的第一个月，每24小时观察记录一次，第二个月每48小时观察记录一次，从第三个月开始一直是每72小时观察记录一次，实验从1980年8月8日开始，至今已有4年多。观察记录见表三。

从观察记录中，可以证实：

（一）溶液中有Cl^-（氯离子）存在时，无论是在有氧气的环境中，还是在无氧气的环境中，青铜器都会产生强烈的腐蚀。这也表明Cl^-是青铜器在地下遭到锈蚀破坏的最主要原因。

（二）微量的$Ca(HCO_3)_2$作为可溶性（指在水中）金属阻蚀剂，在无氯缺氧的环境中的阻蚀效果比在有氧气的环境中的阻蚀效果好些。

（三）在无氯缺氧的环境中，溶液中$Ca(HCO_3)_2$含量高低与阻蚀效果关系不大。

（四）木材水解产物的生物化学作用产生的一系列有机衍生物，在无氯缺氧的环境中，对青铜器是具有一定阻蚀效果的，能否称之为金属的阻蚀剂或腐蚀抑制剂，还有待于进一步的研究。

表三

效果 编号 时间	①	②	③	④	⑤	⑥	⑦	⑧	⑨
1×24小时	×	×	×	×	×	×	×	×	×
3×24小时	×	×	×	△	×	×	×	×	△
5×24小时	×	×	×	△	×	×	×	×	○
15×24小时	×	×	×	○	×	△	×	×	☆
31×24小时	△	×	×	☆	×	△	×	△	☆
100×24小时	△	×	×	☆	×	△	×	△	☆
120×24小时	△	×	△	☆	△	○	×	△	☆
130×24小时	△	×	△	☆	△	○	△	△	☆
150×24小时	△	×	△	☆	△	○	△	△	☆
200×24小时	△	×	△	☆	△	○	△	△	☆
250×24小时	△	×	△	☆	△	○	△	△	☆
300×24小时	△	×	△	☆	△	○	△	△	☆
350×24小时	△	×	△	☆	△	○	△	△	☆
365×24小时	△	×	△	☆	△	○	△	△	☆
400×24小时	△	×	△	☆	△	○	△	△	☆

注：

×：观察面上无任何锈蚀现象产生，保持原有的亮度和光泽。

△：观察面上出现了小量灰色和黑色的锈点。

○：观察面上锈点增大增多，成为大块锈斑。

☆：观察面上严重锈蚀，出现大片蓝色、红色或黑色的锈层。

（五）在无氯缺氧的环境中，青铜器表面局部轻弱变黑。这是溶解在水中的氧所发生的氧化作用所致。

综上所述，模拟实验表明：关于新都县战国墓出土青铜器不锈蚀和轻弱锈蚀的四个原因是可信的。这对探索青铜器在墓穴中锈蚀的产生、有害锈的生成条件及其破坏机理，都提供了较为有力的证据，也为出土青铜器的保护——有害锈的清除和封闭——提供了有益的借鉴。

（原载于《考古与文物》1982年第3期）

磷——巴蜀式青铜兵器中特有的合金成分

　　巴蜀文化是四川地区殷周以来形成的一种地方文化。在巴蜀文化中，地方特色很浓厚的青铜兵器是很有代表性的，它在形态、纹饰、捆扎技术、使用方法等方面都与中原地区同一时代的青铜兵器截然不同。为了研究和探讨巴蜀式青铜兵器的冶炼和铸造技术，我曾对1976年在绵竹县清道乡出土的战国晚期的巴蜀式青铜剑进行合金成分的分析。分析的结果是，除了具有青铜器应有的主要合金成分——铜、锡、铅外，在微量成分中，还发现了磷元素，这是在中原地区出土的同时代的青铜兵器中尚未见到的合金成分。磷的存在是否是巴蜀式铜兵器在合金成分上的独特之处？为此，我又对犍为县罗城镇出土的战国晚期巴蜀式铜矛、铜剑的残块和广汉县城关镇1985年出土的铜觚残块进行了发射光谱成分分析。样品及分析结果见表一和表二：

表一

名称	出土时间	出土地点	取样部位
铜剑	1976年	绵竹清道	背脊
铜矛	1976年		刃
铜矛	1980年	犍为罗城	背脊
铜剑	1980年		背脊
铜觚	1985年	广汉城关	口沿

表二

分析结果（%）					
铜	锡	铅	铁	锌	磷
84.50	13.90	0.76	0.091	0.260	0.271
83.77	12.38	0.91	0.609	/	0.308
81.55	15.93	0.79	1.000	0.030	0.300
74.75	17.14	0.46	0.300	0.030	0.112
91.31	1.43	3.64	0.301	0.050	0.301

在对巴蜀式青铜器兵器——铜剑、铜矛的不同部位进行发射光谱定性定量分析中，都发现了有少量磷的存在。磷作为战国时期巴蜀式青铜兵器中的微量成分存在，看来是可以初步肯定下来。国内外学者曾对中原地区各个时代出土的青铜兵器进行了大量的系统分析，但都尚未发现有磷的存在。[1]这种有别于中原地区的合金成分——磷，是在冶炼青铜时人为有意加入的，还是作为铜矿石、锡矿石中的杂质，而被带入合金中去的呢？这还有待于进一步的探讨。我们是赞同后者的。如是这样，那就与巴蜀式铜兵器合金原料——铜矿石、锡矿石或铅矿石的产地有着密切的关系。磷的存在为寻找巴蜀时期开采铜矿、锡矿或铅矿的地点，提供了一个依据。

在铜锡合金——青铜冶炼过程中，常常有一些空气进入熔化成液体状态的合金中去。这在浇铸成型后的铸件内往往形成许多气泡，影响了青铜铸件的质量，而磷正是青铜冶炼中良好的脱气剂，从而能提高青铜的强度、弹性、疲劳强度及耐磨性。不仅如此，磷还能增加青铜在浇

---

① 参见上海博物馆："我国古代青铜器展览"，1977年；梁津：《周代合金成分考》，《中国古代金属化学及金丹术》，中国科学图书仪器公司，1955年，第52页；田长浒：《从现代实验剖析中国古代青铜铸造的科学成就》，《成都科技大学学报》1980年第3—4期；冶军：《铜绿山古矿井遗址出土铁制及铜制工具的初步鉴定》，《文物》1975年第2期；北京钢铁学院《中国冶金简史》编写小组：《中国冶金简史》，科学出版社，1978年，第23—24页。

铸时的流动性，使得铸件完好，防止漏浇现象的产生。

磷在巴蜀式青铜兵器中的存在，是巴蜀式青铜兵器具有一系列优良的机械性能——既有一定的硬度，又有一定的塑性和弹性的原因之一。

（原载于《四川文物》1987年第4期）

出土巴蜀铜器成分的分析

在四川境内，发掘战国晚期的墓葬时，往往都会出土一些"巴蜀式"的铜器。这些铜器，特别是铜兵器，在形态、装饰、图案、使用方法及功能诸方面都与同一时期中原地区出土的铜器存在着明显差别。

我们先后对成都罗家碾、新都马家乡、成都枣子巷、峨眉符溪、绵竹清道和犍为罗城等地战国晚期墓葬中出土的铜器进行了最主要的合金元素——铜、锡、铅的含量分析。

一

按各类器物及不同的出土时间和地点，分别取样。同类器物仅在一件上取样。对兵器和工具，在刃部、背脊或柄部取样，总共取得分析样品116个。绝大多数样品使用吸收光度法分析，少数样品采用原子吸收光谱法和扫描电子显微镜分析。吸收光度法使用的仪器是上海分析仪器厂出品的72型分光光度计，分析时室温控制在18～30℃。相对湿度控制在75%以下。分析器物的名称、出土时间、地点、取样部位、分析方法及分析结果，均见附表。

附表：四川地区战国晚期出土铜器的成分分析结果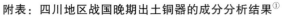①

编号	器物名称	出土时间	出土地点	取样部位	分析结果（%）			
					Cu	Sn	Pb	合计
114926	邵之食鼎	1980年	新都马家乡	内壁	81.83	15.85	1.83	99.51
114927	鼎	1980年	新都马家乡	内壁	82.39	12.56	3.93	98.88
114886-1	斤	1980年	新都马家乡	刃	74.75	15.05	8.37	98.17
114886-3	斤	1980年	新都马家乡	柄	76.92	14.89	5.73	97.54
114799-1	曲头斤	1980年	新都马家乡	刃	78.97	13.52	5.89	98.38
114799-3	曲头斤	1980年	新都马家乡	柄	76.73	12.92	7.57	97.22
114853-1	戈	1980年	新都马家乡	刃	84.46	12.41	2.53	99.40
114853-2	戈	1980年	新都马家乡	脊	82.21	13.79	3.32	99.32
114880-1	戈	1980年	新都马家乡	刃	82.09	14.91	2.36	99.36
114880-2	戈	1980年	新都马家乡	脊	81.58	14.99	2.89	99.46
114870-1	戈	1980年	新都马家乡	刃	86.35	10.71	2.46	99.52
114870-2	戈	1980年	新都马家乡	脊	84.44	13.66	1.56	99.66
114847-1	戈	1980年	新都马家乡	刃	80.93	13.98	3.29	98.20
114847-2	戈	1980年	新都马家乡	脊	79.08	16.18	3.55	98.81
114876-1	戈	1980年	新都马家乡	刃	77.21	13.79	6.18	97.18
114876-2	戈	1980年	新都马家乡	脊	77.83	14.82	5.03	97.68
114843-1	戈	1980年	新都马家乡	脊	84.10	11.39	3.74	99.23
11843-2	戈	1980年	新都马家乡	脊	82.18	12.36	4.21	98.75
114898-1	刀	1980年	新都马家乡	刃	84.49	10.89	3.61	98.99

① 原表中部分数据存在测试误差，经与作者沟通后有所校改。（编者注）

编号	器物名称	出土时间	出土地点	取样部位	分析结果（%）			
					Cu	Sn	Pb	合计
114898-2	刀	1980年	新都马家乡	脊	82.58	12.05	4.43	99.06
114821-1	削	1980年	新都马家乡	刃	81.27	9.79	6.26	97.32
114821-3	削	1980年	新都马家乡	柄	78.90	13.06	6.84	98.80
114839-1	削	1980年	新都马家乡	刃	76.81	10.96	9.63	97.40
114839-3	削	1980年	新都马家乡	柄	75.22	13.94	9.64	98.80
114905-1	削	1980年	新都马家乡	刃	79.92	10.62	6.87	97.41
114905-3	削	1980年	新都马家乡	柄	81.77	11.59	5.32	98.68
114895-1	矛	1980年	新都马家乡	刃	78.10	13.14	6.82	98.06
114895-2	矛	1980年	新都马家乡	脊	81.83	11.00	6.23	99.06
114866-1	剑（中原式）	1980年	新都马家乡	刃	74.13	20.00	4.84	98.97
114866-2	剑（中原式）	1980年	新都马家乡	脊	78.69	16.28	3.97	98.94
114962-1	剑（巴蜀式）	1980年	新都马家乡	刃	85.77	13.21	0.87	99.85
114962-2	剑（巴蜀式）	1980年	新都马家乡	脊	88.01	11.53	0.38	99.92
114887-1	钺	1980年	新都马家乡	刃	72.08	15.42	8.42	95.92
114887-3	钺	1980年	新都马家乡	柄	71.37	14.21	10.06	95.64
114861-1	钺	1980年	新都马家乡	刃	77.26	13.27	7.25	97.78
114861-3	钺	1980年	新都马家乡	柄	77.31	14.72	5.83	97.86
B13	镞	1980年	新都马家乡	刃	66.68	26.91	5.01	98.60
B14	镞	1980年	新都马家乡	刃	66.30	26.41	6.43	99.14
114972-1	刻刀	1980年	新都马家乡	刃	71.91	18.17	7.20	97.28
114972-2	刻刀	1980年	新都马家乡	脊	80.44	13.46	4.52	98.42

编号	器物名称	出土时间	出土地点	取样部位	分析结果（%）			
					Cu	Sn	Pb	合计
114831-1	凿	1980年	新都马家乡	刃	78.90	11.16	7.28	97.34
114831-3	凿	1980年	新都马家乡	柄	76.16	11.74	8.74	96.64
114808-1	凿	1980年	新都马家乡	刃	79.44	11.56	7.66	98.66
114808-3	凿	1980年	新都马家乡	柄	71.94	13.87	12.04	97.85
114815-1	凿	1980年	新都马家乡	刃	87.16	6.81	4.64	98.61
114805-3	凿	1980年	新都马家乡	柄	87.42	2.66	8.59	98.67
114805-1	凿	1980年	新都马家乡	刃	73.63	14.38	9.82	97.83
114805-3	凿	1980年	新都马家乡	柄	75.10	16.20	7.48	98.78
114934	敦	1980年	新都马家乡	腰内壁	74.91	16.92	6.51	98.34
114932	豆	1980年	新都马家乡	座内壁	76.68	12.89	7.76	97.33
114956	缶	1980年	新都马家乡	座内壁	74.90	15.27	8.35	98.52
114954	盘	1980年	新都马家乡	颈内壁	86.12	10.20	2.72	99.04
114951	鉴	1980年	新都马家乡	底内壁	78.67	15.62	4.95	99.24
114952	甑	1980年	新都马家乡	腰内壁	74.48	15.24	7.79	97.51
114961	甑	1980年	新都马家乡	腰内壁	77.44	12.33	7.13	96.90
114909	匜	1980	新都马家乡	底	73.92	13.41	9.67	97.00
114908	勺	1980	新都马家乡	柄内壁	74.52	15.99	7.04	97.55
114948	壶	1980	新都马家乡	颈内壁	77.62	17.84	3.80	99.26
114925	壶	1980	新都马家乡	颈内壁	72.73	11.39	11.32	95.44
114977	罍	1980	新都马家乡	残损处	73.46	13.55	10.68	97.69
114911	三足盘形器	1980	新都马家乡	底	74.76	14.90	6.84	96.50

编号	器物名称	出土时间	出土地点	取样部位	分析结果（%）			
					Cu	Sn	Pb	合计
114916	豆形器	1980	新都马家乡	底内壁	72.52	19.82	5.32	97.66
114944	釜	1980	新都马家乡	底	79.05	14.64	4.90	98.59
114938	鍪	1980	新都马家乡	颈内壁	78.69	8.70	9.39	96.78
114835	曲匕	1980	新都马家乡	背	85.18	2.33	7.88	95.39
N_{12}	矛	1958	成都罗家碾	脊	78.282	10.002	11.715	99.999*
N_{22}	矛	1958	成都罗家碾	脊	84.628	8.126	5.736	98.490*
N_{32}	刀	1958	成都罗家碾	脊	81.40	16.70	0.88	98.98**
N_{42}	锯	1958	成都罗家碾	脊	76.81	12.31	10.88	100**
O_{11}	钺	1972	峨眉符溪	刃	82.71	14.73	0.61	98.05
O_{12}	钺	1972	峨眉符溪	脊	82.12	15.01	0.69	97.82
O_{13}	钺	1972	峨眉符溪	柄	81.75	15.66	0.52	97.93
O_{21}	削	1972	峨眉符溪	刃	78.19	17.84	2.66	98.69
O_{22}	削	1972	峨眉符溪	脊	80.89	15.45	2.10	98.44
O_{31}	钺	1972	峨眉符溪	刃	78.53	15.85	2.63	97.01
O_{41}	戈	1972	峨眉符溪	刃	78.18	15.14	4.77	98.09
Q_{43}	戈	1972	峨眉符溪	柄	79.93	11.87	4.36	96.16
S_{11}	戈	1981	成都枣子巷	刃	80.96	13.92	2.88	97.76
S_{12}	戈	1981	成都枣子巷	脊	81.10	14.25	2.85	98.20
S_{21}	剑	1981	成都枣子巷	刃	84.44	13.56	0.35	98.35
S_{22}	剑	1981	成都枣子巷	脊	84.42	13.94	0.59	98.95
S_{31}	矛	1981	成都枣子巷	刃	80.87	12.76	2.61	96.24

编号	器物名称	出土时间	出土地点	取样部位	分析结果（%）			
					Cu	Sn	Pb	合计
S$_{32}$	矛	1981	成都枣子巷	脊	82.45	12.35	2.70	97.50
S$_{33}$	矛	1981	成都枣子巷	柄	81.51	12.41	4.79	98.71
CH$_{11}$	凿	1977	犍为罗城	刃	75.33	20.12	0.59	96.04
CH$_{12}$	凿	1977	犍为罗城	脊	78.40	19.10	0.54	98.04
CH$_{21}$	斤	1977	犍为罗城	刃	84.43	12.83	0.58	97.84
CH$_{23}$	斤	1977	犍为罗城	柄	83.81	13.80	0.57	98.18
CH$_{31}$	矛	1977	犍为罗城	刃	81.55	15.93	0.79	98.27
CH$_{32}$	矛	1977	犍为罗城	脊	87.13	11.58	0.88	99.59
CH$_{41}$	刻刀	1977	犍为罗城	刃	73.14	25.10	1.04	99.28
CH$_{42}$	刻刀	1977	犍为罗城	脊	73.70	23.88	1.51	99.09
CH$_{51}$	剑（巴蜀式）	1977	犍为罗城	刃	81.03	17.84	0.49	99.36
CH$_{52}$	剑（巴蜀式）	1977	犍为罗城	脊	79.75	17.14	0.46	97.35
CH$_{62}$	剑（巴蜀式）	1980	犍为罗城	脊	78.66	17.78	0.19	96.63
CH$_{72}$	刀	1980	犍为罗城	脊	81.33	15.01	0.11	96.45
CH$_{81}$	钺	1980	犍为罗城	刃	83.17	10.56	2.87	96.60
CH$_{83}$	钺	1980	犍为罗城	柄	83.84	10.44	2.83	97.11
M$_{11}$	斤	1976	绵竹清道	刃	80.47	14.57	2.89	97.93
M$_{13}$	斤	1976	绵竹清道	柄	79.65	14.06	2.87	96.58
M$_{21}$	戈	1976	绵竹清道	刃	81.53	14.96	0.86	97.35
M$_{22}$	戈	1976	绵竹清道	脊	82.56	13.32	0.93	96.81
M$_{31}$	刀	1976	绵竹清道	刃	79.93	16.33	0.70	96.96

编号	器物名称	出土时间	出土地点	取样部位	分析结果（%）			
					Cu	Sn	Pb	合计
M_{32}	刀	1976	绵竹清道	脊	79.91	17.80	0.19	97.90
M_{41}	钺	1976	绵竹清道	刃	82.52	16.25	0.30	99.07
M_{43}	钺	1976	绵竹清道	柄	79.45	16.56	0.56	96.57
M_{51}	削	1976	绵竹清道	刃	81.50	15.68	0.36	97.54
M_{52}	削	1976	绵竹清道	脊	80.94	17.41	0.38	98.73
M_{61}	剑（巴蜀式）	1976	绵竹清道	刃	84.26	13.90	0.76	98.92
M_{62}	剑（巴蜀式）	1976	绵竹清道	脊	82.93	15.05	0.55	98.53
M_{71}	矛	1976	绵竹清道	刃	74.77	16.38	5.91	97.06
M_{72}	矛	1976	绵竹清道	脊	78.91	13.78	5.65	98.34
M_{73}	矛	1976	绵竹清道	柄	82.33	11.84	5.32	99.49
M_{81}	凿	1976	绵竹清道	刃	77.85	18.16	1.36	97.37
M_{83}	凿	1976	绵竹清道	柄	82.75	14.05	0.51	97.31
M_{92}	矛	1976	绵竹清道	脊	87.14	9.57	3.28	99.99

*采用扫描电子显微镜分析法测定

**采用原子吸收光谱法测定

二

（一）《考工记》曰：“金有六齐，六分其金，而锡居一，谓之钟鼎之齐；五分其金，而锡居一，谓之斧斤之齐；四分其金，而锡居一，谓之戈戟之齐；三分其金，而锡居一，谓之大刃之齐；五分其金，而锡居二，谓之削杀矢之齐；金、锡半，谓之鉴燧之齐。"①将分析结果按六齐分类，并加以比较，就会发现："巴蜀式"铜器中，钟鼎类的含锡量在10.56%，含铅量在3.93%，斧斤类含锡量在12.92%～15.05%，含铅量在5.73%～8.37%，戈戟类含锡量在10.71%～16.18%，含铅量在0.61%～10.5%，大刃类含锡量在10.89%～17.78%，含铅量在0.35%～4.43%，削杀矢类含锡量在9.79%～26.91%，含铅量在0.36%～9.64%，鉴燧类含锡量在6.81%～20.12%，含铅量在1.04%～12.04%，含锡量都是偏低。其中鼎、斤、釜、矢镞的含锡量仅略为偏低，较为接近，这可能是原料配比、称量误差、冶炼挥发、铸造损失等诸因素造成的。而在其他类中，如戈、刀、矛、剑中，锡含量明显地不吻合，相差较大。"巴蜀式"铜器中，锡含量偏低，但都比铅含量高得多。

如按各器形分类，各类"巴蜀式"铜器的含锡量和含铅量都差不多，大体一致，考虑到诸多的损失因素。这表明在战国晚期，巴蜀之地在青铜器冶铸配料上，各类器形已有一定的配比，随意性已大大减少。

（二）从分析结果中还看到："巴蜀式"铜器中都有铅的存在，铅含量有高有低，按照现代冶金学的观点，铅加入铜液中能够提高铜液的流动性，使得浇铸复杂和薄型器物的成功率更高。但是铅的加入会降低青铜器的力学性能，造成有害的影响。②但戈、刀、矛、剑等兵器造型并不复杂，何以也加入较多的铅？极大的可能是这些兵器都属于礼器。在铸造礼器时，以铅代锡，以降低造价。又因礼器只求外形相似，而不需要较高的力学强度。

（三）"巴蜀式"铜兵器的刃部和背脊或柄部合金成分的含量相

---

① 《考工记》，《周官新义》，《丛书集成初编》，商务印书馆，1937年，第246页；郭沫若：《考工记的年代与国别》，《开明书店二十周年纪念文集》，开明书店，1947年，第145页；北京钢铁学院：《中国冶金简史》，科学出版社，1978年，第23页。
② 《重有色金属材料加工手册》编写组：《重有色金属材料加工手册》第一分册，冶金工业出版社，1979年，第422页。

差不大，基本上都在实验误差范围内，可以看成是相同的。故"巴蜀式"铜兵器是采用古老的浑铸法一次铸造成型的。而铜罍、铜剑等，则采用分铸法，即先将罍上的兽头或剑上的虎皮斑纹等饰件事先浇铸成型后，放置在外范的相应位置上，在浇铸铜体时一并固定衔接、铸造成型。

（原载于《四川文物》1992年3期）

鎏锡——铜戈上圆斑纹的制作工艺

在新都战国木椁墓的腰坑中，发掘出188件青铜器，其中青铜戈30件。按形制，这批青铜戈又可分成四式，其中Ⅱ式5件。这5件青铜戈，圆穿较大，内穿略呈橄榄形。援长11.5厘米，柄长8.5～10.0厘米，阑宽10.5～15.5厘米，通长25～50厘米。援上铸有规律的直径为2.6～4.5厘米的圆斑纹和半圆斑纹，呈现银白色。[①]这种圆斑纹和半圆斑纹与巴蜀式铜兵器上的虎皮斑纹截然不同，它不像虎皮斑纹那样，在青铜兵器的背脊和援面上呈现不规则的小块凸起，而是与棱面和背脊几乎一样平，有些圆圈纹和半圆圈纹像书法艺术中所称的沙笔，在一定的范围内呈不连续的点状分布。

为了弄清楚圆斑纹和半圆斑纹的合金成分和制作工艺，我们对这5件青铜戈中的一件上的圆斑纹取样进行了发射光谱定性和定量分析。在取样的过程中，发现青铜戈上的圆斑纹厚度很小，仅在0.1毫米以下，硬度也很低，用普通小刀就能够轻而易举地将圆斑纹刮起。这些与一般的巴蜀式铜兵器上虎皮斑纹相差很大。

圆斑纹样品的发射光谱分析的结果是：铜（Cu）22.13%、锡

---

① 四川省博物馆、新都县文物管理所：《四川新都战国木椁墓》，《文物》1981年第6期，图版五：中左，图三八：1。

（Sn）72.59%、铅（Pb）1.57%、铁（Fe）0.83%、镍（Ni）0.11%、锌（Zn）0.46%、汞（Hg）0.07%。这个分析结果表明圆斑纹和半圆斑纹的合金成分主要是锡，而铜、铅、铁、锌等则是在取样时，底层基体混入的结果。汞的存在有力地证明了，圆斑纹和半圆斑纹是采鎏锡工艺制作而成的。因为汞不会出现在青铜器的合金成分中，所以它只能是鎏锡工艺留下的踪迹。

我国古代鎏锡技术发明较早，但有关记载不多。古代文献中很少看到"鎏锡"一词，今人常说的"镀""鎏"，古常指"金""银"而言。张子高先生在研究云南晋宁石寨山青铜斧的外镀技术后，认为：先秦典籍中的"鋈"字是指镀锡的工艺。"鋈"在《诗·秦风·小戎》中出现过三次，即"游环胁驱，阴靷鋈续""龙盾之合，鋈以觼軜""厹矛鋈镦"。历代学者对这个"鋈"字作了多种解释，归结起来大略有二：其一认为它是名词，系指白色金属而言；其二认为它是动词，系反映一种外镀白色金属的工艺操作。郑玄等主前说，刘熙、孔颖达等主后说。刘熙《释名·释车》云："鋈，沃也，冶白金以沃灌靷环也。"孔《疏》同。张子高先生循引后说，并进而解释白金即为"锡"。我们觉得张子高先生的说法是有道理的。至于外镀的具体操作，张先生认为不外是灌浇法和沉浸法两种，前者是把熔化了的锡浇淋到器物表面上，后者是把需要镀的器物沉浸到液态锡液中去。[①]根据对巴蜀式铜戈上圆斑纹和半圆斑纹的分析，得出了微量汞的存在，表明在外镀技术中还应该包括汞齐涂敷法在内，即"鎏"法在内。

鎏锡同鎏金、鎏银一样，都是借助锡稳定的化学性质和美丽的金属光泽，镀到铜器的表面，以防腐蚀，或增加其外表的美观。

鎏锡是在高温下，把锡和汞熔化成锡汞齐，均匀地涂镀在器物表面，然后加热烘烤，使汞升华，金属锡就留在青铜器表面上了。这与鎏金、鎏银的工艺操作大致相似。鎏锡的工序大致过程如下：

---

① 张子高：《从镀锡铜器谈到鋈字本义》，《考古学报》1958年第3期。

一、被鎏器物的预处理

古代鎏锡器物，大都是铸造成型件。胎壳比较厚实，表面的沙眼、缩孔比较少。器物表面的毛刺坯、凹凸不平的坑洼之处，都要用硬物打磨平顺。铸件表面的氧化物要用木炭蘸水，一遍一遍地打磨去掉。细小花纹可将木炭弄成粉末，用布蘸水搓磨。直到需要鎏锡的部位呈现平面光润，没有一点纹道，最后用清水冲洗干净，再用软布擦干备用。需鎏部位的油污和氧化物去除的干净程度，是鎏锡能否成功的关键。

二、锡汞齐的制备

将准备制成锡汞齐的锡块，先捶打成薄片，然后剪成细条，放入坩埚中加热，锡条熔化后，按所取锡条重量的3.5～4.5倍加入汞，用细木炭棍作搅拌器不停地搅拌，继续加热至汞在坩埚内沸腾，锡则与汞熔融。当锡条已全部熔融后，迅速出炉，停止加热，倒入盛有清水的瓷盒中，用清水反复漂洗几次，除去木炭等杂物，便得到了锡汞齐——一种泥状物。

三、鎏锡

使用一种专门用于鎏锡的小铲，将锡汞齐涂抹在已清洗干净的所需鎏锡的部分，涂抹要均匀。然后用人发捆扎成的小打刷，拍打已涂抹的锡汞齐层，使锡汞齐层与铸件本体结合得更加牢固，不易脱落。拍打也能将多余的过厚的锡汞齐去掉。

四、驱汞

前面，借助于加热，将锡与汞结合在一起，形成了锡汞齐，以达到把少量的锡涂在铸件上的目的。现在，又要借助于加热，来把锡与汞分开。对被涂抹的铸件部位进行加热烘烤，使汞蒸发，露出锡的银白色。热源必须干净，防止油烟的污染，以免影响鎏锡的质量，传统方法是用无烟木炭烘烤。烘烤时要用事先准备好的棕刷轻轻拍打，最后使用细布轻轻地擦一遍，使其表面平整光滑均匀。

驱汞后，在鎏锡的表面上留下一层白霜状的氧化汞，它掩盖了鎏锡层的光泽。这就需要把鎏锡部位，放入含有活性洗涤剂的水中，传统方法是使用浸泡皂角的水，用软棉布反复擦洗，以除去白霜，最后取出擦干。这样银白色的金属光泽的锡层就产生了，鎏锡也基本上完成了。

器物鎏锡，一般鎏一遍是盖不严的，需要反复鎏多次才能满足质量上的要求。在新都战国木椁墓出土的Ⅱ式大组青铜戈的援面上，有些圆斑纹和半圆斑纹呈现网眼状，正是鎏锡次数不多，或仅鎏过一次的产物。

在青铜器铸件上采用鎏锡的工艺，看来是一个不很复杂的操作过程，但要使鎏锡鎏得薄而均匀、牢固、不易脱落，就需要熟练的工艺了。

（原载于《四川文物》1989年第6期）

曾中㰀卷

巴蜀式青铜剑虎斑纹的铸造工艺

　　中华人民共和国成立以来，在四川的广大地区：东起巫山、万县，西至芦山、石棉，北抵广元、青川，南达犍为、宜宾，先后出土了众多战国晚期的铜器，其中又以巴蜀式铜兵器为多。在这些铜兵器中，特别是青铜剑，无论在形态上还是在使用方法上都具有独特的民族风格和鲜明的地方特色。巴蜀式铜器是巴蜀文化中的一个重要组成部分。

　　在巴蜀文化的晚期——战国时期，各国之间你争我夺，相互吞并，战争连续不断，对青铜兵器的需求量非常大。虽然此时在中原地区已经出现并开始使用铁器，但生产规模和生产量还很小，远远还未普及。兵器制造还是以青铜为主，这就促进了青铜铸造工艺和冶炼技术的提高和发展。在阶级社会中，最新的科学技术总是首先用于为战争服务的兵器上，研究巴蜀式铜兵器的铸造技术，就可以了解这一时期巴蜀技术和工艺的最高水平。

　　巴蜀式青铜剑的剑面和戈的援面上，除了有一些象形图案，即被考古工作者称之为"巴蜀图语"的组合之外，大多数都满布了一种大小不等的似圆形状的凸起，一般称为虎斑纹。这些斑纹在出土时，极个别呈现银白色，绝大多数呈现黝黑色。这种斑纹是怎么铸成的？巴蜀式青铜剑的铸造工艺如何？有什么独创之处？这些都是考古工作者颇感兴趣的问题。

何堂坤先生曾对十四件巴蜀式铜兵器中援面有虎斑纹的两件戈进行一系列科学的分析和研究，提出巴蜀式铜兵器表面的虎斑纹可能系采用鎏锡铅的工艺制作而成。[①]为了对虎斑纹的制作工艺有更进一步的了解，我们又取样做了一些分析和研究。

一、样品

样品来自1979年2月在四川省绵竹县清道乡战国晚期船棺墓中出土的一把巴蜀式青铜残剑[②]。剑出土时已残断，仅余后半段。剑叶呈柳叶形，脊隆起，有血槽，扁茎，无格，茎上两穿一中一右（左）。残长11.0厘米，宽3.4～4.0厘米。剑面无矿化锈蚀发生，呈灰黑色，满布一个个凸起的黝黑色的圆形状虎斑纹。斑纹直径0.2～0.4厘米，柄部无斑纹存在。从断面上观察，内部呈金黄色，铜质完好。（图一）

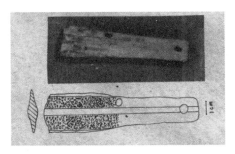

图一　巴蜀式青铜残剑茎部图

二、分析

（一）基体成分

使用钢锯在残断部位取样，在日本电子JCXA-733型电子探针上进行成分分析。分析结果见表一。

---

①　何堂坤：《部分四川青铜器的科学分析》，《四川文物》1987年第4期。
②　王有鹏：《四川绵竹县船棺墓》，《文物》1987年第10期。

元素	Cu	Sn	Pb	Fe	Co	Ni	Zn	合计
含量（%）	82.59	15.47	1.71	0.091	0.006	0.015	0.001	99.883

（二）基体金相组织

将青铜残剑断面磨平抛光后，在盐酸—氯化铁—乙醇溶液中浸蚀后，擦干断面，置于金相显微镜下观察金相组织。

巴蜀式青铜残剑的基体金相组织是：在深黄色及浅黄色粗大晶粒的 α 铜锡固溶体上，分布着黑色的铅点和夹杂物。在其刃部的金相组织中，还可看到（α+δ）共析体的存在。（图二）

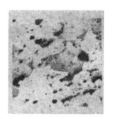  

图二　巴蜀式青铜残　　　图三　非虎斑纹与　　　图四　虎斑纹与基

　剑基体金相组织图　　　　基体组织交接面　　　　体组织交接面

（三）虎斑纹和非虎斑纹表面的成分分析

使用日本电子JCXA-733型电子探针对剑面上虎斑纹处和非虎斑纹处，分别进行成分分析，分析结果见表二。

表二：虎斑纹与非虎斑纹表面成分分析结果

元素　含量（%）	Cu	Sn	Pb	Fe	P	Si	S	合计
虎斑纹	12.34	52.47	23.88	2.81	—	5.91	2.59	100.00
非虎斑纹	36.87	42.98	10.40	1.33	0.21	5.96	2.25	100.00

（四）虎斑纹和非虎斑纹与基体组织交接面的状况

非虎斑纹处与基体金相组织之间，没有明显的分界线。（图三）

虎斑纹与基体金相组织之间都存在着一条不十分明显的分界线。
（图四）

三、讨论

（一）巴蜀式青铜剑上虎斑纹和非虎斑纹表面与基体的合金成分——铜、锡、铅的含量，差别是较大的。但在虎斑纹和非虎斑纹表面之间，合金元素种类没有太大的差别，都系高锡的铜锡铅合金。但各种元素的含量差别都很大，而且与基体组织之间的交接状况也不完全相同。故需分成两种情况——虎斑纹与非虎斑纹表面，分别讨论。

（二）在中原地区、云南等地出土的战国至西汉早期的青铜器中，有一些器物的表面呈现银白色，测试结果系金属锡层。它的制作工艺被称之为"镀锡"。有人推测：有两种镀锡的方法，一种是"灌浇法"，即将熔化成液体的金属锡液，浇泼在清洁的青铜器表面上，冷却后即成；另一种是"沉浸法"，这是将表面清洁的青铜器浸泡在熔化成液体的金属锡液中，一段时间后取出，冷却，这样就使得青铜器上表面上均匀地附着一层金属锡，有效地阻止青铜器的氧化锈蚀。[1]这些方法，无论是哪一种，都是后来浇铸而成的。根据这个道理，有人提出巴蜀式铜剑上的虎斑纹也是后铸上去的，即先铸成青铜剑，再使用镀、鎏、嵌等方法做成虎斑纹和非虎斑纹表面，[2]如果这种看法完全成立，在使用灌浇法时，在基体与非虎斑纹表面的交接面上，就会存在着一条明显的整齐的分界线，把基体组织与非虎斑纹表面分割开来。但是在基体与非虎斑纹表面的金相组织中，我们尚未发现这条明显的分界线。并且使用灌浇法做成的锡层还容易脱落。我们认为，巴蜀式青铜剑非虎斑纹表面的富锡层虽也属于后来浇铸而成，但它是利用沉浸法产生的，即

---

①　张子高：《从镀锡铜器谈到鋈字本义》，《考古学报》1958年第3期。
②　冯汉骥：《关于"楚公豪"戈的真伪，并略论四川"巴蜀"时期的兵器》，《文物》1961年第11期。

把浇铸成型、尚未完全冷却的青铜剑脱范后，直接放于已熔融的锡铅合金液中，进行热浸镀处理而成。[1]

在热浸镀中，因镀液温度在200℃以上，分子间的热运动使得基体和镀层之间没有明显的分界线，也使得镀层与基体的接触面成为铜锡铅的合金。同时经过数小时的热浸镀和长时间的保温处理，铜剑基体金相组织得以达到均匀化，反偏析程度得以降低，这与基体金相组织观察结果——粗大的α相存在是一致的。

热浸镀能在铜剑表面上产生一层薄薄的锡铅层，以防止铜剑暴露在潮湿的空气中变黑变暗，影响美观。对于不需要镀层的部位，如刃部，就只好在热浸镀后，将其打磨掉。

（三）虎斑纹能脱落，其交接面又与基体组织之间存在不十分明显的分界线，显然虎斑纹不是一次性铸造而成的。那么虎斑纹是否是采用分铸法中的先铸法铸造而成的呢？

先铸法是先将含锡量较高的铜锡合金，如铜镜小碎块，镶嵌在剑外范的有关位置上，再浇注而成。因镶嵌物中锡含量较高，熔点较低、约在摄氏700度左右，当锡含量较小、熔点较高的铜液浇注入范内，瞬间高温必然会使少量或部分镶嵌物的表层被熔化。铜分子和锡分子的热运动，又可使得镶嵌物与铜剑基体组织之间的交接面变得模糊不清、很不明显。镶嵌物表层的部分熔化又能造成挂流现象，使得虎斑纹相互联接在一起，无斑纹出现。所以，巴蜀式青铜剑上的虎斑纹也不可能是使用分铸法中的先铸法铸造的。

巴蜀式青铜剑上的虎斑纹应是采用分铸法中的后铸法铸造而成的。它是将熔融的含铅量较高的锡铅合金滴填在预留于铜剑表面的凹处，冷却而成的。[2]锡铅合金熔点低、仅在200℃左右，易于加热和保温。锡铅合金也是现代工业中普遍使用的焊料，它能与铜器表面有很好

①　U.R.艾万思：《金属的腐蚀与氧化》，华保定译，机械工业出版社，1976年。

②　马承源等：《中国青铜器》，上海古籍出版社，1988年。

的粘合。灼热的锡铅合金滴填在常温下已被热浸镀锡铅的剑面凹处，自然会在虎斑纹与基体组织之间，产生不十分明显的交接。

另外，锡在室温下存在着同素异晶转变现象。温度在13℃以上，白锡是稳定的。在13℃以下，白锡会转变成灰锡，强大的组织压力，会使白锡变成一堆灰色粉末。这种转变现象称为锡疫。大量铅加入到锡中去，能有效地抑制锡疫的发生，使得虎斑纹和非虎斑表面都能长期保留下来。

（四）这样一来，巴蜀式青铜剑面上虎斑纹的铸造工艺就比较简单而明确了。

首先，在铸造青铜剑时，就在剑面上铸成一个个小凹坑，这只要在剑的外范上做上一个个小的凸起即可。青铜剑铸成后，趁未完全冷却脱落，投入锡铅液中进行热浸镀数小时。取出冷却后，再将熔融的含铅量较高的锡铅合金液滴填入一个个凹坑内，形成一个个凸起的斑纹。冷却后，对剑面进行打磨，斑纹呈现后产生银白色的反光。剑面处于凹处，打磨不到，仍保留其灰白色。总的感观效果是：在灰白色的剑面上，呈现出一个个大小不一、形状不规则、凸起的、有银白色反光的斑纹，一明一暗，泾渭分明。当时间一长，斑纹长期暴露在空气中，失去光泽后，还可以重新打磨，再现昔日光彩，斑纹脱落也还可补填，很是方便。

（原载于《四川文物》1993年第5期）

广汉三星堆一、二号祭祀坑出土铜器成分的分析

广汉三星堆一、二号祭祀坑内出土的大批铜器，是近年来四川考古工作的重大发现之一。它的发现，给巴蜀文化的研究提供了极其宝贵的新资料。

在这批出土铜器上，未发现有铭文。考古人员根据地层关系和出土铜器、陶器的分类比较和测定认为：一、二号祭祀坑的时代为殷商后期中前段，即殷墟文化第一期和第二期。商代是我国奴隶制的鼎盛时期，青铜器的铸造技术，代表了当时社会生产力的最高水平。在四川地区发掘出大批殷商时期的青铜器还属首次，对这批青铜器进行必要的测试和分析是一件非常有意义的事情。

一些中外学者曾对中国出土的青铜器，特别是殷周时期的青铜器进行了大量的测试和研究，取得了可喜的成果。[①]但对边远地区出土的

---

① E.R. Caley, *Analysis of Ancient Metal*, Pergamon Press, 1964；田长浒：《从现代实验剖析中国古代青铜铸造的科学成就》，《科技史文集》第13辑，上海科学技术出版社，1985年；中国社会科学院考古研究所实验室：《殷墟金属器物成分的测定报告（一）——妇好墓铜器测定》，《考古学集刊》第2集，中国社会科学出版社，1982年，第181-193页；刘屿霞：《殷代冶铜术之研究》，《安阳发掘报告》第四期，1933年，第681-696页；梁树权：《中国古铜的化学成分》，《中国化学会志》第17卷，1950年，第9-17页；N.Barnard and sato Tamotsu, *Origins of Bronze Casting in Ancient China, Metallurgical Remains of Ancient China*, 1975:16-27.

早期铜器，如四川地区，还未触及。为此，对广汉三星堆一、二号祭祀坑出土的铜人、铜头、铜面具、铜尊、铜罍、车马器、兵器及铸造时残留在铸件内的泥蕊（内范），按类取样，进行了金相组织观察、电子探针成分分析及岩相鉴定等现代科学分析，并根据分析提供的数据，进行了一些初步的研究。

一、测试样品的一般情况

分析测试样品分为7类24件：①人像类：铜人2件、铜面具2件、铜人头2件，共取样6件；②容器类：铜尊3件、铜罍2件、容器盖1件，共取样6件；③行具类：车马器2件；④兵器类：铜戈2件；⑤神树类：神树上各部件6件；⑥装饰器：铜瑗1件；⑦泥蕊（内范）1件。所有样品除有名称外，还有取样部位、出土编号和测试编号。

二、金相组织观察

金相组织观察是先将试样除锈，进行肉眼观察，然后在氯化铁—盐酸—酒精溶液中浸蚀，最后在金相显微镜下进行观察和拍照。结果见表一和表二。

表一：四川广汉三星堆一号祭祀坑出土铜器金相分析结果

试样编号	器物名称及取样部位	出土号	金相组织描述
04	铜人头下嘴唇	K1:207	粗大的α固溶体上，分布着（α+δ）相和深灰色的富铅（Pb）相，有气孔和铸造缺陷。
13	铜罍盖沿口	K1:135	粗大的α固溶体上，分布着Pb点和（Pb、Sn）固溶体，有气孔和铸造缺陷。
14	铜瑗残片	K1:285-5	红铜组织，粗大的α相上分布着少量的Pb点和αCu及网状分布的Pb，有气孔和铸造缺陷。
17	龙虎尊虎头左侧腹片	K1:258	α固溶体上分布着Pb点和（Pb、Sn）固溶体，有气孔和铸造缺陷。

续表

试样编号	器物名称及取样部位	出土号	金相组织描述
10	铜戈穿前援部	K1:53-1	红铜组织，粗大的 α Cu晶粒，晶界上有 α Cu 与 Cu_3P 共晶体，有气孔和铸造缺陷。

表二：四川广汉三星堆二号祭祀坑出土铜器金相分析结果

试样编号	器物名称及取样部位	出土号	金相组织描述
01	铜面具下嘴唇	K2:148	α 固溶体上分布着铅点，晶界处富铅（Pb），有气孔和铸造缺陷。
02	铜人腰部	K2:149	α 固溶体上分布着Pb点，富Pb相成网状分布，有气孔和铸造缺陷。
03	铜人底座	K2:149	红铜组织。α Cu上分布着（α + Cu_3P）共析体，Pb成网状分布在晶界上。
05	铜面具耳部	K2:152	粗大 α 固溶体和富磷的 α 固溶体上分布着Pb点，晶界富Pb。
06	铜人头颈部	K2:82	特粗大 α 固溶体和富磷的 α 固溶体上分布着Pb点，粗条状富铅相分布于晶界上。
07	铜罍下腹部	K2:88	树枝状 α Cu，（α + δ）相共析体和富铅（Pb）相，有气孔和铸造缺陷。
08	铜罍底部	K2:146	α 固溶体上分布着铅点，有气孔和铸造缺陷。
15	铜尊上腹部	K2:127	树枝状 α Cu和（α + δ）共析体，加上富铅相有气孔和铸造缺陷。
16	铜尊沿口	K2:129	红铜组织，心形 α Cu加（α + Cu_3P）共析体。
11	车器外沿口	K2:139-1	白色 α 固溶体与浅黄色 α 固溶体上，分布着铅点，有气孔和铸造缺陷。
12	三角形铜车器尖部	K2:123	树枝状 α 固溶体，（α + δ）共析体和富铅的（α + Cu_3P）共析体。
09	铜戈尖部	K2:261-5	特别粗大的 α 固溶体，富铅的 α 固溶体上都分布着铅点，有气孔和铸造缺陷。
18	铜树座底部	K2:191	粗大的 α 固溶体上分布着铅点，灰色富铅相成网状分布，有气孔和铸造缺陷。
19	铜树树干	K2:215	特别粗大的 α 固溶体上分布着铅点，灰色富铅相上分布气孔和铸造缺陷。
20	铜树干浇铸缝	K2:24	α 固溶体上分布着条状Pb相。

试样编号	器物名称及取样部位	出土号	金相组织描述
21	铜树干缠卷枝	K2:322-11-2	特别粗大的α固溶体，固溶体上都分布着铅点。
22	铜树上细小树枝	K2:261-5	粗大条状α固溶体上分布着Pb点，α内有原生晶界，二次晶界富铅，晶内铅点沿条状晶粒方向分布。
23	铜树上的果实	K2:322-11-1	粗大α固溶体上分布着铅点，晶界富铅。

三、电子探针成分分析

采用日本岛津S810Q型电子探针对试样基体相和部分试样的晶界进行成分分析。对基体相的扫描宽度为100微米，测试结果分别列入表三、表四和表五。

四、泥蕊（内范）的定性分析

将泥蕊制成薄片进行岩相鉴定，其中包含的主要矿物是石英、长石，其次还有方解石、褐铁矿、白云母、绿泥石和少量的白云石等。沙粒都成棱角状，是经过加工粉碎的。采用转靶X射线衍射仪作泥蕊岩相分析，只有上述矿物的衍射谱线存在，未发现有矿物转变和其他异常现象。说明浇铸温度不高，可能未超过900℃。

五、对测定结果的讨论

（一）广汉三星堆祭祀坑出土铜器的类型、成分和金相组织

根据对23件铜器取样进行成分分析的结果，可分为红铜、铜锡、铜铅、铜铅锡和铜锡铅五类。红铜即纯铜，红铜类3件，占全部分析样品的13.1%。铜铅类是铜和铅为主的二元合金，5件，占全部分析样品的21.7%，样品中含铜量变化范围从73.11%到97.77%，含铅量变化

四川省文物考古研究院名家学术文集

表三：四川广汉三星堆一号祭祀坑试样基体电子探针成分分析结果

试样编号	器物名称及取样部位	出土号	基体成分（%）									
			铜	锡	铅	锌	镍	磷	硅	铁	铝	总计
04	铜人头下嘴唇	K1:207	94.41	4.84	0.05			0.70				100.00
13	铜罍盖沿口	K1:135	93.08	3.01	3.91							100.00
14	铜瑗残片	K1:285-5	97.77		2.23							100.00
17	龙虎尊虎头左侧腹片	K1:258	71.76	3.18	25.06							100.00
10	铜戈穿前腹部	K1:53-1	98.40					0.70	0.90			100.00

表四：几个样品的晶界电子探针成分分析结果

试样编号	晶界成分（%）					
	锡	铜	铅	磷	硅	总计
01		29.20	68.86		1.94	100.00
02	1.85	72.16	25.99			100.00
03		43.37	56.63			100.00
04	3.13	57.81	39.06			100.00
05		8.30	91.70			100.00
06		3.87	96.13			100.00

表五：四川广汉三星堆二号祭祀坑试样基体电子探针成分分析结果

试样编号	器物名称及取样部位	出土号	基体成分（%）									
			铜	锡	铅	锌	镍	磷	硅	铁	铝	总计
01	铜面具嘴唇下部	K2:148	96.48	3.17	0.09			0.27				100.00
02	铜人腰部	K2:149	95.81	3.22	0.03			0.23	0.71			100.00
03	铜人底座	K2:149	98.09	0.23	0.07			0.63	0.98			100.00
05	铜面具耳部	K2:152	96.16	3.26	0.11			0.47				100.00
06	铜人头颈部	K2:82	97.08	2.45	0.12			0.35				100.00
07	铜罍下腹部	K2:88	65.31	8.56	16.82					1.51	7.80	100.00
08	铜罍底部	K2:146	62.91	5.29	29.90				1.90			100.00
15	铜尊上腹部	K2:127	77.69	4.42	15.97				1.92			100.00
16	铜尊沿口	K2:129	99.05					0.95				100.00
11	星状器外沿口	K2:139-1	78.08	4.65	16.31				0.96			100.00
12	铜车器尖部	K2:123	73.11	0.63	24.70			0.69	0.87			100.00
09	铜戈尖部	K2:261-5	87.02	7.90	1.64			1.32	2.12			100.00
18	铜树座底部	K2:191	79.19	2.32	18.49							100.00
19	铜树干	K2:215	89.55	0.76	9.69							100.00
20	铜树干浇铸缝	K2:24	78.86	1.19	19.95							100.00
21	铜树干缠卷枝	K2:322-11-2	79.65	0.09	20.26							100.00
22	铜树上的细小树枝	K2:261-5	73.86	0.43	25.72							100.00
23	铜树上果实	K2:322-11-1	64.48	1.38	32.71				1.43			100.00

范围较大，从2.23%到25.72%。铜锡类是以铜和锡为主的二元合金，共5件，占全部分析样品的21.7%，含铜量变化范围较小，从94.41%到97.08%，含锡量的变化范围也较小，从2.45%到4.84%。铜锡类的器物均系铜人、铜人头、铜面具等。铜铅锡类是铜、铅和锡的三元合金，共9件，占全部分析样品的39.1%，样品中铅的含量都大大地多于锡含量。铅含量的变化范围较大，从3.91%到32.71%，锡含量变化范围也较大，但比铅含量为小，从1.19%到8.56%，铜含量变化范围也较大，从62.91%到93.08%，此类器物多系容器和神树主附件。铜锡铅类也是铜、锡和铅的三元合金，但合金中锡含量多于铅含量。此类样品仅1件，占分析样品总数的4.35%，系兵器——铜戈，含铜量87.02%，含锡量7.90%，含铅量1.64%，属于高铜低锡类，硬度不高，质地较软。这些铜器按成分分类类型较多，各类型中铜锡铅含量变动范围较大，说明在殷商后期，巴蜀地区的铸造青铜的工艺和技术都还比较粗糙和原始。

按对金相组织的观察，依其宏观颜色和金相组织，全部样品可分为四种类型。

第一类型：红铜，4件。外观是红色或紫红色。一号坑10、14号和二号坑03、16号试样，为浇铸后经过长期退火态金相组织：晶粒粗大，晶界上富铅，有气孔和铸造缺陷。表明此类型铜器经过长时间的火烧过程。

第二类型：青铜的铸态3件。二号坑的07、12和15号试样。它与现代锡青铜铸造组织极其相似，仅是多铅点和气孔缺陷，表明此类型青铜器尚未经长时间的火烧过程，而是打碎后直接投入祭祀坑中埋葬。但是在一号祭祀坑的全部试样中均未发现有此类金相组织形貌存在。

第三类型：除去上述7件试样以外的其他试样，均属于铸造经长时间均匀化退火态的青铜组织。α固溶体的晶粒粗大，铅除在α固溶体内以点状分布以外，均趋向于晶界，形成网状，包围着α固溶体，并且多气孔和铸造缺陷。表明此类型青铜器也是经过长时间的火烧过程的。由于晶粒粗大，器物具有较高的塑性，经测定一号祭祀坑04号试样的布氏硬度为34.6，二号祭祀坑02和21号试样的布氏硬度分别为36.3和35.5，与红铜的布氏硬度35.0差不多。

第四类型：二号祭祀坑的22号试样的金相组织虽然处于铸造后经长时间均匀化退火态组织，但晶粒成条状排列，在高倍金相显微镜下能观察到细晶界（原生晶界），细晶界内的铅点也沿条状晶粒较均匀地排列，网状分布消失，未见明显的气孔和铸造缺陷。神树上的细小树枝可能是经过锻打加工而成的。

从金相组织观察中看出：这些铜合金的浇铸件大多数都存在着气孔和铸造缺陷。这与同一时期中原地区出土的青铜铸件相比较，反映出巴蜀地区在青铜器冶炼和浇铸技术上的落后和不成熟。

（二）关于铅和磷的使用

在这批铜器中，含锡量都较低，最高未超过9%，而含铅量却相当高，达32.71%，约占整个重量的三分之一。一些器物大量减少锡的用量，使合金成为高铜低锡，如铜人、铜人头、铜面具。一些器物在大量地降低锡的用量后，掺入大量的铅，形成高铜高铅低锡合金或根本不加入锡，完全用铅代替锡，使合金成为铜铅合金。大量地掺入铅，减少锡的用量，甚至完全不用锡料，主要是为了节省锡料。在制造青铜实用器时，因要求器物具有精美的外观和一定的力学强度，锡是不可缺少的铜合金原料。而祭器只要求外观和形状，有些器物仅是一次性使用，对力学强度要求不高，用铅代替锡掺入铜中是完全可行的。这些表明了当时蜀人和中原地区一样，也能分别使用铜、锡、铅三种金属，冶炼出铜锡、铜铅、铜锡铅和铜铅锡等多种合金来。

在所有的样品中，均未发现锌的存在。自然界中单一的铅矿很少，铅和锌往往是伴生在一起的，冶炼铅常用的矿石也称为铅锌矿。因此在使用了铅的合金中，往往都会发现微量锌的存在。在这批铜器的成分分析中，我们特别注意了这一问题，结论是：微量锌是不存在的。在全部样品的分析结果中，未发现锌的踪迹。这表明，在殷商后期，蜀人用来冶炼青铜的铅矿可能不是通常使用的铅锌矿，而是无锌伴生的铅矿，这与同一时期中原地区冶炼青铜的原料之一——铅的产地是不相同的。

磷是铜合金的良好脱氧剂。它加入铜中能增加锡青铜的流动性。磷还能提高锡青铜的强度、硬度、弹性等。[①]在这批铜器成分的分析结果中发现：凡是掺有大量铅的铜铅类和铜铅锡类器物中，几乎都不含有微量的磷，而在红铜类、铜锡铅类、铜锡类器物中都有微量磷的存在。提高浇铸液的流动性，对铜人、铜人头、铜面具这些采用多范合铸、一次成型的大型铜铸件是十分必要的。这又表明，在殷商后期蜀人铸造青铜器时，对不同的器物，会根据不同的用途和造型，选用产地不同的铜料。铜料的产地不是单一的。

（三）出土铜器的铸造工艺

祭祀坑出土铜器的铸造是使用陶范，陶范的主要原料是经过加工粉碎的砂和泥土。砂的主要成分是石英和长石，泥土作粘合剂。根据铸造时留下的铸痕，铸造工艺可分成二类：一类是使用浑铸法，即多范合铸、一次成型，如铜人头、小型铜面具、小型铜人、铜车器等；二类是使用分铸法，它是在浑铸法的基础上发展起来的。此法是分步浇铸成型，如铜人和像座是采用从下至上分三次浇铸才成型的，粗大的双手是后来才浇铸上的。铜罍、铜尊、大型铜面具也都是采用此法铸造的。不同的是：铜罍和铜尊上的兽头、铜面具上突出的双眼都是事前浇铸成型，然后嵌放在主体范的适当位置，再进行浇铸的。分铸法是殷商时期中原地区广泛使用的一种铸造青铜器的技术。[②]因采用分铸法，分段浇铸，铜人体内的泥蕊都一直保留着，直到出土后进行清理时才被取出。

（原载于《四川文物》1989年第S1期三星堆遗址研究专辑）

① 重有色金属材料加工手册编写组：《重有色金属材料加工手册》第一分册，冶金工业出版社，1979年，第155页。

② 北京钢铁学院：《中国冶金简史》，科学出版社，1978年，第22、30—34页。

广汉三星堆二号祭祀坑出土铜器成分的分析

广汉三星堆一、二号祭祀坑出土了丰富的铜器。1987年12月第一次取样进行了分析。[①]在此基础上，1989年6月又第二次取样进行分析。这次取样扩大了取样范围，特别是对一些重要器物如铜尊、铜罍取样数目较多。分析项目是：电子显微镜能谱成分分析、金相组织观察和泥蕊（内范）组成分析。

一、样品的一般情况

测试样品分成五类13件：①人像类：铜人头2件、铜面具1件，共3件；②容器类：铜尊3件、铜罍3件，共6件；③行具类：车马器2件；④神树类：神树部件1件；⑤泥蕊（内范）1件。所有样品除注明取样器物的名称外，还有取样部位、出土号和测试号。

①　曾中懋：《广汉三星堆一、二号祭祀坑出土铜器成分的分析》，《四川文物》1989年第S1期三星堆遗址研究专辑。

二、电子显微镜能谱成分分析

采用AMRAY—1000B型电子显微镜能谱对试样的金相观察面和K2:215神树底部中心试样的晶界进行成分分析。分析结果经数据整理后，列入表一[①]和表二。

三、金相组织观察

金相组织观察是先将试样除锈，然后在氯化铁—盐酸—酒精溶液中浸蚀制样，最后在金相显微镜中进行组织观察。观察结果见表三。

四、泥蕊（内范）组成分析

取一定量的泥蕊捣碎后，烘干、称重。再经加水浸泡、洗涤、分离、烘干，最后使用分样筛，分出泥土和目数不同的砂粒，最后分别称重，计算出百分含量。结果见表四。

五、对测定结果的讨论

（一）出土铜器的类型、成分和金相组织

对12件出土铜器取样并进行成分分析，根据其结果，可分为铜锡铅和铜铅锡两类。其中仅05和07两件样品属于铜锡铅类，占全部分析样品总数的16.67%，其余的10件样品都属于铜铅锡类，占全部分析样品的83.33%。铜锡铅类中，含铜量的变化范围是从80.76%到83.78%，含锡量的变化范围是从10.44%到15.71%，含铅量的变化范围是从2.89%

---

① 原表中部分数据存在测试误差，经与作者沟通后有所校改。（编者注）

表一：四川广汉三星堆二号祭祀坑出土铜器试样能谱成分分析结果

测试号	出土号	器物名称及取样部位	基体成分（%）								
			铜	锡	铅	铝	铁	硅	钙	磷	总计
01	K2:15	铜人头夫耳后	86.96	3.14	9.19		0.71				100
02	K2:201	铜面具下嘴唇	78.18	8.54	12.25		1.04				100.01
03	K2:121	铜人头夫耳内壁	90.99	3.15	4.99	0.12	0.62	0.14			100.01
04	K2:159	铜罍腹部	88.41	4.76	6.27		0.56				100.00
05	K2:88	铜罍底部	83.78	10.44	4.52	0.16	1.10				100.00
06	K2:103	铜罍底部	85.39	4.03	9.16	0.22	0.73				99.53
07	K2:135	铜尊沿口	80.76	15.71	2.89	0.07	0.53	0.05			100.01
08	K2:200	铜缳尊沿口	66.89	10.05	19.23	0.34	3.42	0.16			100.09
09	K2:129	铜尊沿口	79.04	3.26	16.77	0.44	0.95				100.46
10	K2:67	铜车轮沿口	82.92	0.03	10.34	0.12	0.53	0.07			94.01
11	K2:74	铜车轮轴镶边	79.66	9.24	9.93	0.22	0.86	0.08			99.99
12	K2:215	神树底部中心	96.98	0.67	1.65		0.46		0.24		100.00

表二：K2:215神树底部中心试样晶界能谱成分分析结果

元素	铜	锡	铅	铁	钙	总计
含量（%）	44.44		53.69	0.99	0.88	100.00

表三：四川广汉三星堆二号祭祀坑出土铜器试样金相分析结果

测试号	出土号	器物名称及取样部位	金相组织描述
01	K2:15	铜人头耳后	α固溶体上分布着铅（Pb）点，晶界富铅，黑色为气孔，缺陷。
02	K2:201	铜面具下嘴唇	α固溶体上分布着Pb点及少量的α+δ共析体，黑色为气孔，缺陷。
03	K2:121	铜人头耳内壁	α固溶体组织晶界富Pb，黑色为气孔，缺陷。
04	K2:159	铜罍腹部	α固溶体组织，晶界富Pb。
05	K2:88	铜罍底部	青铜激冷铸态组织：显著枝晶态型偏析的α固溶体，共析体处于枝晶间。
06	K2:103	铜罍底部	α固溶体上分布Pb点，晶界富Pb。
07	K2:135	铜尊沿口	磷青铜激冷铸态组织：显著枝晶态型偏析的α固溶体，共析体处于枝晶间。
08	K2:200	铜缚尊沿口	α固溶体上分布着Pb点，晶界富Pb，Sn，黑色为气孔，缺陷。
09	K2:129	铜尊沿口	α固溶体上比较均匀地分布着Pb点，晶界附Pb，黑气为气孔，缺陷。
10	K2:67	铜车轮沿口	α固溶体上分布着Pb点及Pb点。
11	K2:74	铜车轮轴镶边	α固溶体上分布着Pb点及少量α+δ共析体，黑色和气孔，缺陷。
12	K2:215	神树底部	晶粒细化，α固溶体+化合物，铝化合物未浸蚀，即可看到，呈点状均匀分布。

表四：泥蕊（内范）组成成分分析结果

成分（目）规格（目）	砂									泥
	40~60	60~80	80~100	100~120	120~140	140~160	160~180	180~200	合计	200~270
含量（%）	5.84	4.90	11.90	12.20	3.85	6.05	2.41	2.90	50.05	49.95

到4.52%。铜铅锡类中，含铜量的变化范围是从66.89%到96.98%，含铅量的变化范围是从1.65%到19.23%，含锡量的变化范围是从0.03%到10.05%。各类型出土铜器中，各原料成分的变化范围都较大。这表明，祭祀坑中出土铜器在冶炼、铸造时，原料配方上的随意性较大。

根据对样品金相组织的观察结果，12件样品可分为三种类型：

第一类型：磷青铜激冷铸态组织。这是青铜器浇铸后冷却速度较快的产物。属于这类铸态组织的样品只有两件，即是05和07号。从合金成分上看，这两件样品都属于铜锡铅类。其组织特征和晶粒大小与现代磷青铜激冷铸造组织形貌几乎一样，以枝晶蕊型偏析的 α 固溶体为主，α + δ 共析体处于枝晶之间。这两件青铜器可能是实用器，而非礼器。

第二类型：长时间均匀化退火态组织。晶粒粗大，铅除在 α 固溶体里以点状分布之外，均趋向于晶界，形成条状或网状包围着 α 固溶体晶粒，表明此类青铜器经过长时间火烧和保温过程。属于这一类型的是除去05、07和12号样品外的9件样品。

第三类型：经过锻打加工的铜合金组织。神树底部中心（K2:215）试样在抛光面上就可以清楚地看到富铅化合物比较均匀地分布，使用氯化铁—盐酸—酒精浸蚀剂按常规浸蚀工艺浸蚀，几乎不起作用，可见试样的耐腐蚀程度。其组织特征表现在晶粒细化，晶界虽然富铅，但比较细小。再对样品进行扫描电镜观察，从扫描电镜照片中，可以明显地看出点状铅化合物的周围存在着圆滑封闭的十分之几个纳米数量级的裂纹，这说明此样品所代表的部件是经过锻打处理过程的。

（二）关于出土铜器中钙元素的掺入

根据成分分析，在神树底座中心的样品中含有少量的钙元素。按照现代冶金学的观点，在铜合金中，钙与铅形成难熔化合物，起到了细化晶粒、抑制重结晶的作用，从而清除了铅对铜合金力学强度产生的有害作用，使得铜合金具有较高的强度。[①]对12号样品进行硬度测定，维氏硬度值为HV=60，可见神树树轴底部具有较高的强度。在古代青铜中大都含有铅，但是含有钙元素的铜铅锡青铜却从未发现，这算是首例。

钙元素能够掺入铜铅锡青铜内，很可能是作为杂质随冶炼青铜的原料矿石混入。

（原载于《四川文物》1991年第1期）

---

① 《重有色金属材料加工手册》编写组：《重有色金属材料加工手册》第一分册，冶金工业出版社，1979年，第151–162页。

三星堆出土青铜器上"有害锈"的分析和研究
——兼谈保护问题

　　广汉三星堆一、二号祭祀坑出土的青铜器表面已严重锈蚀。一些器物，如铜人、铜人头和星状器的表面，基本上都被绿色的无害锈——碱式碳酸铜覆盖，局部表面灰黑而发亮。但在神树树座和铜人像座的内侧等处，锈蚀产物却与众不同，从外观看，白绿色、疏松、呈粉状，一触即落，似"有害锈"。

　　三星堆祭祀坑从发掘到现在已一年多，这些"有害锈"是那样的安定，不因气温和湿度的变化而变化，不因成都地区夏季气温高达35℃~38℃、相对湿度高达80%~85%而诱发。也就是说，这些出土青铜器上的"有害锈"虽具有害锈的形貌，但不具备有害锈的行为。这也使人想到：在四川省博物馆库房内，有一件20世纪50年代成都市郊罗家碾战国墓中出土的青铜戈，戈表面上半部为绿色的碱式碳酸铜占有，下半部是白绿色"有害锈"。出土至今30余年，未见"有害锈"的蔓延，很安定。在省博物馆历史陈列中，彭县竹瓦铺出土的有"有害锈"的西周铜罍和在四川省文物管理委员会技术队实验室陈放的1977年犍为战国墓出土的具有"有害锈"的青铜戈、铜钺、铜凿，也是如此。

　　为了弄清广汉三星堆祭祀坑出土青铜器上这些白绿色的粉状物是否是"有害锈"——氯化亚铜，我们进行了分析和研究的工作。

一、取样

取样器物、取样部位和样品外貌见表一。

表一：样品信息

编号	出土号	取样器物	取样部位	样品描述
1	K2:125	神树1	树座外侧	白绿色粉末，略带黄绿色
2	K2:125	神树1	树枝	同上
3	K2:94	神树2	树座外侧	白绿色粉末，略带鲜绿色
4	K2:94	神树2	树枝	同上
5	K2:155	铜片	外沿	白绿色粉末，白色为主
6	K2:118	头像	鼻尖	同上
7	K2:28	铜皮	内侧	白绿色粉末，略带浅蓝色
8	K2:57	车饰	沿口	同上
9	K2:150	铜人像	底座内侧	白绿色粉末，白色为主

因"有害锈"呈粉末状，固结不牢，易取，用小刀轻轻一刮即落，在取样过程中发现，这种"有害锈"从外到内，直至接触到青铜器的铜质，都是一种颜色、一种状况，即只有单一结构，与我国中原地区出土的古代青铜器锈蚀层呈现的多层结构是截然不同的。

在取样时还发现：在白绿色粉末状锈的表层上，往往都有一层坚硬、质密、发亮的外壳。只要这一层硬的脆的外壳不被打碎，白绿色的"有害锈"就不会呈粉状脱落。

二、分析

（一）X衍射结构分析

分析在地质矿产部成都地质矿产局成都中心实验室进行。使用荷兰菲利普PW1011型X衍射仪。使用条件：铜靶，扫描速度20mm/s，

四川省文物考古研究院名家学术文集

时间常数2s，发散狭缝1°，接收狭缝0.2°，散射狭缝1°，速率计量程1000cps。分析结果见表二至表八。

样品2和样品4因结晶状态不好，无明显的谱线。

表二：样品1的X衍射结构分析结果

d	I	d[Cu₂(OH)₂CO₃]	d(SiO₂)	d[Cu₂(OH)₃Cl]	d[Cu₃(OH)₂(CO₃)₂]
2.481	1	2.484			
2.508	7	2.520			
2.856	10	2.860			
3.334	10		3.350		
3.482	10				3.520
3.584	5				3.660
3.700	2	3.690			
5.20	10			5.03	
5.91	8	6.00			

表三：样品3的X衍射结构分析结果

d	I	d[Cu₂(OH)₂CO₃]	d[Cu₂(OH)₃Cl]
2.861	10	2.860	
3.69	10	3.69	
5.02	10		5.03
5.91	8	6.00	

表四：样品5的X衍射结构分析结果

d	I	d[Cu₂(OH)₂CO₃]	d[Cu₂(OH)₃Cl]
2.467	1	2.484	
2.780	4	2.775	
2.879	10	3.860	
3.70	10	3.690	
5.03	10		5.03
5.50	10		5.50
5.94	8	6.00	

表五：样品6的X衍射结构分析结果

d	I	d[Cu₂(OH)₂CO₃]	d[Cu₂(OH)₃Cl]
3.70	10	3.69	
5.02	10		5.03
5.91	8	6.00	

表六：样品7的X衍射结构分析结果

d	I	d[Cu₂(OH)₂CO₃]	d[Cu₃(OH)₂(CO₃)₂]	d(SiO₂)	d[Cu₂(OH)₃Cl]
2.510	9		2.515		
2.638	3				2.64
2.866	10	2.860			
3.341	10			3.35	
3.680	10	3.69			
5.16	9		5.15		

表七：样品8的X衍射结构分析结果

d	I	d[Cu₂(OH)₂CO₃]	d[Cu₃(OH)₂(CO₃)₂]	d(SiO₂)	d[Cu₂(OH)₃Cl]
1.945	7		1.941		
2.122	5	2.126			
2.228	7		2.225		
2.278	10				2.28
2.334	3		2.330		
2.510	9		2.515		
2.866	10	2.860			
3.333	10			3.35	
3.525	10		3.520		
3.678	5			3.69	
5.02	10				5.03
5.16	9		5.15		
5.94	8	6.00			

表八：样品9的X衍射结构分析结果

d	I	d[Cu$_2$(OH)$_2$CO$_3$]	d(SiO$_2$)	d[Cu$_2$(OH)$_3$Cl]
2.122	4			2.13
2.458	5		2.463	
2.508	7	2.520		
2.852	10	2.860		
3.336	10		3.35	
3.678	10	3.690		
4.238	8			
4.670	2	4.690	4.290	
5.020	10			5.03
5.920	8	6.00		

X衍射结构分析结果表明：广汉三星堆祭祀坑出土青铜器上的锈层主要成分是碱式碳酸铜，还含有少量的碱式氯化铜、石英和蓝铜矿。有碱式氯化铜的存在，表明有氯离子的存在。有氯离子的存在，哪怕是微量的，都会给出土的古代青铜器带来不可估量的灭顶之灾。

进一步研究出土青铜器锈层中氯离子的含量，是大有必要的。

（二）定性分析

取1到9号试样一小部分，加水润湿后，再加入20毫升1:5硝酸溶液，使试样溶解。在溶解过程中，每一试样都放出大量的气泡。溶解后，溶液呈绿色，取试液1毫升置于一小试管中，加入1:5硝酸溶液2毫升后，摇匀。再滴加2%硝酸银溶液2～5滴，观察有无白色沉淀产生，反复操作多次，以便观察。

在分析中发现：滴加2%硝酸银溶液后，立即摇匀，无论在室内，还是在室外，都看不见有白色沉淀产生，这样似乎就会得出在锈层中不存在氯离子的结论。但是，如在滴加2%硝酸银溶液2～5滴后，不摇匀，仍维持两溶液交界面的存在，在光线充裕的明亮处，细心地观察，就会发现有稀疏的白色胶体物，在交界面漂浮。这说明：氯离子在全部样品中都微量地存在着。这个分析结果与X衍射结构分析的结果是相吻合的。

（三）定量分析

将取得的白绿色的锈蚀物样品，置于50毫升烧杯中，加入少许蒸馏水润湿后，再加入1:5硝酸溶液20毫升，待气泡完全消失后，转入50毫升容量瓶中，用水稀释至规定的标准线，备用。分析时，用移液管取出2份，每份10毫升，分别加入碳酸钙固体，直至不产生气泡为止。如此时有沉淀产生，可再滴加1:5硝酸溶液至沉淀消失为止。然后加入1滴2%铬酸钾溶液，摇匀后，用硝酸银标准溶液滴定，到有砖红色的沉淀产生为止。分析结果见表九。

表九：各样品中氯离子和碱式氯化铜的含量

编号	出土号	取样部位	氯离子含量（%）	碱式氯化铜含量（%）
1	K2:125	神树1座外侧	0.0076	0.0457
2	K2:125	神树1树枝	0.0180	0.1082
3	K2:94	神树2座外侧	0.0134	0.0806
4	K2:94	神树2树枝	0.0146	0.0877
5	K2:155	铜片外沿	0.0099	0.0595
6	K2:118	头像鼻尖	0.0173	0.1040
7	K2:28	铜皮内侧	0.0087	0.0523
8	K2:57	车器口	0.0176	0.1058
9	K2:150	铜人像座内侧	0.0096	0.0577

分析结果表明：氯离子在广汉三星堆祭祀坑中出土青铜器的锈层中是存在着的，但存在量是微量的。

出土青铜器表层上的坚硬外壳，我们也取样进行了简单的分析。样品使用1:5硝酸溶液溶解后，溶液呈淡绿色，白色不溶解物较多。不溶解物经过放置、过滤、洗涤，在60~80℃温度下烘干，称重，约占样品重量的24.94%。再将烘干的白色不溶解物进行X衍射结构分析，条件同上。分析结果表明：白色不溶解物结晶性较差，明显的特征谱线不多，仅出现石英、钠长石和钾长石的特征谱线。这说明，锈层表面上的一层坚硬且光亮的外壳，含有大量的石英和长石。它是青铜器锈蚀产物与无机硅酸盐混合在一起的熔融物，石英和长石很可能来自铸造时的模具上。

为了进一步查明为什么广汉三星堆祭祀坑出土青铜器锈蚀层中氯离子的含量如此之低，以及为什么锈蚀层仅有一层，我们又对祭祀坑的土壤取样，委托地质矿产部成都地质矿产局成都水文工程大队实验室进行了易溶盐和半易溶盐的分析，同时也进行了酸碱度测定，结果见表十。

表十：广汉三星堆祭祀坑土样中易溶盐、半易溶盐和酸碱度的分析结果[①]

离子分析		离子	毫克当量/100克	含量%
	阳离子	K^+	0.02	0.001
		Ca^{2+}	0.53	0.011
		Mg^{2+}	0.31	0.004
		Na^+	0.12	0.003
		合计	0.98	0.019
	阴离子	Cl^-	0.09	0.003
		SO_4^{2-}	0.07	0.003
		HCO_3^-	0.71	0.043
		CO_3^{2-}	0.00	0.000
		NO_3^-	0.016	0.001
		合计	0.886	0.05
易溶盐含量		0.069%	酸碱度	PH=7.5

三、讨论

R.M.奥根先生曾对出土的中国古代青铜器上的锈层进行了化学分析和显微结构研究。他指出，锈层是三层结构，最外层是绿色的碱式碳

---

① 原表中部分数据存在测试误差，经与作者沟通后有所校改。（编者注）

酸铜，中间层是枣红色的氯化亚铜和氢氧化亚铜，最内层——紧贴于青铜器表面铜质的是白色蜡状的氯化亚铜和少量的氢氧化锡。[1]国内的一些文物保护研究单位和博物馆也先后对出土青铜器上的锈蚀层进行了分析，并采用了多种手段进行鉴定，结论与奥根先生的结论相吻合。[2]从事青铜器修复的老技师也根据自己多年的工作实践，同意上述结论，[3]都认为氯离子的存在是造成出土青铜器继续遭受破坏的主要原因。氯离子能够进入并"暗藏"在青铜器的锈层中，是带有氯离子的墓穴水长期与随葬的青铜器相接触，并相互发生化学反应的结果。

墓穴中存在的氯离子，主要来自墓穴土壤中的盐类。在水渗透时，土壤中的易溶盐类和半易溶盐类就被溶解了。对广汉三星堆出土青铜器所处的环境——土壤的分析表明，这批青铜器是处在钙离子和镁离子的含量大大多于钾离子和钠离子的含量、碳酸氢根的含量又大大多于氯离子的含量的环境中，这是一个特殊的环境。

广汉三星堆第二号祭祀坑离地表仅1.6米，地表及其四周都水田密布，耕作频繁。地面水的渗透是很勤且很多的。而地面水是一种饱含氧气的水，这就使祭祀坑常年处在一种富氧的环境中。

从有关金属腐蚀的专著中得知，[4]当铜器处于不含氯离子的水中，铜原子和铜离子的动态平衡，使铜器表面带电。水分子的极性使水分子在铜器表面上筑起了一层定向的、有序的、有一定厚度的水分子"墙"。在铜器表面和水分子"墙"之间存在着一定的势能。它对提高

---

[1]　R.M.奥根：《古青铜器上的绿锈——它的形态及处理方法》，《文物保护技术》第81卷第1期，1963年。

[2]　文物博物馆研究所科学技术研究报告：《战国铜剑有害锈的鉴定和古铜器的保养》，1965年；上海博物馆科学技术研究报告：《去除铜器上粉状锈的试验报告》，1965年；安徽省博物馆文物保护科研室：《用局部电蚀法去除青铜器"粉状锈"试验报告》，1980年。

[3]　高英：《古代青铜器的腐蚀性破坏》，《中国历史博物馆馆刊》1979年第1期。

[4]　U.R.艾万思：《金属的腐蚀与氧化》，华保定译，机械工业出版社，1976年，第195页。

铜器的抗锈蚀性能有利。反之，如水中有氯离子存在，哪怕是微量的，由于带电的正负离子的相互吸引，氯离子就能穿过水分子"墙"，进入铜器的表面，使铜器表面与水分子"墙"之间的势能大大降低，水分子"墙"的厚度也会减薄，自然铜器的抗腐蚀性能也会大大下降。

广汉三星堆祭祀坑出土青铜器处在钙离子和镁离子的含量大大高于钾离子和钠离子的含量、碳酸氢根的含量又大大地高于氯离子的含量的特殊环境中，因分子运动和静电吸引在青铜器的表面四周最内层，氯离子的数量严重不足，造成氯离子对青铜器表面最外层的包围不完全，仅少许部位被占领，而大部分被体积庞大的碳酸氢根离子和氢氧根离子所控制。当青铜器发生腐蚀时，从青铜器表面上下来的一价铜离子，有的与氯离子结合产生氯化亚铜，大部分与碳酸氢根离子和氢氧根离子结合生产碳酸盐和氢氧化亚铜。因氢氧根离子体积比碳酸氢根离子体积小，运动速度比较快，故生产氢氧化亚铜的机会较大。产生的氯化亚铜和氢氧化亚铜立即被溶解在水中的氧气所氧化，并被水解，从而生成了碱式碳酸铜和碱式氯化铜。因氯离子太少，生成的碱式氯化铜的量也很少。这一系列化学反应，几乎是在很短的时间内完成的。这种情况下，埋葬在土壤中的青铜器表层的锈蚀产物就只有一层，而不会呈现多层结构了。

碳酸氢钙是一种可溶性的阻蚀剂，它可以阻止青铜器在水中的锈蚀。这种阻蚀能力，只有当水中没有氯离子存在时才是有效的。在广汉三星堆祭祀坑中，虽然氯离子含量甚微，但也能致使碳酸氢钙的阻蚀效果失败。广汉三星堆祭祀坑中出土青铜器的锈蚀比较严重，与微量的氯离子存在，致使天然阻蚀剂失效有关的。

碱式氯化铜是氯离子对青铜器腐蚀的最终产物。碱式氯化铜在水中的溶解很慢很小。伊恩·唐纳德·麦克劳德先生使用巴克利—科特洛维氯量计测定了碱式氯化铜在2升水中的溶解度—时间的关系，[①]结果见表十一。

表十一：碱式氯化铜在水中的溶解度—时间关系表

小时	Cl⁻（ppm）	小时	Cl⁻（ppm）
2	3	331	67
19	13	451	75
26	14	786	83
69	19	1122	94
140	33	1652	92
166	52		

从表中看出碱式氯化铜在水中溶解度极小，经过长达47天的浸泡，才能达到最大的溶解量。所以，在清洁的环境中，即使在潮湿的情况下，由碱式氯化铜水解提供氯离子，促使出土青铜器进一步锈蚀，"青铜病"复发，这种可能性是不大的。所以，这批青铜器在脱离了含有氯离子的坑穴之后是稳定的，不需要再作特殊处理。

如果把碱式氯化铜放在被污染的环境中，情况就大不一样了。空气污染主要是指二氧化硫的污染、氮氧化物的污染及尘埃悬浮物的污染。二氧化硫和氮氧化物在水气和氧气的作用下，变成了硫酸、亚硫酸和硝酸、亚硝酸等。在湿度大的季节里，因昼夜温度的变化，在器物上往往会有一层水膜生成，空气中也会产生水雾。空气被污染，水膜就变成了酸的水溶液，水雾就变成了酸雾。酸对出土青铜器的破坏严重，能把已被碱式氯化铜束缚住的氯离子重新释放出来，使青铜器上的"青铜病"复发。这是必须引起极大的注意和高度的警惕的。

尘埃和悬浮物，除去泥土之外，往往还包含有许多活性物质的微

---

①　Ian Donald Macleod, Conservation of Corroded Copper Alloys: A Comparison of New and Traditional Methods for Removing Chloride Ions, *Studies in Conservation*, 1982, 32: 25–40.

细颗粒。这些活性物质能吸附空气中的污染成分和水汽，使尘埃变成酸性颗粒，当它沉降在出土青铜器表面上，也会与碱式氯化铜发生化学反应，使氯离子重新释放出来。对出土青铜器产生腐蚀，使青铜器上的"青铜病"复发。所以，存放青铜器的环境要严加控制，不能被污染，否则将后患无穷。

我单位所在地的大气质量资料，已从成都市环保科研所获得。见表十二、表十三。

表十二：1986至1987年四川省文物管理委员会所在地大气监测数据

项目 / 时间	二氧化硫 (mg/m³)	氮氧化物 (mg/m³)	颗粒物 (mg/m³)
1986年春季	0.04 ~ 0.10	0.05 ~ 0.06	0.26 ~ 0.30
1986年夏季	0.03 ~ 0.05	0.02 ~ 0.04	0.16 ~ 0.21
1986年秋季	0.07 ~ 0.08	0.05 ~ 0.06	0.40 ~ 0.52
1986年冬季	0.10 ~ 0.12	0.07 ~ 0.08	0.48 ~ 0.54
1987年春季	0.08 ~ 0.11	0.05 ~ 0.07	0.37 ~ 0.48
1987年夏季	0.04 ~ 0.06	0.04 ~ 0.05	0.24 ~ 0.37
1987年秋季	0.04 ~ 0.08	0.07 ~ 0.08	0.23 ~ 0.25
1987年冬季	0.12 ~ 0.19	0.07 ~ 0.09	0.52 ~ 0.56

表十三：1986至1987年四川省文物管理委员会所在地降雨的酸碱度数据

时间	酸碱度	时间	酸碱度
1986年3月	6.90	1987年4月	7.44
1986年4月	6.92	1987年5月	7.08
1986年5月	5.83	1987年6月	6.41
1986年6月	5.55	1987年7月	6.54
1986年7月	5.51	1987年8月	6.79
1986年8月	6.67	1987年9月	6.71
1986年9月	6.57		

成都地区降雨基本上都集中在每年的夏、秋季节，其他时节降雨稀少。酸碱度即PH值小于5.6为酸雨。

从表中可看出我单位所处的大气环境中，二氧化硫的含量已基本处于国家规定的二级标准0.15mg/m³的限量内，一般在冬季还会超过限量。氮氧化物低于国家二级标准0.10mg/m³的限量。尘埃和悬浮物的含量却超过国家规定的二级标准0.3mg/m³一倍，酸雨也时有发生。所以要使广汉三星堆出土青铜器久安，降低这批青铜器所处环境中的二氧化硫和尘埃悬浮物的含量是当务之急。

另外，存放这批青铜器的木架、木柜都要严加考究。有些木材除含有纤维素、半纤维素、木素外，还含有一些挥发物。第二次世界大战结束不久，在英国剑桥的菲茨威廉博物馆曾发生过一次严重的青铜瘟疫。经过分析研究，产生这场瘟疫的原因，是青铜器从包装运输它们的木箱中吸收了木材的挥发物之一——醋酸。醋酸把青铜器上的锈蚀层转变成能溶解于水的醋酸铜，醋酸铜又与空气中的二氧化碳作用生产碱式碳酸铜，使醋酸重新放出，继续向深层发展，最后使青铜器腐蚀成小孔或崩溃瓦解。

油漆木架和木柜的油漆，以及用来包装青铜器的塑料制品也要注意。含有硫的合成油漆，在老化时能产生硫化氢气体，这是一种腐蚀性很强的酸。聚氯乙烯塑料制品在使用过程中和老化后，也能释放出氯化氢气体来。总之，一切能产生酸性物质的材料，都不能用于出土青铜器的包装、存放。

（原载于《四川文物》1992年第S1期三星堆遗址研究专辑）

三星堆出土铜器的铸造技术

广汉三星堆出土铜器早已引起了人们的极大关注，对于它的合金成分已作了分析和研究，并已发表。[①]对它的铸造工艺也有必要作进一步的考查和研究。

一、陶范

因在部分出土铜器上遗留着褐红色的泥蕊，说明出土青铜器的铸造是使用陶范。陶范的主要原料是砂和粘土。对泥蕊取样5份，经过捣碎、浸泡、洗涤、分离、烘干、过筛、称重、计算后，测得在泥蕊中，砂的平均含量为50.05%，粘土的平均含量为49.95%。砂的粒度分布在40～200目之间，波动范围较大。其中40～60目占11.68%，60～80目占9.79%，80～100目占23.78%，100～120目占24.37%，120～140目占7.70%，140～160目占12.09%，160～180目占4.80%，180～200目占5.79%。粘土的粒度分布在200～270目之间。泥蕊的组成是砂与粘土各半。

对泥蕊取样，在偏光显微镜下进行观察时，发现砂粒都呈棱角

---

① 曾中懋：《广汉三星堆一、二号祭祀坑出土铜器成分的分析》，《四川文物》，1989年第S1期三星堆遗址研究专辑；曾中懋：《广汉三星堆二号祭祀坑出土铜器成分的分析》，《四川文物》1991年第1期。

状，显然是经过人工粉碎加工过的。

二、浇铸温度

浇铸温度的确定是采取对泥蕊取样分析的方法进行的。

泥蕊力学强度较差，大多数都一触即溃。仅紧贴于铜器内壁的部分，才能成形。使用荷兰菲利普PW1011型X衍射仪，分别对外层泥蕊和内层泥蕊样品进行X衍射结构分析。电压38kV，电流20mA，速率计量程1000cps。分析结果见表一。

表一：泥蕊内层和外层试样的X衍射结构分析结果

含量（%）成分 样品	石英	钠长石	钾长石	方解石	褐铁矿	白云石	绿泥石	白云母
泥蕊内层	45	10	1	5	3	1	20	15
泥蕊外层	40	15	1	2	3	少	少	少

泥蕊中包含的矿物成分是石英、钠长石、绿泥石、白云母、方解石、褐铁矿、钾长石、白云石。在泥蕊内层的X衍射曲线上发现有较多、较明显的绿泥石和白云母的存在。而在泥蕊外层的X衍射曲线上发现这两种矿物的谱线很弱，方解石的谱线也变弱。再将泥蕊外层试样放在偏光显微镜下观察，也发现有较多的非晶质存在，其中绿泥石和白云母也较多。这是因为在600~700℃时，绿泥石大量脱水，在800~900℃时，白云母也大量脱水，绿泥石又开始第二次脱水。脱水使绿泥石和白云母发生蚀变，由晶态转变为非晶态。而在850~950℃时，方解石也会发生分解。[①]这一切都表明，浇铸青铜器时，铜液的温度大约在850~950℃之间。

---

① 辽宁省地质局中心实验室：《矿物差热分析》，地质出版社，1975年，第49–50、170–175、183–184页。

三、浇铸工艺

根据铸造时留下的铸缝、金相组织观察和成分分析，铸造工艺可分成六类。

第一类：浑铸法，即多范合模，一次浇铸成型。这是一种最简单、最古老的方法。如A型和B型铜人头、B型和C型铜面具、小铜人、神树上的各种果实等。[①]

第二类：分铸法，即多范合模，分步浇铸成型。陶范分割多为四分法，别为三分法。如立人像、尊和罍。立人像是先浇铸像座，再浇铸躯干下半部和双腿、躯干上半部和头部，最后浇铸花冠。在人像的后脑和右侧腋下都留下了使泥蕊定位的长1.0～2.5cm、宽0.7～1.5cm的矩形小孔各二个。A型面具上巨大的双耳、神树上的鸟头和果实都是在主体部分浇铸成型之后采用后铸法铸上的。铜罍、铜尊上的兽头和A型面具上突出的双眼也都是采用分铸法铸造的。[②]不同之点是：铜罍和铜尊上的兽头、A型面具上突出的双眼都是在事前浇铸成型，镶嵌在主体范的适当位置后，再进行整体浇铸成型的，即采用分铸法的先铸法。分铸法是殷周时期中原地区广泛使用的一种铸造青铜器的技术。[③]因采用分铸法，铜人立像体内的泥蕊都一直被保存着，直到出土后进行修复时才被取出。

第三类：套铸法。这是在这批出土青铜器中使用得最多、最广泛的一种铸造法，如神树的树干和树枝，立人像粗大的双臂组合，以及与

---

① 四川省文化厅文物处等：《三星堆祭祀坑出土文物选》，巴蜀书社，1992年，图六、图十七、图五、图十六。

② 四川省文化厅文物处等：《三星堆祭祀坑出土文物选》，巴蜀书社，1992年，图六、图十七、图五、图十六。

③ 北京钢铁学院：《中国冶金简史》，科学出版社，1978年，第30-34页；冯富根、王振江、白荣金、华觉明：《商代青铜器试铸简报》，《考古》1980年第1期。

躯体的结合，等等①。此法是使用两分法的陶范将器物的主体部分先分别浇铸成各个散件，再将有关相对应的散件对口放置。在内放置泥蕊，贯穿两散件。在其外套上长约5～10cm的两分法的外范，再浇灌熔化的铜液形成一个铜质的外套管将相关的两个铸件联结起来。套铸法主要用于器物的圆柱形部分。

第四类：爪铸法，它主要应用在使用面仅为一面的铸件上，如星状器，此法是先将器物分步浇铸成各个散件，然后在离散件接口0.5～1.0cm处，并排上下钻孔两个，孔径1～2mm，孔距1～2cm，然后将两个相对应的散件对口放置，背面朝上，使用面朝下，浇注熔化的铜液。流入钻孔内的铜液与存留于背面的铜液成为一体，形成爪钉，将两个相关的铸件联结起来。同时，存留于背面的铜液也增大了接口处的强度，有利于接口的稳定，不易折断。

第五类：邦铸法。它是先将器物分步铸成各个散件后，再在拼接好的两个对应散件的对口缝的背面，浇铸一大块熔化的铜液。冷却后铜块与器物背面紧紧相联，起到了加固接口的作用，使其不易从接口处折断。如双眼突出面具上的额花，就是先铸成三个散件（三段），后使用邦铸法组合起来的。②邦铸法也仅应用在使用面只有一面的铸件上。

第六类：锻打法。除去上述五类直接使用熔化的铜液浇铸器物的办法之外，在这批出土铜器中，还使用了锻打法。它也是较为原始的加工方法，在新石器时代遗址中，曾发现使用红铜锻打成型的装饰品。神树上的细小树枝就是使用锻打法制成的。从合金成分上看：铜占73.86%，铅占25.72%，锡仅占0.43%，可作为杂质。铅不固溶于铜，以单独组分——填料存在于铜中，增加铜液浇铸时的流动性和冷加工性。再从金相组织看，属于铸造后经长时间均匀化退火态组织，粗大条状的

① 四川省文化厅文物处等：《三星堆祭祀坑出土文物选》，巴蜀书社，1992年，图六、图十七、图五、图十六。
② 四川省文化厅文物处等：《三星堆祭祀坑出土文物选》，巴蜀书社，1992年，图六、图十七、图五、图十六。

α固溶体上分布着铅点，存在着原生晶界。二次晶界富铅，晶内铅点呈条状分布，较均匀地排列，网状分布消失，未见明显的气孔和铸造缺陷。显然神树上的细小树枝是使用渗入大量铅的红铜在常温下锻打而成的。锻打的工具是石器或玉器，那时只有石器或玉器的硬度大于红铜。

长时间均匀化退火态组织是神树等众多铜器被打碎后，在坑内加温焚烧、原坑埋葬所致。

铸造一件完整的铜器，有的使用上述的一类方法铸造而成，有的使用上述的二类、三类、四类、甚至五类方法铸造而成。如神树，基础部分的大圆盘是使用邦铸法铸成的。主树干和支树干是使用套铸法铸成的，细小树枝是使用锻打法制成的，树上的果实是使用浑铸法铸成的，树上的鸟是使用分铸法的后铸法浇铸在支树干上的。

另外，在铸造青铜器时，特别是厚度仅为2～5mm的薄型青铜器，如星状器，还使用了铜垫片。垫片的直径为0.5～0.7mm，安放在所铸部件外范内侧的中部，根据所铸部件的大小，绝大部分为2片，少数为1片。

套铸法、爪铸法和邦铸法也可归属于分铸法之中。它们在中原地区出土的殷周时期青铜器中还未曾出现过。这三种青铜器浇铸方法虽然显得比较粗犷和原始，但却显示出在铸造大型青铜器时，在尚未完全掌握铜锡配比与力学强度关系的条件下，当时人们已从铸造实践中粗略地了解锡渗入铜中能够提高铜的硬度。他们将铜人立像使用红铜和含锡量仅为3.22%的青铜来铸造，硬度低、塑性好，有利于雕刻衣纹图案，便是一个例证。[①]这些方法对加强铸造青铜器的力学强度，特别是受力部分的力学强度，是非常实用和有效的。

（原载于《四川文物》1994年第6期）

① 曾中懋：《广汉三星堆一、二号祭祀坑出土铜器成分的分析》，《四川文物》，1989年第S1期三星堆遗址研究专辑。

三星堆祭祀坑出土金面铜头像上的铜—金黏合剂分析

　　广汉三星堆二号祭祀坑出土的数百件铜器、金器、玉石器中，有四件铜人头像上戴有金面具，出土编号为：K2②:214、K2②:45、K2②:115、K2②:137，其中有两个平顶铜人头像（K2②:45、K2②:115），两个圆顶铜人像（K2②:214、K2②:137）。这批铜器在被埋葬之时，被锤打成若干碎块或被焚烧，这四件铜人头像也不例外。因金面具的韧性特别好，在遭受锤打时不易折断和破裂，使出土时金面具仍然紧紧地粘贴在铜人头像的面部，仅有小部分脱离。同时金面具又将铜人头像的碎块连接在一起，使之不能分散，这给出土后的修复工作提供了极大的方便。四件铜人头像中，有两副金面具（K2②:214、K2②:45）基本上完好，另外两副金面具（K2②:115、K2②:137）仅存不足一半。

　　在修复时，揭下金面具后，发现在金面具的背面和铜人头像的面部都有一薄层黑褐色物质，用作铜人头像与金面具之间的黏合剂，特别是在面部的突出部分，如鼻和耳处，尤其明显和厚重（图一、二、三）。这种现象引起了我们的重视，在K2②:137上进行了取样分析和研究。

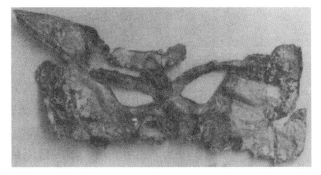

图一　K2②：214金面具的背面

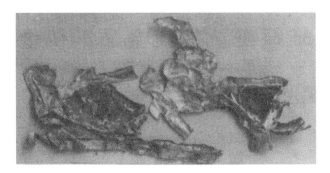

图二　K2②：137金面具的背面

图三　K2②：137揭去金面具后的人头像右侧表面

一、取样

用手术刀在K2②:137铜人头像的鼻尖、耳和眼等部位轻轻刮取黑褐色的物质时，发现仅有很薄的一层，厚度不足0.1mm。在黑褐色物质的下面是一层乳白色物质，厚度极不均匀，大约在0.1~1.0mm之间。乳白色物质较坚硬，它并非布满铜人头像的整个面部，而是仅局部存在，以鼻和耳廓部位为多。在乳白色物质的下面是绿色的铜锈。

在这种情况下，取样很困难。为此，我们分别取样，进行分析。取样是在K2②:137揭去金面具后的铜人头像上进行的。样品一是在K2②:137鼻尖上取得的直径为1mm左右的薄片，一面为黑褐色，另一面为乳白色。样品二是在K2②:137铜人头像鼻孔两侧取乳白色颗粒实施研磨加工后，成为能过200目孔筛的粒状体。

二、分析

出土的戴金面具的铜人头像在土壤中埋藏了几千年，难免混入黏土、砂粒和碳酸盐。为了排除它们对分析结果的干扰，对样品一先使用5%的盐酸处理4小时，然后用蒸馏水冲洗多次，清除多余的盐酸和氯化物后，再使用5%的氢氟酸在聚乙烯塑料容器中处理12小时，然后用水洗涤多次，除去残存的氢氟酸和氟化物，放置在空气中自然干燥后，进行红外光谱分析。样品一在使用5%稀盐酸处理时，发现在样品的背面——乳白色物质上有大量微小的气泡产生。样品二未经任何处理，直接进行红外线吸收光谱分析和X衍射分析。

（一）红外线吸收光谱分析

分析是在美国尼柯莱特公司（NICOLET）生产的MX-1E傅里叶变换红外线光谱仪上进行的。与样品一同时上机分析的还有四川青川战国墓出土的漆盒内壁的黑色漆皮和四川荥经曾家沟21号战国墓出土的漆奁内壁的黑色漆皮。①分析结果见表一和图四、五、六。

表一　红外吸收光谱曲线上各个吸收峰对应的有机基团

红外吸收峰波数/cm⁻¹	对应的有机基团
$3400 \sim 3500$	—OH，—NH$_2$
2938	—CH$_2$—
2856	—CH—
$1740 \sim 1780$	—COOH
1653	—CH=CH—（苯核）
1435	—CH$_2$—，—CH—
1390	—CH$_3$
1240	—C—O—C—
$1010 \sim 1085$	胶质
835	1，3，4三取代苯
770	1，2，4三取代苯

三条红外光谱曲线的形状大致相同，各主要吸收峰（3420cm⁻¹、2938cm⁻¹、2856cm⁻¹、1653cm⁻¹、1435cm⁻¹、1240cm⁻¹和1084cm⁻¹）都出现在各个样品之中，这些红外吸收峰完全一致。②这表明三件上机分析的样品极可能属于同一物质——大漆，又称土漆，故黑褐色物质也为大漆。

（二）X衍射分析

分析在荷兰菲利普公司生产的PW1010型X衍射分析仪上进行。测试条件是电流36mA，电压54kV，铜靶，扫描准确度1000cps。分析曲线见图七。将样品二的X衍射曲线上的全部衍射峰值与无机物的标准X衍射谱相比较，结果见表二。

---

① 四川省博物馆、青川县文化馆：《青川县出土秦更修田律木牍——四川青川县战国墓发掘简报》，《文物》1982年第1期，第1页；四川省文物管理委员会、荣经县文化馆：《四川荣经曾家沟21号墓清理简报》，《文物》1989年第5期，第21页。
② 曹江永主编：《文物考古：调查勘探与发掘保护技术手册》，安徽文化音像出版社，2004年。

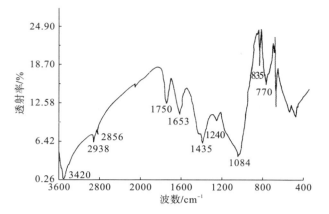

图四 样品一的红外光谱曲线

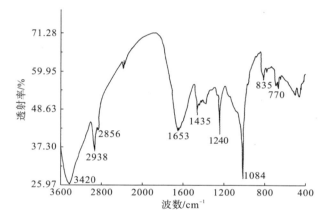

图五 青川战国墓出土漆盒的漆皮红外光谱曲线

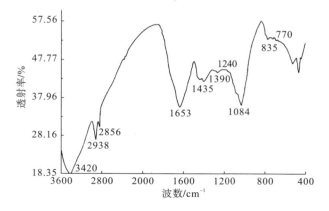

图六 荥经战国墓出土漆奁的漆皮红外光谱曲线

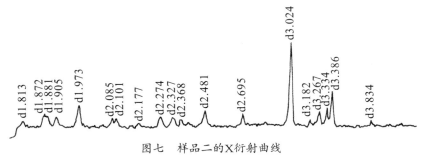

图七　样品二的X衍射曲线

表二　样品二的X射线衍射峰值对应的无机物

谱线 d/A	强度 I/I°	方解石 CaCO₃ JCPDS 5-586	霰石 CaCO₃ JCPDS 5-453	石英 SiO₂ JCPDS 5-490	钠长石 NaAlSi₃O₈ JCPDS 20-554
1.813	2		1.814/23		
1.872	5	1.875/17	1.877/25		
1.881	5		1.882/32		
1.905	5	1.913/17			
1.973	15		1.977/65		
2.085	5	2.095/18			
2.101	5		2.106/23		
2.274	5	2.285/18			
2.327	5		2.328/6		
2.368	5		2.372/38		
2.481	10	2.495/14	2.481/33		
2.695	5		2.700/46		
3.024	70	3.035/100			
3.182	5				3.190/100
3.267	10		3.273/52		
3.334	10			3.343/100	
3.386	25		3.396/100		
3.834	5	3.86/12			

　　分析结果表明：样品二的乳白色物质为无机物，它的主要成分是方解石、霰石和微量的石英、钠长石。

（三）发射光谱分析

分析是在法国若宾·伊冯（Jobin Yvon）公司生产的JY48型光电直读光谱仪上进行的。测试条件为：30个通道，波长范围为130～415mm，刻痕2550条/mm。分析结果见表三。

表三　样品二的发射光谱半定量分析

元素	Al	P	Ca	Fe	Mn	Ce	Ti	Si	Sr	Na
含量/%	<0.25	<0.1	>30	<0.1	<0.1	<0.1	<0.1	<1.5	<0.1	<0.25

发射光谱分析结果也表明，乳白色物质主要成分是钙的化合物。

三、讨论

（一）我国是世界上最早使用大漆的国家，1978年在浙江余姚河姆渡村就发掘出距今7000年前的涂漆木碗。[①]1950年在河南安阳殷墟武官村大墓中，发现在很多雕花木器印痕中，有大漆的残迹[②]。这些都是把生漆作为涂料来使用的实例。而把大漆作为黏合剂来应用，特别是作为两种不同性质的金属表面的黏合剂，在广汉三星堆二号祭祀坑出土的四件戴有金面具的铜人头像上，则是首次发现。

（二）大漆是从漆树上采割而得到的乳液，它是由漆酚、漆酶、胶质、无机物和水等组成的混合物，其中以漆酚和漆酶为最主要物质。漆酚系几种不同饱和度的脂肪烃取代基的邻苯二酚和间苯二酚的混合物。漆酶是漆酚固化的催化剂，是一种含铜蛋白质生物活体。大漆中各种成分的含量，随漆树品种、生长环境和采割时期等因素的不同而有所差异。

由于大漆的组成不是单一的，因此它的红外吸收光谱是比较复杂

---

① 河姆渡遗址考古队：《浙江河姆渡遗址第二期发掘的主要收获》，《文物》1980年第5期，第1页。
② 郭宝钧：《一九五零年春殷墟发掘报告》，《考古学报》1951年，第1页。

的。由于相同吸收峰的相互遮盖，要直接确认大漆是很困难的。要解释红外吸收光谱中所出现的全部吸收峰，目前还是不大可能的。并且漆膜的红外光谱中的某些吸收峰，如2928cm^{-1}、2856cm^{-1}会随着聚合条件、时间的远近而发展变化。[1]我们选择了青川县和荥经县战国墓出土的漆器上的漆皮两件样品，用作标准去鉴别，以辨认广汉三星堆二号祭祀坑出土的戴金面具铜人头像上的大漆黏合剂。

由于气候的差异、水土的不同，各地出产的大漆中，漆酚中烷基上的碳原子数目及不饱和键的数目和位置也都不相同，因此可以通过精细的分析测定，确定漆酚中烷基的碳原子数目及烯键的数目和位置，从而确定生漆的产地。[2]从红外光谱400~1000cm^{-1}的波形来看，广汉三星堆二号祭祀坑出土的戴有金面具的铜人头像所使用的金—铜黏合剂大漆，与青川出土的漆器所使用的大漆更为相近。

（三）大漆黏合剂背面的乳白色物质，最初被认为是铜器埋藏在泥土中的锈蚀产物，光谱分析的结果已否定了这一观点。乳白色物质是钙盐，X衍射分析结果又进一步说明它主要是方解石和霰石的混合物。在使用5%的盐酸对样品一进行处理时，观察到无数的气泡不断从样品一的乳白色物质上产生。所以大漆粘接层背面的乳白色物质应是一种碳酸盐。

方解石和霰石是碳酸钙的同分异构体，方解石在自然界中大量而普遍地存在；而霰石却比较少见。所以含有大量霰石的方解石不是自然界的原生矿物，而是石灰在墓坑中长期与墓坑水中的碳酸根离子相接融，逐步缓慢地进行化学反应的结果，是石灰与墓坑水长期接触的次生产物。故乳白色的物质可能来源于石灰。

天然的方解石或石灰石中都含有一定的石膏成分。在样品二中基本上不含有石膏，表明广汉三星堆二号祭祀坑出土的金面具的铜人头像上使用的乳白色物质是纯度较高、氧化钙含量较高的石灰。

---

[1] 陈元生等：《史前漆膜的分析鉴定技术研究》，《文物保护与考古科学》1995年第2期，第12页。

[2] 甘景镐：《生漆的化学》，科学出版社，1984年。

（四）铜人头像上的金面罩是怎样黏合上去的？首先使用铜凿或坚硬的石器将青铜人头像面部的铸造毛刺基本上打磨平滑，然后在面部涂敷一层石灰粉掺和水的膏状物，以填平铜人头像面部的凹凸不平之处。这近似于现代油漆工业中所使用的腻子（又称膏灰）的作用。据研究，石灰与二氧化碳及水相作用，最初生成具有黏合作用的胶体，时间一长，胶体碳酸钙转变成晶体碳酸钙，从而失去了黏合作用。另外，石灰系强碱性物质，与铜器长期接触能腐蚀铜器表面，增加黏合能力。

石灰膏在干固过程中，体积收缩产生裂缝，为此，除要求石灰粉达到一定的细度和纯度外，在工艺上还需在石灰膏干固过程中，使用砾石或骨器反复多次地在石灰膏表面压磨，不断地填平石灰膏收缩所产生的裂缝。这与制作陶器时，为使陶器表面出光采取的工艺相似。

石灰膏完全干固后，再经过细心地打磨，凹处的石灰膏被保留，凸处的石灰膏被打磨掉。然后在其上涂刷一层经过多次沉淀或过滤、已除去树皮和泥沙等杂物的大漆汁，最后将金面具黏合其上。这样黏合上去的金面具显得平顺、光滑、美观，无皱纹、无折叠、无坑洼之感，特别是在耳、鼻等起伏较大、凸凹最为明显的部位。

事实上，以大漆和石灰混合而成的腻子的性能和强度都比单一的石灰膏好得多。那么为什么不将这种腻子作为膏灰使用？这可能是因为商周时期在蜀地以及周边地区还未掌握此项工艺技术和配比。

（五）在红外吸收光谱中，广汉三星堆二号祭祀坑出土的铜人头像与金面具之间的黏合剂疑是大漆。但有一条$1750cm^{-1}$吸收峰，仅出现在铜—金黏合剂的红外吸收光谱中，在青川和荥经战国墓出土漆器的红外吸收光谱中无此吸收峰的出现。$1740\sim1780cm^{-1}$吸收峰是羧基的典型吸收峰，因在大漆的分子结构中无羧基存在，大漆自身的红外光谱中不应有此吸收峰的出现。[1]它的出现表明，漆器在空气中存放或使用的时间较长，在空气中的氧和日光的作用下，发生了氧化作用，引起了光氧

---

① 余仲元等：《中国生漆的红外光谱研究》，《中国生漆》1989年第3期，第1—8页。

化反应，使生漆分子结构发生了相应的变化，漆酚分子结构中的羟基及交联后生成的醚基，部分被氧化成了羧基。这进一步说明：戴有金面具的铜人头像，虽然是一件明器，但它也是一件在长时间内多次反复使用的祭器。在青川和荥经战国墓中出土漆器上漆皮的红外吸收光谱中，无1750cm^{-1}吸收峰的出现，表明这两处墓葬中出土的两件漆器是一次性使用的祭器，即生产出来不久，在空气中存放时间不长，就被埋入墓葬，大漆漆酚分子结构中的羟基、醚基还未被氧化，就被隔绝了日光和氧气，当然就没有1750cm^{-1}吸收峰的产生。

四、结 论

（一）三星堆祭祀坑出土的四个戴金面具的铜人头像上，在金面具的内表层和铜人头像的外表面之间使用了一种黑褐色的黏合剂，黏合剂将金面具与铜人头像黏合成一体。将黏合剂的样品与四川荥经和青川战国墓出土漆器上的黑色漆皮样品进行红外吸收光谱分析，对照分析结果表明，黑褐色的黏合剂可能系大漆。

（二）黏合工艺是先将铜人头像的表面打磨光滑，尽可能地去除铸造毛刺。第二步是使用骨器或木器将石灰膏涂抹在铜人头像表面上，石灰膏干燥后，经打磨，然后涂抹上经过过滤、已除去树皮和泥沙等杂质的大漆汁。最后，将金面具黏贴在铜人头像表面上。

（三）在铜—金黏合剂的红外吸收光谱中存在着1750cm^{-1}吸收峰。该吸收峰为羧基特征吸收对应峰。此吸收峰的存在表明，大漆在空气中存在的时间较长，有着较长时间的光氧化过程。四件戴有金面具的铜人头像不是一次性使用的明器，而是多次祭祀反复使用的礼器。

（原载于《文物科技研究（第三辑）》，科学出版社，2005年）

三星堆祭祀坑出土金器的成分分析

广汉三星堆祭祀坑出土的金器，早已引起人们的极大兴趣和注意。到目前为止，它是商周考古中发现金器数量最多、质量最大的一次。对这批出土金器的形制，一些考古学者已产生了重视，并已着手进行了研究。本文拟在金器的成分、制作工艺和矿料来源上作一测试和研究。

一、取样

在广汉三星堆一、二号祭祀坑中，出土的金器完好者较多，取样只能在残损较严重或不能修复的残件上进行。取样数目、器物、部位以及样品重量、厚度的范围见表一。其中样品厚度是使用精确度为0.01mm的百分卡尺在取样现场进行多点反复测量，取其最高值和最低值而获得的。

表一　三星堆祭祀坑出土金器样品表

序号	出土号	器物部位	样品重量/g	样品厚度/mm
01	K2③:01	金面具耳部	0.1132	0.18～0.44
02	K2③:147	金面具唇部	0.0248	0.36～0.58
03	K1:282	金面具颈部	0.0243	0.16～0.18
04	K2③:18	金带	0.1054	0.34～0.80

序号	出土号	器物部位	样品重量/g	样品厚度/mm
05	K2③:16—1	金带	0.0141	0.26~0.28
06	K2③:67—1	鱼形金皮	0.0090	0.22~0.26
07	K2③:90	金箔残片	0.0211	0.16~0.22
08	K2③:92	金皮	0.0233	0.24~0.40
09	K1:251	金箔	0.0300	0.12~0.26
10	K2③:24—4	神树上的金皮	0.0631	0.18~0.24
11	K2③:16—2	金箔	0.1092	0.22~0.26
12	K2③:74	兽形器上金箔	0.0547	0.16~0.26
13	K2③:07	金树叶	0.1272	0.22~0.30
14	K2③:261—1	金箔残屑	0.0309	0.20~0.24

所取的样品表面及断面都呈金黄色。断面无色调深浅的差异。表面细看有深浅之差，可能是器物受环境污染的程度不同所致。

二、分析

使用日本岛津公司（Shimadzu Corporation，Japan）制造的EPMA-8705型电子探针仪对样品进行分析。测试条件是：加速电压20kV，电子束电流强度10nA，探针测试面积直径5μm。测试时，定时移动样品位置，对同一样品横断面进行4~6个点的测试分析，并以4~6个点的测试值的算术平均值作为成分分析的结果。全部样品的合金成分分析结果见表二。

从合金成分分析结果看：广汉三星堆一、二号祭祀坑出土的金器不是纯金器，而是含有较多银的金银合金。金的成分仅为8成半左右，含银量15%左右，其他金属成分很少，显然系杂质。在杂质成分中，由于电子探针仪的外壳由铁件构成，少量X射线的散射，可能会造成含铁量0.2%~0.4%的误差。同理，电子探针仪的样品台是由铝件构成，也可带来含铝量0.2%~0.4%的误差。另外，在土壤中存在着大量的氧化铝和氧化铁，祭祀坑中出土的金器长期与土壤相接触，受其污染，在测

表二 三星堆祭祀坑出土金器电子探针分析结果

序号	出土号	器物部分	成分/%								总计
			金	银	铜	铁	铝	锌	钡		
01	K2③:01	金面具耳部	84.776	11.123	0.585	0.243	1.052	0.275	1.947		100.00
02	K2③:147	金面具唇部	84.791	13.713	0.181	0.073	0.648	0.082	1.354		100.842
03	K1:282	金面具颈部	86.194	11.006	0.297	0.030	0.919	0.100	1.455		100.00
04	K2③:18	金带	83.044	14.032	0.263	0.601	0.711	0.094	1.472		100.217
05	K2③:16-1	金带	83.450	14.177	0.256	0.056	0.534	0.119	1.408		100.00
06	K2③:67-1	鱼形金皮	83.093	14.387	0.176	0.097	0.566	0.225	1.458		100.00
07	K2③:90	金箔残片	82.451	14.795	0.136	0.101	0.872	0.200	1.445		100.00
08	K2③:92	金皮	85.869	11.029	0.810	0.047	0.768	0.079	1.398		100.00
09	K1:251	金箔	83.643	13.300	0.397	0.079	0.639	0.203	1.739		100.00
10	K2③:24-4	神树上的金皮	83.297	14.311	0.268	0.181	0.853	0.104	1.576		100.00
11	K2③:16-2	金箔	85.871	11.943	0.474	0.041	0.524	0.085	1.326		100.264
12	K2③:74	兽形器上金箔	83.054	13.780	0.503	0.878	0.737	0.113	1.270		100.335
13	K2③:07	金箔	83.327	13.879	0.090	0.240	0.730	0.186	1.550		100.00
14	K2③:261-1	金箔残屑	83.882	13.502	0.289	0.104	0.803	0.080	1.341		100.00

试分析时也会产生铁和铝的误差，因此在考虑铁和铝的含量时，要将这些因素包括在内。

三、讨论

（一）金在地壳中的含量是很少的，仅为$5 \times 10^{-7}\%$。在自然界中，大多数金都呈单质状态——自然金存在，少数呈碲金矿和碲金银矿状态。

银在地壳中含量也是很少的，仅为$1 \times 10^{-5}\%$。在自然界中有呈单质自然银的存在，但主要还是以化合物状态存在，是硫化物矿物。

纯金为金黄色，能以任何比例与铜或银形成合金。合金中含银量增加，不但颜色会变浅，密度也会降低，按含银量的多少，一般在$15.6 \sim 18.3 g/cm^3$之间。含铜量增加，颜色会变深。

纯金的延展性很好，它的延伸率为39%，抗拉强度为$23 kg/mm^2$。可将金碾压成千分之一毫米的金箔，拉成比头发还细的金丝。金的熔点为1064℃，摩氏硬度为$2.5 \sim 3.0$，比较柔软。而银的延展性仅次于金，纯银可碾压成0.025mm厚的银箔，也能拉成比头发细的丝。

金是最稳定的金属，在一般条件下，它可溶于王水和碱的氰化物。此外，在长时间加热时，硝酸与硫酸的混合物和碱金属的硫化物也可溶解金。而一般的化学试剂和单独的酸、碱、盐对它都不起作用。因此，金是耐腐蚀、不易氧化变黑的金属。由于具有这些优良的性质，在史前时期人们便已将它作为装饰品，先秦时期的楚国还把它作为货币使用。

金在自然界中存在的形式分为砂金和脉金。砂金存在于河流的沉砂中，一般使用采金船或人工淘金的方式采集。脉金与其他矿石一样，需要人工掘井开采，比较费时费力。砂金矿即自然金矿或自然金银矿，金中含银量大于15%的称为金银矿。脉金矿即碲金矿和碲金银矿。

各类金矿的物理性质见表三。

从表三中可以看出，自然金不但密度大，而且颜色明显，一看就

四川省文物考古研究院名家学术文集

表三　各类金矿的物理性质

矿物名称	化学成分	晶系	相对密度	硬度	颜色	条痕
自然金	Au	等轴	15.6~18.3	2.5~3.0	金黄	黄
金银矿	Au·Ag	等轴	12.0~15.0	2.0~3.0	浅黄、银白	
碲金银矿	$(Ag·Au)_2Te$		8.7~9.0	2.5~3.0	钢灰、铁灰	钢灰、黑
碲金矿	$AuTe_2$	单斜	9.0~9.35	2.5	银白、浅黄	浅黄、灰
针碲金矿	$AuTe_2$	单斜	7.9~8.3	1.5~2.0	银白、钢灰	银白、铅灰
针碲金银矿	$AuAgTe_4$	斜方	8.3~8.4	2.5	银白、黄铜	钢灰
叶碲金矿	$Pb·Au(Te·Sb)_4$	斜方	6.8~7.2	1.0~1.5	浅黑、铅灰	浅黑、铅灰

可以认定。而脉金，不具备一定的科学知识是难以识别的。要将金与碲和其他杂质分离开来，不是一件容易的事情。从成分测定中，也未发现有微量碲的存在。在一般的铜矿中，往往都含有微量的金，但仅凭商周时期的冶炼技术，要从铜矿石中将微量的金分离并冶炼出来是十分困难的，因为金的熔点与铜的熔点极为相近，金是1064℃，铜是1084.5℃。现代冶金工业使用的是电解法，才能完成从铜矿中提取微量金。所以三星堆祭祀坑出土的金器的矿料应为砂金。

（二）在现代冶金工业中，金的提炼使用了冶炼法、汞齐法、氰化法、离子交换树脂法和硫脲法等方法。[①]虽然冶炼法对金的提取不完全，浪费较大，在现代工业生产中已逐渐被抛弃，但是我们还是认为：三星堆祭祀坑中出土金器的金料系由砂金冶炼而成。《华阳国志·卷二·汉中志》记载着使用冶炼法冶炼金银的方法和全部操作过程："屠水出屠山，其源出金银矿，洗取，火融，合之为金银。"

在成分分析中未发现有汞的痕迹，说明金料也不是使用汞齐法提取的。汞齐法提取金的记载，最早见于公元前1世纪至公元1世纪成书的《神农本草经》中的"水银杀金银"，但实践中运用应远比成书时间早。根据铜器上的鎏金、鎏银装饰看，可早至战国，但也绝不会早到商周时期。

氰化法提取金是简单而又十分经济的一种方法。氰化物溶解金的最早记载始于我国西晋时期葛洪《抱朴子·金丹篇》，书中记载着炼丹家发明的使用醋、硝石、戎盐和覆盆子（一种含有氢氰酸的植物果实）制成的玄明龙膏来溶解金。所以氰化法的使用时间就更晚了。

离子交换树脂法更是近现代化学工业的产物，使用的时间也是近100年左右了。

硫脲法是近30年为解决氰化法对环境的污染而产生的一种无毒、对环境无污染的新方法。

---

① 孙戬：《金银冶金》，冶金工业出版社，1986年，第17页。

金还有一个特点，当它处于1100～1300℃的熔融状态时，它的挥发损失很少，约为0.01%～0.25%。在此熔融状态时，金可吸收相当于自身体积37～46倍的氢和33～48倍的氧，在其内部形成很多的微气泡。当温度下降时，在冷凝的过程中溶解于金中的氧和氢会向外溢出，出现类似沸腾的现象。随着气体的溢出，就会有许多大大小小的金珠喷起。其中直径较小的金珠，特别是直径在0.001mm以下的常会被空气流带走，造成飞溅损失。银也有类似现象。金和银在锤打或碾压成薄片后，由于排出了一部分吸收的气体，会使密度加大。

（三）从这批出土金器的成分看，不是纯金器，而是金银合金器。在自然界中，金和银常以各自的矿物共生在一起，或者呈天然合金状态。在天然金中，除金以外，还含有0～30%的银，这是由于金和银的金属结构都属于同一类型——面心立方，致密度同为0.74。因此，互相形成固溶体的可能性极大，双方的原子都可任意嵌入到对方的晶格中去，而且对金或银的延展性、耐腐蚀性、耐氧化性并无多大的影响。

三星堆祭祀坑出土的金器的厚度都在1mm以下，同一件样品的厚度也极不均匀，反映出金器可能是经过锤打或碾压延伸而成的。孙淑云教授曾对作者提供的两件金器样品K1:251金箔和K2③:01金面具，使用王水加铬酸酐浸蚀后进行了金相检验。其结论是：金相组织显示其晶粒粗大、晶界平直并有孪晶。这表明金器是经过锻打后，又在较高温度下退火制成的。[1]

（四）在中原地区，殷周时代使用金器是比较少见的。无论是河南郑州、安阳，还是河北藁城，山西保德、石楼等地，出土的金器不仅数量少，体量也小。[2]广汉三星堆出土的金器不仅数量多、时代早，金

① 孙淑云：《中国古代冶金技术专论》，中国科学文化出版社，2003年，第291页。

② 中国社会科学院考古研究所：《殷墟妇好墓》，文物出版社，1980年，第111页；郭勇：《石楼后兰家沟发现商代青铜器简报》，《文物》1962年第4、5期，第33页；谢青山、杨绍舜：《山西永和发现殷代铜器》，《考古》1977年第5期，第355–356页；谢青山：《山西吕梁县石楼镇又发现青铜器》，《文物》1960年第7期，第51页。

料的用量也相当大。这么大数量的金料来源于何地呢？通过成分分析可以看出：这批出土金器的成分比较一致，相互之间出入不大，很可能是使用同一地区所生产的砂金矿冶炼而成的。

四川地区的河流除北部松潘草地各河注入黄河外，其他河流均属长江水系。雅砻江是长江上游最大支流，岷江、沱江和嘉陵江是四川盆地中的三大支流。嘉陵江、沱江、岷江和雅砻江包含了四川地区内的全部河流，构成了四大水系，水系中的各条河流都发源于四川地区的西部和北部地区，都自北侧注入长江，形成了不对称的四条向心状水系。我们在四川省冶金研究所资料室查阅和收集了四川省北部和西部地区各主要河流所出产的砂金矿的成分，列于表四。

从古至今，在四川省内的岷江、沱江、涪江（嘉陵江支流）、金沙江、雅砻江、大渡河（岷江支流）皆出产砂金，这些在《华阳国志·蜀志》中都有记载。从表四中可以看出：四川省北部和西部地区的砂金矿中，一般金的含量都较高，在90%以上，而银的含量较低。盐源县洼里砂金矿却是例外，它地处雅砻江流域，位于雅砻江与支流理塘河的交汇处，砂金矿料成分中含银量较高，并含有少量的钡。如果把冶炼挥发、飞溅损失及测试误差考虑在内，三星堆祭祀坑出土金器的合金元素和成分更接近于盐源县洼里砂金矿所产的矿料。所以三星堆祭祀坑出土金器的矿料主要来自雅砻江流域盐源县洼里地区的可能性极大。

四、结论

（一）对三星堆祭祀坑出土金器成分的分析表明，这批出土金器的成分不是单一的金元素，而是金银合金。金银合金是使用冶炼法将自然金银矿砂熔融，使自然金银与杂质矿物分离而成。最后使用人工锻打或人工碾压成器。

（二）在对三星堆祭祀坑出土金器样品进行成分分析后，发现在合金成分中，除了金、银元素外，还存在着一种与众不同的元素钡

表四　四川省西部和北部部分砂金矿成分表（电子探针法）

编号	出土号	色泽	成分									备注
			金	银	铁	锌	铝	铜	汞	镁	钡	
01	江油县青莲砂金矿（一）	全黄色	99.58	0.37	0.06	0.09						涪江上游
02	江油县青莲砂金矿（二）	黄色	90.27	8.15	0.06	0.05						涪江上游
03	色达县洛若砂金矿（一）	全黄色	97.589	2.245	0.118			0.148				大渡河上游
04	色达县洛若砂金矿（二）	全黄色	96.794	2.911	0.025			0.840				大渡河上游
05	苍溪县沙溪坝砂金矿（一）	全黄色	97.48		0.91		0.61					嘉陵江中游
06	苍溪县沙溪坝砂金矿（二）	黄色	87.49		0.51		0.22		11.62	0.23		嘉陵江中游
07	三台县慕禹砂金矿	全黄色	99.28	0.48								凯江（涪江支流）中游
08	宝兴县灵关砂金矿	黄色	92.400	5.920	0.052			0.116				青衣江上游
09	汉源县富林砂金矿	黄色	95.823	3.497	0.272		0.408	0.384				大渡河中游
10	盐源县洼里砂金矿	黄色	84.627	12.719	0.579	0.153	0.226	0.384			1.312	雅砻江上游

（Ba），将它作为地质特征标记元素，通过它与已收集到的四川省北部和西部地区砂金矿合金成分资料相比较，可以初步认为，出土金器使用的砂金矿料很可能来自今四川省盐源县洼里地区。

（三）对三星堆祭祀坑出土金器合金成分的分析和研究，将对科技史、交通史、贸易史的研究增添新的资料和线索，提供新的实物见证，对文物科技保护的开拓和发展也都有着积极的作用。

（原载于《文物科技研究（第二辑）》，科学出版社，2004年）

高颐阙铆铁的科学考察

　　高颐阙位于四川省雅安市城郊成雅公路侧距雅安市城区约7公里处的姚桥，是全国重点文物保护单位。

　　高颐阙为东汉建安十四年（209）所建，是一对扶壁式的双阙，两阙相距13米。东阙残损严重，主阙斗拱层以上的阙额、阙檐、阙顶和子阙全部散失，不能恢复原貌。西阙现状基本完整，现人们所称的高颐阙，系指西阙而言。

　　高颐阙由32块紫红色中粗粒岩屑长石砂岩在长2.55米、宽1.65米、高0.45米的船形基石上堆砌而成，为有扶壁的重檐五脊式的石质建筑。主阙13层，子阙7层，由于阙是建筑在未做基础的地面上，加之地震等各种外界因素的影响，故存在阙基下沉、阙体倾斜和开裂。阙基东北角下沉33厘米，西南角下沉16厘米。主阙和子阙各自向相反方向分离，母阙向西南方向倾斜2.14度，子阙向东北方向倾斜1.26度。从阙的基座以上，错位裂隙宽度分别是3厘米、4.5厘米、8厘米、14厘米，在斗拱层错位裂隙高达22厘米，使高颐阙面临倒塌的危险。为此，文化部文物局拨出专款，对高颐阙进行维修。

　　在维修中发现，在阙身以上的各层中，同层石料并合连接处都嵌有长24厘米、宽7.8～9厘米、厚0.8～1.1厘米、束腰3.5～4.2厘米的银锭形的铆铁，以联结和固定同一平面的石料，每一条并合缝施用两个铆铁。根据各层石料上安放铆铁的凹槽统计，高颐阙共施用30个铆铁。

这些铆铁中的绝大多数都已锈蚀而不复存在，仅在安放铆铁的凹槽中留下少数片状的黑褐色或红褐色的铁锈块。在整个维修工程中，仅发现两件完整的铆铁（图一）和一件残损了一半的铆铁。（图二）

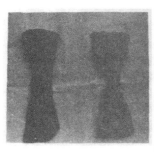

图一　　　　　　　　图二

四川地区属于亚热带气候区，气温高，潮湿多雨，无论是埋藏在墓穴中的铁器，还是暴露在空气中的铁器，都极易锈蚀成铁锈块。为什么这三件东汉晚期的铆铁锈蚀较弱，能够保存至今呢？

为了研究这三件高颐阙的铆铁能够保存至今的原因，我们将现存一半的铆铁选作样品，进行了金相结构分析、扫描电子显微镜观察、电子探针定量成分分析和全波谱分析。

一、取样

分析样品系已残损半段的铆铁，梯形，表面呈红褐色，通高10.6厘米，下底宽7.4厘米，上底宽4.4厘米，厚度不均匀，在0.8～1.1厘米之间。样品一面较平滑，另一面凸凹不平，四周边缘高，中间略低，这是铆铁经过人工锻打留下的痕迹。

样品局部经过砂轮打磨，发现红褐色层的厚度为1.0～1.5毫米。在红褐色层的下面有一层密实的黑灰色层，厚度在0.5毫米左右，紧裹着内部的铁质。铆铁内部的银灰色的铁质丝毫未锈蚀。

在制样的过程中，发现黑灰色层特别坚硬、耐磨，且不易被腐蚀，无论是施用浓硫酸、稀盐酸还是氢氧化钠的稀溶液，均如此。

二、分析

（一）金相结构分析

从铆铁边缘部分和中心部分100倍的金相结构组织照片中，可以看出在雅安高颐阙铆铁的组织结构中，有珠光体、铁素体和黑灰色的物质。珠光体主要在边缘部分聚结，从边缘至中心珠光体数量逐渐减少，铁素体数量逐渐增多，中心部分几乎全是铁素体，而无珠光体。边缘部分的铁素体呈现条状和块状。铆铁表层的黑灰色组织和内部的灰黑色物质是由多种元素组成的多种结构。将珠光体放大到1000倍，可以清楚地看到细片状的渗碳状态，铁素体也较为有规律地分布。

（二）扫描电子显微镜观察

利用扫描电子显微镜观察铆铁的边缘部分，也看到了珠光体中立体感十分强烈的片状渗碳状态。在边缘部分向中心部分过渡带中，看到了沿铁素体晶界分布的珠光体组织，在中心部分看到的铁素体和珠光体组织是：少量的珠光体呈网状包围着铁素体。当把表层和内部的黑灰色物质放大到10000倍观察，也发现黑灰色物质不是均匀、单一的。

（三）成分分析

1.从全波谱分析的谱线上，发现主要是铁的十分强烈的Kα、Kβ线，其次是碳的中强的Kα线，以及硅、锰、钾的十分微弱的Kα线，从而定性地鉴别出铆铁的主要成分是铁碳合金，还含有硅、锰、钾等一些微量元素。

2.使用电子探针对试样进行微区成分分析，包括能谱和波谱两部分。分析结果见表一，其中A和B是铆铁组织中的珠光体组织，C和D是铆铁组织中的铁素体组织。

表一

元素	区域	A	B	C	D
铁	含量（W大%）	99.047	98.776	99.303	99.606
碳	含量（W大%）	0.953	1.224	0.697	0.394

铆铁表层和组织中的黑灰色物质，使用电子探针分析的结果见表二。

表二

元素	含量（W大%）	元素	含量（W大%）
铁	63.37	钾	3.06
硅	20.22	镁	1.38
铝	6.35	钙	0.63
锰	4.40	钛	0.58

三、讨论

（一）从上述的各种分析结果中可以得出：高颐阙铆铁是由铁素体、珠光体和黑灰色夹杂物组成的铁碳合金。

铁素体、珠光体和黑灰色的夹杂物在铆铁内部的分布是不均匀的。边缘处的珠光体和黑灰色的夹杂物大大多于铁素体，黑灰色的夹杂物呈层状或集团状分布，靠近铆铁的中心，珠光体逐渐减少，铁素体逐渐增多，直至少量的珠光体呈网络状包围着铁素体，并无黑灰色的夹杂物存在。故可得出：高颐阙的铆铁组织是内铁外钢、内柔外硬。

黑灰色的夹杂物是由成分、形态各异的多种物质组成。通过对黑灰色夹杂物的电子探针定量分析，得出夹杂物的主要成分是铁的化合物及硅酸盐类和铁的化合物生成的共晶体，可见夹杂物是尚未被还原的铁矿石。因此，高颐阙铆铁是由采用最原始的方法冶炼的熟铁——海绵铁（又称块炼铁）制成。这种冶炼熟铁的方法是将铁矿石和木炭装入冶炼炉内，采用人工鼓风进行冶炼。因冶炼温度不够高，无出渣口，铁矿石不能充分地被还原，故往往在成品熟铁中，还夹杂着铁矿石的成分。铁

曾中懋卷

089

矿石在成品熟铁中的存在，是鉴别块炼铁的主要依据。[①]

（二）根据铆铁上留下的人工锻打的痕迹和铆铁中含碳量外高内低的分析结果，铆铁的制作工艺很可能是：将一定量的块炼铁放在大炉的还原焰中加热灼烧，然后取出进行人工锻打，一定量的块炼铁被锻打成银锭形，同时也形成了内铁外钢的结构。铆铁的内部因碳渗透不到，似是铁素体结构。[②]

块炼铁中的夹杂物——尚未被还原的铁矿石质地比较坚硬；而块炼铁——熟铁质地却比较柔软。在加热、锻打成银锭形的过程中，大部分夹杂物被挤出，在表层积聚，形成了夹杂物在外层结构中多，在中心结构中无的现象。夹杂物在表层的积聚，形成了一层铁矿石的保护层，有效地阻止了空气中水分和氧气的侵入，对铆铁内部的铁质起到了一定的保护作用，降低了铆铁的腐蚀速度，使得少数铆铁得以保存下来。这层铁矿石形成的保护层结构越紧密，保护铆铁不被锈蚀的作用就越大，反之就越小。这就是高颐阙铆铁中大部分已完全锈蚀，少数却抵御着锈蚀而保存下来的原因所在。这与铆铁加工工艺有着密切的关系。

（原载于《四川文物》1986年第2期）

---

① 杨宽：《中国古代冶铁技术发展史》，上海人民出版社，1982年，第220页。

② 北京钢铁学院《中国冶金简史》编写小组：《中国冶金简史》，科学出版社，1978年，第60页。

石质类文物保护修复研究

化学材料在大足石刻维修保护中的选择和应用

  大足石刻是大足境内所有石刻造像的总称。其中，北山摩崖造像和宝顶山摩崖造像凿于晚唐至南宋，规模宏大，技艺精湛，堪称我国晚期石窟的代表作品，

  中华人民共和国成立前，大足石刻一直处于荒山野草之中，无人看管，任人破坏。中华人民共和国成立后，北山摩崖造像和宝顶山摩崖造像被列为全国重点文物保护单位，各级文物主管部门先后多次拨款进行维修，使北山摩崖造像和宝顶山摩崖造像的环境和历史面貌基本上得到了保护，成了我省很有名的一处国家级文物保护单位，国内外旅游者无不神往。

  过去的维修，包括在北山摩崖造像区修建遮风避雨的长廊、环山排水沟、几里长的参观道路以及围墙、大门等。此外还在宝顶山摩崖造像区全面接补了石檐，疏通了原有的暗沟和排水渠，恢复了在清康熙年间因大树倾倒而垮塌的"毗卢洞"，在"千手观音龛"和"牧牛道场"上修建了仿古木结构建筑，以及加宽和改善了原有的参观道路等。这些工程对大足石刻的保护，都起到了积极的作用。但是，大足石刻还存在着风化日趋严重和裂隙纵横交错的问题。风化使摩岩造像变得模糊不清，裂隙的发育会使摩岩造像发生崩塌，毁于一旦。

  石刻造像的损坏，有两种类型。一是人为的破坏，这种破坏突然

曾中懋卷

093

性强，损坏速度快，几分钟时间就可以将一铺完整的造像彻底破坏。要制止这类损坏文物的行为，只有依靠健全法制，加强法制教育，认真贯彻执行《文物保护法》，将肆意破坏文物的坏人绳之以法。因而，这类破坏应该是可以避免的。二是自然力的破坏，即风、雨、雪、霜、雾、温度和湿度的差异，生物滋长以及各种应力集中的破坏，这种自然力对石刻造像的破坏，通常是缓慢的，往往需要较长的时间才能观察到。要减弱和降低自然力对石刻造像的破坏，只有依靠科学技术，包括传统的手段和现代化材料以及新工艺。

大足石刻过去的维修保护，大量靠的是土木工程，使用的材料是水泥、钢材、木材和砂石。但土木工程及其使用的材料不能解决石刻造像的风化问题，也很难解决石刻造像因裂隙发育（特别是负荷裂隙）产生的种种危害。故这些问题的解决，国内外过去、现在及发展趋势都是采用化学材料。20世纪50年代初期，有人曾使用普通硅酸盐水泥对大足石刻中早已存在的裂隙进行灌浆粘接。但实践证明，普通硅酸盐水泥不但不能填补和粘接已发育成的裂隙，而且因硅酸盐水泥水化固结时体积膨胀，还会致使原有的裂隙加深加宽。

裂隙的产生有些是由于山体的运动，有些是由于开凿石窟后改变了岩石原来的受力状态。对负荷裂隙进行整治，使其整体得到恢复，常常灌浆粘接加固材料，即化学灌浆。化学灌浆是将化学材料制成的浆液灌入石刻造像裂隙内，经胶凝固化后，可起到较好的防渗或加固效果。这在国内外许多工程中，包括在文物维修保护工程中已得到广泛的应用。化学灌浆材料比水泥具有较好的可灌性，可灌入0.15毫米以下的细裂隙或粒径在0.1毫米以下的粉砂中，能调节凝胶时间，故适用于堵漏和防渗。有些化学灌浆材料还具有较高的粘接强度，因而用于石刻造像修缮工程对裂隙进行补强（增加强度）灌浆，可收得较好的效果。

目前，国内外使用的化学材料灌浆有水玻璃类、铬木素类、聚氨酯、丙强、甲凝、丙凝和环氧树脂等。其中仅有甲凝和环氧树脂灌浆液才具有补强作用。甲凝是以甲基丙烯酸酯为主体的化学灌浆材料，它具有粘度低、可灌性好、硬化时间可以控制以及粘结强度高等优点，适用于石刻造像上细裂隙的补强灌浆。在60年代曾使用甲凝对山西大同云冈石窟的裂隙和人民大会堂横梁的裂隙进行灌浆加固，取得了一定的效果。但因甲凝固化收缩率较大，可能在灌浆缝中产生更细的裂隙，特别是甲凝的耐老化性能——耐紫外线辐射不佳，故它的使用范围有限。70年代使用糠醛—丙酮混合稀释剂体系的环氧树脂，降低环氧树脂的粘度，取得了成功。呋喃树脂—环氧树脂灌浆材料代替了甲凝，成为主要的、用量最大的补强灌浆材料。这种灌浆材料具有粘接性强、收缩率小、能在常温下固化等优点。在宝顶山摩崖造像 "地狱变相"的修缮工程中，有一块重约六十二吨的滑体的归位复原，除采用锚杆支护外，还使用了环氧树脂—脂肪胺粘合剂和环氧树脂—呋喃树脂灌浆加固材料，这对增加石块之间的粘合强度、填补锚杆与孔壁之间的孔隙都起到了其他材料不能代替的作用。

　　"心神车"窟是北山摩崖造像中的精华。崖中心矗立着的"心神车"，支撑着整个崖的顶板。窟壁两侧有文殊、普贤、观音、力士等极为精美的雕像。"心神车"的四根龙柱和窟的顶板及后壁都存在着裂隙，裂隙的存在对整个窟的安全是个隐患，使"心神车"窟随时都有垮塌的危险。这些裂隙特别是窟顶板的裂隙常年都有水渗出，裂隙常年处于潮湿状态。在这种条件下，一般的呋喃树脂—环氧树脂灌浆材料就不能起到很好粘合加固的作用，就需要使用呋喃树脂—环氧树脂—酮亚胺灌浆加固材料，才能达到满意的效果。"心神车"窟顶板上的微细裂隙和窟后壁的裂隙就采用了这种潮湿情况下使用的环氧树脂灌浆加固材料，其效果是令人满意的。

　　在文物维修保护中，必须遵循"修旧如旧，保持原貌"的原则，在外观上要尽量减少质感和颜色上的变化。这些原则对石刻造像风化表层的加固防护材料的选择，要求更为突出和具体。

　　石刻风化是在环境的作用下，岩石雕刻品内部结构、力学强度发生变化的过程及其结果。引起石刻造像风化的原因有：

（一）大气污染。现代工业的发展，燃烧煤作为能源，会导致二氧化硫、二氧化碳和氮氧化物等大量污染气体排放到大气中，这些污染气体一遇雨水便被溶解成酸雨。酸雨与岩石雕刻品一接触，就会使岩石雕刻品风化，线条轮廓变得十分模糊。

酸与岩石雕刻品成分中的白云石、石灰石作用，生成微溶解于水的盐，这些盐在酸性雨水中可增加溶解度。这些盐分，一方面长期受到风雨侵蚀，易被雨水冲蚀掉；另一方面，在石灰质表面上的盐分可能沉积为一种硬壳，这层硬壳与原来岩石的性质不一致，由于温度和湿度的变化，表层硬壳与石质文物膨胀和收缩不一致，潮湿水汽被表面硬壳阻挡，不能自由流动，这层硬壳最终会剥蚀掉。

（二）温度的变化也会导致岩石内外的温度变化不均，引起膨胀和收缩不均，造成石刻造像的开裂。雨水的渗入和潮湿空气在冷的石质文物表面形成凝聚水（雾、霜），长期反复作用于岩石，使岩石组成中的胶结泥质水化，在胶结泥质粒子四周形成水化层，引起体积膨胀，干燥时水化层又消失，体积收缩，使岩石雕刻品受到极大的破坏。此外石质文物中所含的水，遇到低温时能结冰，冰的体积比原来水的体积增大，产生巨大的张力，也可使石质文物碎裂。在四川，除甘孜、阿坝地区外，这种冰劈的现象是很少见到的。风和风沙的长期作用，也能使已风化的石质文物表面大面积地侵蚀剥落。

（三）我国南方长期处于潮湿环境的石刻，常常见到地衣和苔藓，这些低级植物的根系能分泌出地衣酸，长期与石质文物作用，使石质文物从基础部分崩溃，种种复杂的生物化学作用也能引起石质表面大规模开裂。

（四）在一些地区，地下水中所含硫酸和硝酸盐通过石头的毛细管作用而被吸收，当石质文物表面处于干燥环境时，可溶性盐析出，并在石质文物表面上结晶，严重时表面似长出了许多"白毛"，体积膨胀；气温升高，湿度增大时，这些可溶性盐又溶解。长期温度和湿度的变化，可造成可溶性盐的析出和返回溶液，如此反复进行，涉及石质文物体积的变化，必然引起石质文物的崩裂。王建墓棺台四周浮雕的风化大概属于此种类型。

大足石刻的地理位置处于亚热带地区，气候温暖，多雨潮湿。冬暖、春早、夏热、秋雨。一年四季分明，日温差小于10.0℃，年温差变化在30.0℃左右，相对湿度常年维持在60%～90%之间。因此，干湿变化和大气污染可能是大足石刻风化的主要原因。如不少报刊就曾有过"重庆地区普降酸雨"的报道。

不论是大气污染、温湿度变化、微生物破坏，还是可溶性盐的存在，通常均要通过水作媒介而发生作用。可以说，水是造成石质文物风化的根本因素。对于大气污染，要结合城市综合治理，合理布局工业，对排放的废气要进行处理、回收。其次是在石质文物周围植树种草，以净化空气。对重要的石窟做好防水渗漏的工程，引水导水断绝水源，或加高石质文物的基础，或排水降低水位，隔绝地下水的渗透……这些措施都是有益于石刻造像保护的。此外也需要对已风化的石刻造像喷涂防护加固剂作进一步的保护。

早期对弱风化的石质文物，采用蜂蜡与石油醚的混合膏状物涂抹在岩石表面，利用电辐射热装置，蜡被熔化慢慢地被吸入岩石里面从而进行保护。不足之处是石质艺术品外观色泽变深，并且随着存放时间的久远，石质表面的蜡会溶解而发粘，故而变脏。

国外还曾使用聚甲基丙烯酸丁酯的清漆涂料，目前国外常用的是甲基丙烯酸乙酯与丙烯酸甲酯共聚物的清漆涂料。用这类材料的稀溶液来喷涂或浸渗弱风化的小物体，并长期存放在库房内是有益的，但对大型的不可搬动的雕刻品，如石窟寺内的造像就无法进行浸渗。对石刻造像喷涂此类溶液，渗透深度并不理想，必然加固深度不够。国内在60年代曾用过类似材料加固石窟内风化雕刻和四川绵阳平阳府君阙风化表层，其效果也不够理想。

此外在60年代国内曾对石质文物使用了850#和851#有机硅防水剂，它对现代建筑具有防水和防污染的作用，老化期一年，涂层本身无粘合性，也没有什么强度，所以对已风化的石质文物并不起加固作用。目前国内还生产了一种高沸点有机硅防水剂，其原理同有机硅防水剂一样，能缩聚成较大的分子膜，老化期仅2～3年，也仅适用于现代建筑的防水、防潮和防污染。

国外学者在80年代总结了各类材料的优缺点，提出了保护已风化的石质文物的三条途径：

（一）用无机盐代替或加固风化岩石成分。使用氢氧化钡或氢氧化锶水溶液浸透风化石刻，使氢氧化物渗透到石质结构中，在长期干燥过程中，空气中的二氧化碳与氢氧化物作用以生成不溶于水的碳酸盐，在石质文物中固定下来，或者对风化的砂岩先喷涂硅酸钾或硅酸钠的水溶液，待硅酸钾（钠）渗入石质文物中后，再喷涂氟硅酸盐的水溶液。

（二）有机单体的渗透聚合。荷兰阿姆斯特丹博物馆研制出含有过氧化叔丁基碳酸盐作引发剂的丙烯酸酯类单体。把这种单体喷涂到风化的石质文物表面上，使单体逐渐渗透到石质文物里面，然后引发丙烯酸酯单体聚合，反应热小，石质文物不会内聚破坏，强度可大大提高。

苏联格鲁吉亚国家博物馆将含有烯基的二甲基硅氧烷在引发剂的作用下，引发聚合加固石质文物。聚合物无色透明。法国和意大利曾使用甲基三甲氧基硅烷和甲基三乙氧基硅烷作渗透聚合，加固风化砂岩。渗透深度在10毫米至30毫米。

（三）有机预聚物溶液的渗透加固。这是通过将高分子聚合物溶液喷涂在石质文物上，使聚体溶液中掺有室温固化剂，进行慢速固化，达到加固风化石质文物的目的。

瑞士斯巴公司生产的一种环氧树脂，是一种低分子、无色透明的聚合物，配上活性稀释剂和固化剂组成的体系粒度只有一厘，可以充分地渗入石质文物中。意大利还使用氟醚树脂来加固已风化的石刻造像。

根据我国现有化工产品的实际情况，对已风化的大足石刻选用TS系列有机硅预聚体作为封护加固材料。这个材料是有机硅树脂的中间体，它基本上能满足对封护加固材料的基本要求：粘度低，渗透性好。

通过对北山摩崖造像12号龛和宝顶山摩崖造像牧牛场图的局部处理，并经过近六年的室外观察，证明这种封护加固材料具有老化期长、质感变化较少、常温固化的优点。特别可贵的是：它的老化产物是组成岩石的基本成分——二氧化硅，这不会给再次处理带来麻烦和困难。

今年大足石刻将进入第三期维修保护工程，主要的内容是化学灌浆工程和对已风化的石刻造像的封护加固处理。大量的化学材料将使用在大足石刻的维修保护中。土木工程和化学材料并用，已在大足石刻的维修保护中发挥了积极的作用，并取得了较好的效果。随着我国化学工业的不断发展，一些较为理想的新型化工材料还会不断地研制出来，必将在石刻造像的维修保护中开辟新的天地，发挥越来越大的作用。

（原载于《四川文物》1986年第S1期）

四川地区古代石刻风化原因的研究

一、前言

　　古代石刻在四川地区遗存较多，据不完全统计共有三百多处。这些古代石刻生存至今，少则几百年，多则一二千年，饱经各种自然的和人为的破坏，都有不同程度的风化。风化作用使得古代石刻呈粉状或片状脱落，致使表面线条不清、轮廓模糊，甚至完全破坏、不复存在。长期以来，古代石刻的风化一直引起人们的关注。要减弱古代石刻的风化，降低它的风化作用，增强其抵御自然力破坏的能力，首先需要了解造成四川地区古代石刻风化的原因。

　　岩石学从理论上和实践上对大面积岩层风化的内在因素和外部条件，以及风化后的产物都作出了较为详尽的论述，这些理论和实践一直是研究岩石风化的基础。但对文物保护来说，需要了解的不是大面积岩层风化的原因，而是具体的、小范围内的、某一古代石刻（如一处摩岩造像或几个龛窟）的风化原因，并在众多的风化原因中，寻找出主要的风化原因来。[①]

二、样品

为了解造成四川地区古代石刻风化的原因，在七处古代石刻造像的同一岩层的非雕刻和未风化部位，分别凿取造像岩石进行测试。

（一）大足宝顶山摩岩造像。建于南宋淳熙六年至淳祐九年（1179—1249），历时70余年，有巨型雕刻30余幅，佛像万余尊。全部造像均凿刻在长石石英砂岩上，呈淡褐色，岩高15~30m，岩长500m，现存造像除牧牛道场、圆觉洞外，均上彩和贴金。

（二）大足北山摩岩造像。始建于唐景福元年（892），历经五代至南宋绍兴，历时250余年建成，共有造像264龛窟。全部龛窟凿刻在长石石英砂岩上，呈浅褐红色，岩高7m，岩长500m。造像风化较为严重，现存全部造像均未上彩和贴金。

（三）安岳华严洞摩岩造像。为南宋嘉熙四年（1240）所建。依岩凿洞，洞宽8m、洞深10m，有佛像60余尊，造像岩石为长石石英砂岩，呈淡褐红色。现存石刻均未上彩和贴金。

（四）广元皇泽寺摩岩造像。为南北朝、隋、唐、宋不同时期的石刻，现存石刻和摩岩造像34处，造像千尊，造像岩石为长石石英砂岩，呈绿黄色，现存雕刻均未上彩和贴金。

（五）广元千佛崖摩岩造像。为南北朝、隋、唐、宋、元、明不同时期的石刻。石刻南北长约200m，最高处40m，共有龛窟400多个，造像7000余尊，龛窟重叠密布，最多达13层。造像岩石为长石石英砂岩，呈淡黄色。现存石刻均未上彩和贴金，造像风化严重。

（六）乐山大佛。为依凌云山断崖凿成的一尊弥勒坐像，为唐开

---

① G.Alessandrini, G.Sala, G.Biscontin and L.Lazzarini, The Arch of Peace in Milan.1 Researches on Stone Deterioration, *Studies in Conservation*, 1982, 27:8.

元元年（713）创建，贞元十九年（803）完成。造像岩石为长石石英砂岩，呈褐红色。大佛全身生长着苔藓等低级植物，岩体风化极为严重。

（七）雅安高颐阙。为东汉建安十四年（209）所建，今存东、西两阙，相距13m。东阙上部残损严重，已不能复原；西阙现状完好，阙高12.4m。造阙岩石为长石石英砂岩，呈红褐色，质地坚硬，力学强度高。虽造像年代较早，但雕刻风化极弱。

三、测　试

对所取得的七组样品分别进行物理性质和X衍射结构成分分析。

（一）物理性质的测试

物理性质的测试按地质和水文工程的有关规范进行，结果见表一。

表一　各造像砂岩物理性质测试结果（按孔隙率大小为序排列）

序号	样品来源	分析结果			
		比重（g/cm³）	容重（g/cm³）	孔隙率（%）	吸水率（%）
1	雅安高颐阙	2.69	2.57	4.46	1.44
2	广元皇泽寺摩岩造像	2.69	2.35	12.64	4.16
3	安岳华严洞摩岩造像	2.68	2.34	12.69	4.16
4	大足宝顶山摩岩造像	2.55	2.17	15.01	5.07
5	大足北山摩岩造像	2.70	2.29	15.19	5.14
6	广元千佛崖摩岩造像	2.48	2.21	16.89	5.81
7	乐山大佛	2.66	2.06	22.56	8.19

（二）X衍射结构成分分析

X衍射结构分析是在荷兰菲利普PW1010X型衍射分析仪上进行的。测试条件是：电流16mA，电压34kV，铜靶，扫描速度20mm/s，时间常数2s，散射狭缝1°，发散狭缝1°，速率计量程1000cps。测试结果见表二。

表二　X衍射结构成分分析结果

序号	样品来源	分析结果（%）										备注
		石英	钠长石	钾长石	方解石	白云石	褐铁矿	赤铁矿	绿泥石	水云母	多水高岭石	
1	雅安高颐阙	47	16	2	11	5	7		5	7		
2	广元皇泽寺摩岩造像	45	22	13					10	8	2	
3	安岳华严洞摩岩造像	39	30	5	5			2	4	15		
4	大足宝顶山摩岩造像	41	23	6	8			3	7	11		
5	大足北山摩岩造像	38	29	8					14	11		
6	广元千佛崖摩岩造像	40	21	16				2	3	15	3	
7	乐山大佛	41	12	9	10		5		5	8	10	

四、讨论

（一）从现场直观看，上述各处摩岩造像的现状，即风化程度是：乐山大佛>广元千佛崖摩岩造像>大足北山摩岩造像>大足宝顶山摩岩造像>安岳华严洞摩岩造像>广元皇泽寺摩岩造像>雅安高颐阙。这个风化程度从大到小的顺序，恰巧与表一中各处造像砂岩的孔隙率从大到小的排列是一致的。造像砂岩本身的孔隙率越大，岩石结构就越疏松，造像砂岩的力学强度——抗压强度、抗拉强度和抗剪切强度就越低，抵御各种外界因素对造像砂岩造成破坏的能力就越差。因而造像砂岩的孔隙率的大小可以作判定造像砂岩抗风化能力强弱的标志。

另外造像砂岩的孔隙率越大，吸收水分的能力就越强，贮藏的水分也越多。这样，碳酸盐——方解石和白云石的溶蚀作用、胶结泥质的流失都会越大，造像砂岩的风化速度也就越快。虽然在雅安高颐阙的造像砂岩中有较多的碳酸盐类矿物，再加上所在地湿度较大、雨水较多，似乎高颐阙的风化应是比较严重的，但是实际情况是，高颐阙的风化程度却较轻，浮雕的轮廓和线条都很清晰。这正是由于组成高颐阙的砂岩结构严密，力学强度大，比重和容重都居砂岩之首，孔隙率、吸水率都很低，因此碳酸盐类矿物与空气中的水分和二氧化碳的接触大大减少，致使高颐阙的风化作用进行得很缓慢。而乐山大佛的造像砂岩的物理性质却与此正相反，故乐山大佛的风化较为严重。

把各处摩岩造像的风化强弱与X衍射结构分析的结果联系起来，可看出造像砂岩中，如果砂岩的孔隙率大致一样，那么泥质（绿泥石、水云母和高岭石的总和）含量多的造像就容易风化，这是大足北山摩岩造像的风化程度大于大足宝顶山摩岩造像的原因。如果孔隙率和泥质的含量大致一样，那么在造像砂岩中碳酸盐类矿物含量大的就容易风化，这就是大足宝顶山摩岩造像比安岳华严洞摩岩造像容易风化的内在原因。

（二）造像砂岩自身具有风化条件，但真正要使造像砂岩风化，还必须要有若干外界因素相配合。这些外界因素就是一般所指的岩石风化原因——物理的、化学的和生物的。这些因素大都要通过水作媒介而发生作用，所以说水是造成古代石刻风化的最根本的外部原因之一。

四川地区气候温暖、潮湿多雨、四季分明，冬暖、春早、夏热、秋雨，日温差较小，常年一般不超过10℃，年平均降雨量在1000mm以上，相对湿度夏季在80%左右，冬季在60%左右，气候属温带和亚热带混合型。现以雅安高颐阙和乐山大佛所处区域的气候条件之一——降水量为例说明。雅安是世界上全年日照最少的地方之一。这里全年日照时数只有960h，全年平均每天日照不到3h。雅安位于青藏高原东麓，地处四川盆地西缘，受地形影响，降水量特别多，素有"雨城"之称。年降水量为全省之冠，一年之中平均有218天降雨，年平均降雨量1774.3mm，最大月降水量为337mm。盛夏季节，暴雨频繁，雨日很多，日照自然很少。阴雨连绵的秋季，太阳更难露面，故有"天漏"之说。乐山大佛处于川西南多暴雨区，降水丰沛，年降水量为1368mm，最高年降水量为1949mm。全年降雨日数为175天，最多可达200天。所以四川地区遗存下来的古代砂岩石刻易受到水的危害，引起风化。

在造像砂岩中，胶结物多为泥质，少数是钙质，极少数是硅质。而泥质中又以绿泥石、水云母和高岭石为主。胶结泥质的微粒，特别是直径在1μm左右的微粒，在饱水状态下容易发生水化作用。[1]这是一种物理化学变化——泥质水化的结果，即在泥质微粒的四周形成了一水化层，致使泥质微粒体积增大，造成造像砂岩的体积膨胀。反之，在干燥状态下，随着造像砂岩中水分的蒸发，泥质微粒四周的水化层就缩小，以至完全消失。这又使得泥质微粒的体积变小，造成造像砂岩体积的收缩。这种干湿交替产生的应力，使得造像砂岩产生了微小裂隙，多次反复，往而复始，最后成粉状或片状脱落。水分浸入首当其冲的是石刻的表层，它是受水分浸入和影响最大的部位，是体积膨胀和收缩最剧烈的地方，也是古代石刻上文物价值最高的部位。

另外，在潮湿的状态下，造像砂岩的力学强度会降低得很多。有人曾对大足宝顶山摩岩造像的岩石在风干和饱水的状态下，按风化的程度，即新鲜岩石、弱风化岩石、强风化岩石和剧烈风化岩石，分别使用XD-2点荷载仪进行力学强度测试，结果见表三。[2]

表三　大足宝顶山造像砂岩在干湿状况下力学强度测试结果表

风化分带	新鲜		弱风化		强风化		剧烈风化	
试验状态	干	湿	干	湿	干	湿	干	湿
抗拉强度（kg/cm^2）	24.7	22.5	12.2	6.7	5.0	2.6	—	2.2
抗压强度（kg/cm^2）	560	500	275	154	122	63	—	5.3

从测试结果看出，造像砂岩在饱水状态下，力学强度都比干燥时低；新鲜岩石下降得较小，风化砂岩下降得较大，其力学强度仅为干燥状况的约1/2。

水分渗透进造像砂岩，不但会造成岩石力学强度和抵御风化能力

---

① 华东石油学院勘探系基础地质、石油地质教研室：《沉积岩》，石油化学工业出版社，1977年，第48页。

② 黄克忠：《四川大足石刻加固工程中的检测工作》（待发表）。

的下降，还具有机械的淋蚀作用。雨水和地下水因自身重力的作用，向下流动，形成水帘和大小不同规模的"瀑布"，它具有较强的冲刷能力——一种机械作用力。这种力能将已被水分渗透、力学强度下降最为明显的各种造像砂岩的表层随水流的方向冲刷流失。水流速度越大，水流与造像砂岩之间的动摩擦力就越大，水流对造像砂岩的冲刷力也越大。经多次反复地冲刷，古代石刻的表层受到的破坏就会越来越严重。大足宝顶山摩岩造像中"人间别会"的毁坏原因正是如此。

（三）除了水（雨水、冷凝水和地下水）对造像砂岩造成破坏之外，风的剥蚀也是不能忽视的。在冬季，四川地区多刮北风和西北风，常伴有霜和雾。在夏季，往往是刮地方性的阵性大风，早上有露，风力最大时可达8～10级，风速在28.5m/s以上。风力将造像砂岩表层已疏松的颗粒剥蚀，暴露出新的表面，使风化作用向深层发展。四川气候的另一特点是风伴随着雨，雨中夹杂着风，称为风雨交加。暴雨在短时间内可提供大量的水，其中，一小部分渗透进石刻造像的表层，大部分受自身重力的作用，在造像砂岩的表层形成水帘。水帘还要受到风的继续压力，使水的渗透作用加深。在风与表面成直角的方向吹向表面时，几个风速下的压力见表四。[①]

表四　风速与风压的关系表

风速（m/s）	法向投向的表面压力（厘米水柱）
13.9	1.2
28.3	5.0
38.3	9.5

10级风的风速为28.5～32.0m/s，形成的表面压力为4.9～5.9Pa。有些石刻造像虽然有龛窟遮盖，因龛窟较浅，造像的下半身仍风化严重。其原因就在于风雨交加的情况下，风力把雨水吹送进石窟或石刻造像的

---

① 姜进展：《户外砖石文物的风化及保护》，《文博》1986年第4期，第93页。

下半部分，雨水和地下水的渗透使该部分的表层力学强度下降，这是风和雨共同作用的结果。广元千佛崖摩岩造像地处嘉陵江的东岸，冬季的西北风正对着它，夏季河道上的阵性大风将暴雨送到了岩面上，向下倾泄。而处于同一地址的皇泽寺摩岩造像处在嘉陵江的西岸，它背对西北风，又修建了仿古建筑的遮盖体，避免了夏季雨水的侵蚀、渗透和冲刷。大足北山摩岩造像系南北走向，面对北风的剥蚀。在北山摩岩造像的136窟和大足宝顶山摩岩造像的圆觉洞中，虽然洞窟内终年湿度较大（都在85%以上），造像表层的力学强度都很低，用手指甲就能凿下造像砂岩的表层，但因背向风或洞窟较深，风吹不进洞内壁，表层力学强度较差的颗粒，尚未被刮走或落下，造像至今仍保存较好。大足宝顶山摩岩造像地处马蹄形的山湾，虽然造像全部都接了石檐，但南面造像——牧牛道场正迎西北风，风化仍很严重。

（四）四川地区摩岩造像的风化除去上述三个互相关联的主要原因外，大气污染的破坏也是不容忽视的。

乐山市环保部门曾对乐山大佛所在地的大气进行测试，结果见表五、表六。[①]由表可见乐山大佛所在地的大气污染尤为严重。

表五　1982—1985年乐山大佛四周大气质量评价结果比较

年度	二氧化碳			氮氧化物			降尘			综合污染	
	年平均值	污染指数	污染系数	年平均值	污染指数	污染系数	年平均值	污染指数	污染系数	污染指数	污染系数
1982	0.14	2.33	污染	0.032	0.32	理想	8.7	1.50	污染	1.38	临界
1983	0.16	2.67	污染	0.037	0.37	理想	8.6	1.48	临界	1.51	污染
1984	0.15	2.50	污染	0.041	0.41	理想	9.7	1.58	污染	1.50	污染
1985	0.22	3.67	污染	0.050	0.50	理想	9.0	1.55	污染	1.90	污染

---

① 邓仕高、周庆文：《浅谈大气污染对乐山大佛的影响》（待发表）。

表六 1982—1985年乐山大佛所在地降水酸度统计表

年度	降水pH值			酸雨样品		
	最小值	最大值	平均值	酸雨频率（%）	酸雨量/总雨量（%）	酸雨pH平均值
1982	4.20	6.86	4.51	42.9	76.6	4.49
1983	3.08	7.60	4.69	66.3	74.1	4.61
1984	3.55	7.81	4.67	48.4	68.5	4.44
1985	3.49	7.76	4.62	72.1	89.8	4.54

　　大气污染可造成酸雨，在冬季还能造成酸雾，雾不过是更细小的雨滴。酸雨在造像砂岩上可与砂岩中的碳酸盐类矿物发生作用，使砂岩变得更加疏松多孔，更易被水冲刷流失和被风刮落。酸雨不是只影响一个孤立的地区，而是影响较大区域的环境。现有的研究结果表明，大气污染可以随大气流输送到几千里以外的区域去。乐山大佛所在地的大气中酸雨严重，并非都是由乐山市大气污染所造成的。根据研究考察，大气中的污染物是随大气流从外地输入的。所以单靠某一城市或某一地区采取保护环境的措施来消除空气污染是不可能的。乐山大佛及其附近小龛风化之所以严重，与大气污染有着密切的关系。

（原载于《文物保护与考古科学》1991年第2期）

王建墓防渗、排水和通风工程及其稳定性的研究

　　王建墓是前蜀（907—925）皇帝王建的陵墓，位于成都市西郊，史称永陵。该墓系一平地起拱的砖石建筑。该墓早年被盗，墓体结构局部遭到破坏，造成夏季雨水渗漏严重，经多次局部维修都未能根治，反而渗漏愈来愈严重。渗漏引起墓室内潮湿异常，石刻风化加剧，同时也危及整个墓体的稳定。故1989年至1990年全面地对王建墓进行了防渗、排水和通风工程，采用了全部揭去墓冢封土、增做防渗层、安置排水管和机械通风的方案。工程完工后，至今已5年，根据观察和记录，防渗、排水和降低湿度的效果明显。本文叙述了王建墓的基本情况和前期试验，以及防渗、排水和通风工程中的各项技术措施，墓体稳定性的计算及其全面治理后的效果观察。

一　基本情况

　　王建墓封土为圆形，俯视全冢，形若馒头状，直径约70m，冢南面呈马蹄形，其余三方为弧形斜坡。冢顶高程516.8m，封土净高13.8m。南坡坡度22°以下，北坡坡度23°~34°，东坡坡度20°~33°，西坡坡度21°~33°。

　　墓室内地面高程为503.43m，较室外地平约低40cm。室内建筑为14

道双层石拱，内层为拱肋，外层满布板拱，故在平面上呈凹凸相间的城垛状，从而构成不同净宽的前、中、后三室，全长23.4m。中室置有高0.84m、宽3.35m、长7.45m的棺床。棺床东、南、西三面为24幅伎乐浮雕镶面。后室有石床，其上置有高79cm的王建坐式石雕像。

王建墓位于成都市府河与南河之间的二级阶地上，地形西北高而东南低。墓室坐北向南。该处地面高程为503.86～506.16m。墓室地层结构从上至下分别为：上部为灰黄色砂质粘土，厚2～5m，稍湿、密实、可塑性较好、砂感较强，为相对不透水层，分布高程在500～502m以上；亚粘土之下为灰黄色含泥粉细砂层，厚2～3m，分布高程在498～502m之间；粉细砂层之下为厚度达40m的含泥砂砾卵石层，分布高程在498.6～501m以下。

地下水位埋深夏季为1.75m，冬季为4.0m。成都地处中亚热带湿润季风气候区，终年温暖湿润，年平均气温15.2～16.5℃：一月份平均气温5.6℃，七月份平均气温25.8℃。最高气温37.3℃，最低气温–5.9℃。常年平均降水量946.4mm，其中1至5月和10至12月8个月中累计降雨量为258.5mm，而6至9月4个月的累计降雨量为688.4mm，占全年降雨量的72.7%。全年降雨100～170天，日降雨量>10mm的有24～25天。成都地区经常是雾气蒙蒙、霪雨霏霏、连日不开，湿度较大。年平均相对湿度在82%以上。年平均潮湿系数达0.97。其中6至10月的潮湿系数分别为0.82、1.79、1.64、1.64、0.93，其余月份都在0.2～0.5以上。

1983年王建墓文物保管所为了减少冢土的流失和治理雨水在前室的渗漏，根据原冢土外围残存保坎的走向，采用水泥砂浆和条石进行全部围砌，并增填了未加夯实的砂性土，自然堆积成冢顶形状。1984年雨季后室发生渗漏，呈线状渗流，大雨时日渗漏量可达100～150kg，给墓室内的雕刻带来了严重的危害。1986年又在墓冢512.5m等高线以上，修建了环形盲沟和放射状支沟。1987年墓室未发生渗漏。1988年进入雨季之后，前室、中室和后室全面发生渗漏，同时在冢土北面保坎以上又出现一处复合滑坡体，对墓体的稳定威胁极大。

二、前期工作

（一）冢土的结构

王建墓冢土厚度的测定因受墓拱结构的控制，其各部分的厚度不一。采用机械钻探，可能对墓室结构造成破坏，只能使用人工浅钻。经人工钻孔表明：王建墓冢土厚度在1.42～4.20m。故王建墓墓顶可能呈现凸凹不平，且相距甚大。冢土为黄灰色粘质砂土，杂以少量的砖、瓦、碎石和卵砾石。砾石成分为石英岩、花岗石等，磨圆度好，一般砾石直径为3～8cm，最大者在10cm以上。

（二）冢土土工试验

取王建墓冢土的原状土样2组，进行物理力学指标测定和渗透性试验，试验结果见表一。

三、防渗、排水、通风工程及墓体结构和稳定性

依据前期试验结果，决定采用揭去墓冢封土、增做防渗层、安置排水管和人工管道通风的方案。

为了防止墓室在卸去冢土后变形和垮塌，必须对墓室进行全面支撑。为了制作支撑拱架，需了解拱的变形程度，于是对墓室现状进行了测量，结果见表二。

墓室中的14道拱肋都不同程度地产生了变形，总的趋势是向东南方向倾斜。

表一 王建墓冢土土工试验结果

天然状态土的物理性指标

土样编号	含水量 W/%	容重 湿 r/g·cm⁻³	容重 干 rˣ/g·cm⁻³	孔隙比 e	孔隙率 n/%	饱和度 Sr/%	天然稠度 B	土粒比重 Gs	液限 W_L/%	塑限 W_P/%	塑性指数 I_P/%	液性指数 I_L/%
88–143	24.22	1.87	1.50	0.807	44.65	81.33	0.125/0.625	2.71	30.7	19.8	10.9	0.40
88–144	26.38	1.84	1.46	0.877	46.72	82.42	0.125/0.625	2.74	32.3	22.0	10.3	0.42

土样编号	压缩 试前孔隙比 Σ₀	压缩 试后孔隙比 Σ	压缩系数 α_{u1-2}/cm²·kgf⁻¹	压缩模量 Σ_s/kgf·cm²s	抗剪强度 凝聚力 C/kgf·cm⁻²	摩擦角 Φ/(0°)	试验方法	土粒组成 砂粒 2~0.05mm/%	土粒组成 粉粒 0.05~0.005mm/%	土粒组成 粘粒 <0.005mm/%	土样定名
88–143	0.88	0.71	0.054	34.99	0.16	21.0	固块	18.30	54.78	26.92	粉质重亚粘土
88–144	0.85	0.72	0.034	54.47	0.30	18.0	固块	15.34	51.73	32.93	粉质轻粘土

表二　拱券变形统计表

拱肋编号	跨度/m	立面距离/cm					立面/cm			平面/cm
		中心线至墙脚		中心线至拱脚		偏移	沿拱肋两边缘南北高差		拱顶偏移	拱肋偏移
		西	东	西	东		最大值	拱顶点差		
1	4.4	222	222	206	214	8东	8	6	/	10南
2	5	263	263	253	263	10东	6	2	/	10南
3	4.4	220.5	220.5	210	218	8东	8	2	/	10南
4	4.4	220.5	220.5	208	215	7东	6	6	/	12南
5	6	304	304	296	301	7东	6	2	8东	10南
6	6	304	304	296	301	5东	8	3	6东	5南
7	6	300	300	297	300	3东	4	2	10东	15南
8	6	300	300	292	300	8东	6	2	10东	20南
9	6	302	302	293	300	7东	8	7	29东	20南
10	6	305	305	298	307	9东	7	0	11东	15北
11	4.4	220	220	210	220	10东	4	3	/	12南
12	4.4	220	220	209	219	10东	6	3	/	7南
13	4.4	220	220	208	218	10东	10	3	/	2南
14	4.4	220	220	210	218	8东	10	10	/	15南

注：①表中所示东、西、南、北，均为拱座实际偏移方向；②1至4、11至14这8道拱肋，无明显拱顶，无法判断；③使用仪器：蔡司030经纬仪、威特N2水准仪、普通钢卷尺。

每道拱肋使用两榀拱架支撑，使用12cm×12cm的方木制作支撑架。为了便于观察和了解在卸土时拱的变形，还设置了观察点。第14道拱肋6个，其余各拱肋5个，共计71个观察点。每日上、下午各观察记录一次。

棺床是王建墓的核心，为了防止施工中对棺床可能造成的损坏，在棺床四周使用标准砖砌成37墙，墙体高出棺床40cm，在墙体上横铺20cm×20cm的方木。同时，在墙体上还预留有大小不等、上下交错的方孔，以解决棺床在施工期间的通风排湿。

在完成保护和支撑工作之后，开始卸土。为了防止卸土过程中损坏墓体，了解冢土内的包含物，使用人工开挖卸土。4个月一共开挖土方12000m³，将王建墓墓体外形及基础全部暴露。在卸土始终，墓室内设置的各观察点均未观察到任何方向的偏移。

（一）墓体结构和稳定性

王建墓墓室外形和结构大大地超出了原来的设想。[①]王建墓的结构系一青砖叠砌隧道圆拱，除14道拱肋使用石条叠砌和拱肋之间使用石板相连接外，其余部分均采用青砖叠砌复拱。墓的尾部有一青砖叠砌的金刚墙。墓室外形前后呈横卧的重叠状，层层递减（图一、二）。各层收距为31～38cm，中部外形平滑，墓室正投影平面呈一盾形，前方后圆，墓室外表的直墙部分通刷石灰，砖上做有铁锈红的标记。经测量，直墙部分厚5.2m，拱厚5.2m，直墙采用65cm×44cm×16cm、69cm×44cm×18cm、66cm×40cm×16cm的青砖叠砌而成。在拱脚部分使用了少量的64cm×41.5cm×8cm和64cm×41.5cm×9cm的薄型青砖外，全部拱均使用63cm×33cm×（12.0～16.0）cm、63cm×39cm×（13.0～17.5）cm、69cm×44cm×（14.0～17.0）cm、63cm×32cm×（13.0～15.0）cm、66cm×34cm×（13.0～15.5）cm、67cm×33cm×（15.0～17.5）cm、66cm×33cm×（14.0～16.0）cm和63cm×32cm×（13.0～18.0）cm的楔形青砖叠砌而成复拱。砖与砖之间仅使用粘土作粘合填充材料，这样一来，王建墓墓体除去明显暴露于墓室内部的拱肋外，还有13层青砖复拱加上一层石板拱。墓体外部中段正上方最外三层

① 冯汉骥：《前蜀王建墓发掘报告》，文物出版社，1964年，第7页。

拱顶砖，早已被盗墓者扒光，又加之墓室顶部自然下陷25～29cm，形成了一个14.25m×5.6m×1.0m的凹坑（图三），这是王建墓墓室发生雨水渗漏，并屡治不愈的根本原因。不断地施工，不断地扰乱冢土，增加了雨水在冢土顶部的停留，加大了雨水在土中的渗透，墓顶冢土厚度仅有2.1m，雨水只要一进入此坑便不能外溢，只能沿各层砖拱缝向墓室内渗漏。

图一　王建墓墓体东侧外貌

图二　王建墓墓体北面的外貌及金刚墙

图三　王建墓墓体外形底部的凹坑

王建墓系平地起拱，墓壁和拱厚为5.2m，墓室最大跨度为6.0m，墓室净空高度为6.4m，其自重很大，又加之粘合材料仅使用粘土，出现部分变形是可以理解的。在墓建成早期，因雨水渗漏、粘土材料部分流失，墓体自然沉降，墓拱的局部下陷和变形，这是当时的建筑材料和建筑手段所引起的。经过1000多年，变形已趋结束，基础沉降业已完成。

墓的基础能否承受住墓体的重量，对墓体的稳定是至关重要的。当把墓拱看成是一个半圆拱，即它的矢跨比为1:2时，墓拱的全部重量都正压在两侧的直墙上，直墙和基础都处于最大负荷状态，而冢土已经过千年的沉降，早已形成了一个土拱，它的重量已由两侧土坡所承担，而不再正压在砖拱上，故不考虑冢土在砖拱上的压力。

王建墓墓体的基础宽5.4m，仅使用两层各16cm厚的青砖铺做，青砖下面是30cm厚的亚粘土层，其下为20cm厚、直径为5～10cm的卵石层，其下又是厚度为20cm的亚粘土层，层层相渐（图四）使用称量过的钢锭，在王建墓北部100cm×100cm的实验坑中叠码，实验从15t开始，每8h增重1t，测量沉降量，并观察实验坑四周的变化，从沉降量—荷载曲线上求得王建墓基础部分的亚粘土层容许的承载力为25t/m²，极限状态为30t/m²，墓体青砖的干容重为2.058g/cm³，抗压强度为110.3kg/cm²，相当于100号现代标准砖或150号混凝土砂浆的抗压强度。[1]墓室内的拱肋石料的平均抗压强度为689.6kg/cm²（见表三）。测得拱的内弧和外弧的长度分别为6.2m和18.8m，使用下列公式进行计算。

图四　王建墓墓体的基础结构

① 索隆曼：《成都文物》1990年第4期，第22页。

$$F_{承载}=（A_{弧}/2+h_{直墙}+h_{基础}）\times d_{砖}$$

式中，F为承载力（t/m²），A为长度（m），h为高度（m），d为容重（t/m³）。

计算结果基础承载力为17.47～30.53t/m²。在不换土的情况下，基础承载力的极限状态能够满足承载墓体重量的需要。加之墓的基础部分换了土，冢土对墓体直墙部分也起到了一定的斜面支撑作用，部分减轻了基础的承载力。所以，从墓的基础承载力来看，王建墓墓体是稳定的。其建筑材料——砖和岩石的抗压强度也完全能够承受住墓体的重量，使墓体保持稳定。

表三　墓室条石物理力学性能

编号	抗压强度 /kg·cm⁻²		软化系数	劈裂抗拉强度 /kg·cm⁻²	抗压静弹模量
	气干状态R₀	水泡和状态R	f=R/R₀	气干状态	E/×10³kg·cm⁻²
石－1	729.6	397.4	0.545	38.2	56.0
石－2	611.2	397.4	0.649	36.2	45.3
石－3	727.0	397.4	0.547	33.1	50.7
平均	689.6	397.4	0.576	35.8	50.9

由于墓拱的下陷和局部变形，除了压在两侧直墙上的正压力外，还存在着一种侧压力。侧压力主要作用于拱脚部分，即拱与直墙的交接处。因王建墓墓体两侧直墙厚度为5.2m，故侧压力不仅仅局限在拱脚一条线或一个面上，而是传递到整个直墙。因此直墙稳定性计算可参照挡土墙的模式。这种计算只有在直墙的整体性好、无水平和垂直裂隙存在才可行，否则将出现严重错误。为了便于计算，采用了下列简化公式。[①]

$$M_{倾覆}=P_{砖}\times（h_{墙}/3+h_{基}）+P_{活}\times（h_{墙}/2+h_{基}）$$

---

① 刘培正：《建筑施工简易计算》，四川科学技术出版社，1985年，第40页。

$$M_{抵抗}＝b_墙×h_墙×d_砖×（b_墙/2）+b_基×h_基×d_砖×（b_基/2）$$

$$K=\frac{M_{抵抗}}{P_{倾覆}}$$

式中，$P_砖=（d_砖/2）·（h_墙^2/3）$，$P_活＝P×（h_墙/3）$（因王建墓顶少有人走动，故P取为150kg/m^2），M为力矩（kg/m），h为高度（m），b为厚度（m），d为容重（kg/m^3），K为安全系数。

将有关的数据代入上式，计算出直墙的倾覆力矩为35413.4kg/m，抵抗力矩为186948kg/m，安全系数为5.27。在一般的工程建筑施工中，挡土墙的安全系数都控制在1.5～2.5之间，就完全能够保证墙的稳定安全。王建墓两侧直墙的安全系数是远远大于直墙稳定所需要的安全系数的。换句话说，墓拱变形所产生的侧压力，相对于两侧墙体重力是很小的。所以，从墓拱变形所产生的侧压力来考虑，王建墓墓体也是稳定的；只要两侧直墙不发生倒塌和下陷，王建墓墓拱是不会垮塌的。

在暴露出全部墓体后的1989年12月8日晚8时，以位于成都南面70km的邛崃为震中，发生了一次5.0级地震和两次4.8级的余震。一月之后，1990年1月10日和25日，以位于成都西面40km的大邑为震中，又发生4.5级和4.9级两次地震。地震发生时，房屋晃动、普遍有感。事后又对墓室内各观察点进行观察，无一发生移动。这也表明：王建墓墓体建筑结构是稳定的、安全的。所以王建墓墓体本身不需要加固，仅需做防渗、排水和通风等项工程，其中又以防渗为主（图五）。[①]

（二）防渗

防渗主要是针对墓体而言，以加强墓体自身的防渗能力为主。首先使用150号混凝土砂浆，按照拱顶楔形砖的尺寸，制作成64cm×33cm×（14.0～16.0）cm的三孔混凝土楔形砌块，因实心的混凝土砌块的容重较大（一般为2.4g/cm^3），在不影响抗压强度的条件下，做成三孔混凝土砌块，使混土砌块的容重下降到2.0g/cm^{3}左右，这与墓拱所使用的青砖的容重和抗压强度相匹配。第二，使用预制的三孔混凝土砌块和石灰

①　张美华：《成都文物》1990年第4期，第8页。

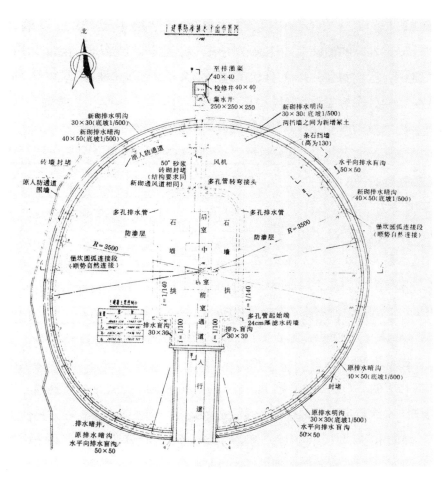

图五　王建墓防渗、排水平面布置图

砂浆补齐被盗墓者在墓顶外部扒开的凹坑，共用去三孔预制混凝土砌块1780匹，还使用现代100号标准砖填补直墙部分的个别凹处，以加强拱顶和直墙部分的承重能力和抗渗能力。第三，尽量剥去墓体砖缝中残存着的亚粘土，特别是墓体顶部，深度为3～5cm，然后采用白灰砂浆仔细地填补砖缝，切断水的通道，保证墓体的防渗。第四，在墓体外做45cm厚的灰土层，石灰使用一级，灰土层中石灰与土的体积比为3：7，[①]重

————————

①　祁英涛：《中国古代建筑的保护与维护》，文物出版社，1986年，第92页；文化部文物保护科研所：《中国古代建筑修缮技术》，中国建筑工业出版社，1983年，第229页。

量比为1：4，外加4%的中砂，含水率为24%～25%。泥土和白灰都需过2mm×2mm的网筛后才能混合使用。灰土层每次加料厚20cm，使用铁碾锤打压实为10cm，使做成的灰土层的干容重大于1.60g/cm³，实际在施工中，干容重已达到1.65g/cm³以上。使用三合土即灰土防渗是我国古代建筑中常常采用的技术，灰土（体积比）为3：7和夯实技术都沿袭于明代宫廷建筑。经测试，灰土在潮湿的空气中养护60天后，其抗压强度为7.0kg/cm²，渗透系数为8.4×10^{-7}cm/s（见表四）。有关资料证明，[①]灰土材料在养护三年熟化以后，抗压强度可达40～70kg/cm²，渗透系数可达$2.77 \times 10^{-9} \sim 10^{-10}$cm/s。在做成的灰土层外，使用水泥：石灰：砂=1：0.3：4（体积比）的混合砂浆抹面找平，厚度为2cm。为了适应变形，在灰土层前后设置了四条分格缝，缝宽5cm，深4～5cm。

第五，因灰土层初期力学强度和抗渗性能较差，需使用防水涂料和$0.1 \times 8 \times 8 \times 1000$无碱玻纤布作八涂二布的防渗层，防水涂料用量不少于3kg/m²，总厚度在1.40～1.50mm，分格缝处另加三涂一布。当防水涂料老化失效后，灰土层已熟化，达到了应有的力学强度和抗渗性能。经测试防水涂料迎水面的抗渗强度为6～7kg/cm²。在防水涂料层外再使用1：2.5的水泥砂浆作保护层，厚度为1.5cm，以防回填冢土时，被土中的瓦片、砖头和石块的边角划破，失去早期防渗作用。最后在保护层外再铺设卵石滤水层，以完全消失水的渗透压力，其厚度为30mm，卵石粒径为10～33mm，不均匀系数小于5，并与墓体四周的多孔排水管相接。冢土回填以新土压老土、交接面呈台阶状的方式，层层夯实，一次铺设厚度为35cm，夯三遍，使回填土干容重达到1.60g/cm³，实际上在施工中回填土的干容重已达到1.62g/cm³。为了解决王建墓墓冢封土过于陡而造成冢土滑坡和流失的问题，除将北坡封土保坎北移4.2m外，还按1：2对整个墓冢作削坡处理。冢土表面再植草皮。

---

① 梅淑贞：《灰土材料试验研究报告》（未刊稿）。

表四　灰土材料试验结果①

编号	抗压强度 R/kg · cm^{-2}	抗压弹性模量 E/kg · cm^{-2}	水温10℃时的渗透系数k/×10^{-7}cm · s^{-1}	备注
1	7.6	5670	8.40	1.渗透系数用抽气饱和法测得 2.60天试件含水率为3.88%
2	7.8	6220	8.30	
3	6.8	4820	8.40	
平均	7.4	5770	8.36	

（三）排水

王建墓墓冢面积大约5000m^2。在雨季，这么大面积所承受的降水量需给予导引外流，否则对墓室安全、文物保护、防渗处理的效果，都极为不利。

1.在墓体外围四周埋设多孔排水管。为了便于维修和检查，多孔排水管外径为1.2m，管壁厚10cm，孔径15mm，孔距20cm。为了改善毛细水对墓室的影响，多孔排水管的埋设高程低于墓室平面0.7m，埋设坡度为200：1。在多孔排水管四周铺设卵石反滤层，厚30cm，宽1.8m，卵石粒径为15～30mm，不均匀系数小于5。为防止卵石反滤层在使用中被泥土污染而堵塞孔隙，在卵石层的外面，再铺设中粗砂层，厚度为20cm，宽度为1.8m。因王建墓所处的地势较低，地下水位较高，多孔排水管内的水不能采取自流方式导入河道流走，只能导入人工修建的集水井中。集水井为方形，长5.0m、宽4.5m、高1.5m。为防止地下水的渗入，排水沟和集水井使用标准砖作壁，铺设10mm厚的100号水泥砂浆，再使用防水涂料和无碱玻纤布作八涂二布，其上再使用50号水泥砂浆做2cm厚的保护层，以延长防水涂料的寿命。

2.在条石堡坎一周修建盲井。盲井由多孔半圆管和反滤料组成。多孔半圆管高140cm，外径100cm，管壁厚8cm，孔径15mm，埋设距离7～10m，共铺设28个多孔半圆管。在多孔半圆管外铺设卵石反滤料，卵石粒径15～30mm，厚度65cm。卵石反滤料外再铺设粒径为0.25mm的

---

① 实验室测试数据，与现场测试数据存在一定差异。（编者注）

粗砂，厚度为20cm。多孔半圆管上加盖石板，板上仍铺设卵石反滤料和粗砂，其宽度为1.8m。冢土中的一部分水进入盲井后，被导入地下水沟流入下水道排走，墓冢表水则通过新设置的排水明沟导入附近河道。

（四）通风

通风是降低王建墓墓室空气湿度和抑制微生物生长的重要手段。王建墓墓室冬暖夏凉，在冬季墓室内的热空气与室外的冷空气可自然对流，形成循环，但在夏季则相反，墓室内的冷空气与室外的热空气却不能形成自然循环。夏季又是成都地区最炎热、最潮湿的时节。故只能采取人工机械通风。通风是利用在后壁早已存在的盗洞，安装风机。为防止湿度过高造成水分对风机构件的锈蚀，使用了全封闭的防爆电机组装的玻璃钢风机，并在通风道内使用防水涂料作防渗处理，还在通风道的四壁铺设吸声材料，克服电机开启时噪声的影响，使噪声低于60dB（A）。

四、治理后的效果

王建墓防渗、排水和通风工程完成后，至今已有5年。经观察，雨水渗漏已完全解决，墓室内年温差的变化从治理前的8～26℃，下降到11～22℃，相对湿度从夏、秋季长期处于100%的高湿状态，冬、春季在48%～85%之间波动，调节至常年处于77%～84%（见图六），基本上达到了预期的效果。

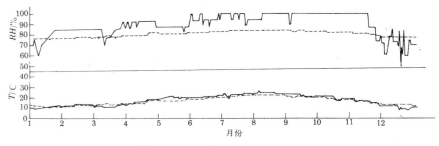

图六　王建墓维修前后墓室温度和相对湿度变化曲线

——1985（维修前）　　……1993（维修后）

王建墓防渗、排水和通风工程的成功，无疑将为解决古墓葬的渗漏和除湿提供有益的借鉴。

致谢：王建墓防渗、排水和通风工程是在成都市王建墓博物馆主持下，由四川省地矿局工程地质和水文地质大队负责前期工作，四川省文物考古研究所和水电部成都勘测设计院负责测绘、设计和质量监理，成都市新都县第二建筑公司负责施工，从而完成的。本文在写作过程中得到王建墓博物馆馆长马良云同志以及马文彬同志的大力支持，提供了有关资料。在此一并致谢。

（原载于《文物保护与考古科学》1996年第2期）

王建墓棺床四周雕刻风化原因的研究

王建墓位于四川成都市西郊三洞桥，系五代前蜀皇帝王建（847—918）的陵墓，史称永陵。

棺床在陵墓的中室，作须弥座式。两侧列置透雕的十二力士，作扶棺状。棺床东、西、南三面刻伎乐二十四人，奏琵琶、击鼓等，是一个完整的宫廷乐队。伎乐四周及棺床北面均饰以龙凤、云纹、花卉图案。它们是考察五代时期音乐和乐队组织极为重要的资料。

墓室发掘于1942年9月至1943年9月。发掘前，由盗口和石缝流浸入墓室中的雨水所携带的泥沙沉积——淤土，已几乎将墓室填满，棺床及十二力士都被埋葬于淤土之中。1949年后，墓室经过多次维修，已于1979年对外开放。

棺床四周雕刻的风化程度日趋严重，特别是对外开放后，尤为明显和突出。

一、"白霜"和它的成分

棺床四周雕刻的材质是紫红色长石石英砂岩，每年的11月下旬，雕刻的表面便开始产生一种白色的物质，被人们泛称为"白霜"。"白霜"在雕刻表面呈不均匀状分布，有的部位多，有的部位少，但在十二

124

力士的表面却无"白霜"产生。一直到次年2月下旬以后，这些"白霜"才开始从雕刻上消失（图一、图二）。

图一　雕刻表面的"白霜"（一）

图二　雕刻表面的"白霜"（二）

到夏季，在棺床下方四周还普遍滋长着一层绿黄色苔藓地衣类的植物。

20世纪60年代，有人曾提出"白霜"是一种低级的原始植物。70年代，又有人怀疑"白霜"是微生物群体，并对"白霜"进行取样、培养。然而，时至今日尚未见到任何形式的成果报告。我们认为"白霜"既不是低级的原始植物，也不是微生物的群体，而是一种能够溶解于水的盐。正是这种盐在水中的溶解和结晶产生了强大的内应力，导致了王建墓棺床四周的雕刻受到破坏，发生风化。为了弄清楚墓床四周雕刻风化的真正原因，并进一步考察产生风化的根源，我们对雕刻表面的"白霜"、棺床内的填土、棺床上残存的淤土和墓道外挡土墙上的白色毛状物，分别取样并分组进行了易溶盐和半易溶盐的湿化学分析。

（一）样品的描述

样品1：雕刻表面上的"白霜"。灰白色，硬壳状，表面凹凸不平，呈现出一个个瘤状凸起，用力刮取才能达到取样的目的。层薄，很难一处取样就达到分析样品所需的最低量。取样是用小刀在几十处"白霜"出现多的部位轻轻刮取。"白霜"的内部和下廓，往往包含着较多的砂粒，这是雕刻风化成砂粒并从雕刻表层脱落的结果。

样品2：棺床内部的填土。移动棺床东角上部的两层玉板，各层分别取下一块，并记下玉板原来安放的位置，对棺床内部的填土取样。取样后，立即将玉板安放复原。棺床内的填土，灰黑色，潮湿，水分含量较大，可用手捏成泥饼，不久泥饼又能自动散开。

样品3：棺床上的淤土。因淤土系墓室发掘前，地面泥沙随着雨水一起通过石拱缝隙渗透到墓室内沉积下来的产物，故明显地呈现层状分布。样品来自棺床玉板之上，棺椁残件之侧。样品呈灰白色，其中夹杂着一些铁红色，这显然是随葬品中的铁器锈蚀产物对淤土污染的结果。样品干而硬，成块状，用力才能捣碎成粉。

样品4：墓道挡土墙上的毛状物。挡土墙系20世纪50年代所建，采用砖砌墙体，水泥砂浆作面。毛状物呈白色，在挡土墙上大片大片地呈云状分布。毛状物夹杂着大量肉眼可见的砂粒和泥土，很容易取样。毛状物在挡土墙上出现和存在的时间，也是在每年11月中旬至次年2月下旬，与棺床四周雕刻上的"白霜"产生和存在的时间相一致。

（二）湿化学分析结果

从样品1的分析结果，并按照离子成盐顺序，可以看出在"白霜"样品中含有9.464%的易溶性和半易溶性盐类。这些盐类包括：水合硫酸钙（$CaSO_4 \cdot 2H_2O$）、氯化钠（$NaCl$）、水合硫酸钠（$Na_2SO_4 \cdot 10H_2O$）、碳酸氢钙〔$Ca(HCO_3)_2$〕和硝酸镁〔$Mg(NO_3)_2$〕，其中以水合硫酸钙的含量为最多（表一）。

表一　样品1的化学成分

		离子	mg/100g	N/100g	W%
离子分析	阳离子	K^+	0.00	0.00	0.000
		Na^+	199.87	8.69	0.200
		Ca^{2+}	2507.41	125.12	2.502
		Mg^{2+}	152.64	12.56	0.153
		合计	2859.92	146.37	2.855
	阴离子	Cl^-	268.38	7.57	0.26
		SO_4^{2-}	5693.00	118.53	5.689
		HCO_3^-	149.06	2.44	0.149
		CO_3^{2-}	0.00	0.00	0.000
		NO_3^-	501.58	8.09	0.502
		合计	6612.02	136.63	6.600

从样品2的分析结果，并结合离子成盐顺序可以看出：在棺床内部的填土中，易溶盐和半易溶盐含量已达0.738%。这些盐类有：水合硫酸钙（$CaSO_4 \cdot 2H_2O$）、碳酸氢钙〔$Ca(HCO_3)_2$〕、氯化钠（$NaCl$）、水合硫酸钠（$NaSO_4 \cdot 10H_2O$）和硝酸镁〔$Mg(NO_3)_2$〕，其中又以水合硫酸钙的含量为多（表二）。

表二　样品2的化学成分

		离子	mg/100g	N/100g	W%
离子分析	阳离子	K^+	0.00	0.00	0.000
		Na^+	46.00	2.00	0.046
		Ca^{2+}	136.87	6.83	0.137
		Mg^{2+}	24.43	2.01	0.024
		合计	207.30	10.84	0.207
	阴离子	Cl^-	39.71	1.12	0.040
		SO_4^{2-}	338.61	7.05	0.338
		HCO_3^-	26.88	0.44	0.027
		CO_3^{2-}	0.00	0.00	0.000
		NO_3^-	125.86	2.03	0.126
		合计	531.06	10.64	0.531

以样品3的分析结果，并结合离子成盐的顺序可知，在墓室内沉积的淤土中，易溶盐和半易溶盐的含量极小，仅有0.072%。正因为它的易溶盐和半易溶盐的含量如此低，淤土才具有干燥、坚硬、不易起粉的力学特征及色调发白（表三）。

表三　样品3的化学成分

		离子	mg/100g	mmol/100g	W%
离子分析	阳离子	K^+	0.00	0.00	0.000
		Na^+	8.05	0.35	0.008
		Ca^{2+}	15.03	0.75	0.015
		Mg^{2+}	1.82	0.15	0.002
		合计	24.90	1.25	0.025
	阴离子	Cl^-	1.77	0.05	0.002
		SO_4^{2-}	18.25	0.38	0.018
		HCO_3^-	23.83	0.39	0.024
		CO_3^{2-}	0.00	0.00	0.000
		NO_3^-	3.10	0.05	0.003
		合计	46.95	0.87	0.047

表四　样品4的化学成分

		离子	mg/100g	mmol/100g	W%
离子分析	阳离子	K^+	0.00	0.00	0.000
		Na^+	37996.00	1652.00	37.996
		Ca^{2+}	402.81	20.10	0.402
		Mg^{2+}	12.15	1.00	0.0122
		合计	38410.96	1673.10	38.411
	阴离子	Cl^-	86.51	2.44	0.086
		SO_4^{2-}	58319.00	1214.22	58.280
		HCO_3^-	895.58	14.66	0.894
		CO_3^{2-}	0.00	0.00	0.000
		NO_3^-	16.74	0.27	0.017
		合计	59317.83	1231.59	59.277

根据样品4的分析结果，并结合离子成盐顺序可知：在墓道挡土墙上产生的白色毛状物中，含有97.688%的易溶盐和半易溶盐。可以肯定地说，挡土墙上的白色毛状物就是盐从水溶液中结晶析出的水合结晶体。它含有水合硫酸钠（$Na_2SO_4 \cdot 10H_2O$）、碳酸氢钙〔$Ca(HCO_3)_2$〕、水合硫酸钙（$CaSO_4 \cdot 2H_2O$）、氯化钠（$NaCl$）和硝酸镁〔$Mg(NO_3)_2$〕，其中以水合硫酸钠的含量为最多（表四）。

二、造像岩石的成分

造像岩石取样是将墓室地面邻近棺床的石板移开后，取其埋藏于土下的基础部分，它是尚未经过雕刻和打磨的毛石。

造像岩石系紫红色，砂状结构，块状构造，粒度较细。

（一）镜下观察

岩石为由砂粒级碎屑及钙质泥质填隙物组成的孔隙式胶结。碎屑呈次棱角状，少数呈次圆状，粒径一般在0.1mm左右，最大的0.19mm，最小的0.01mm。

碎屑占80%左右。其中石英占碎屑的70%左右，具波状消光、镶嵌消光，表面光滑、洁净。长石占碎屑的25%左右，灰白色，有的可见聚片双晶，有的可见蚀变（黏土状）。云母占碎屑的5%左右，多数已发生绿泥石化，还能看见未交代完的云母残余。

填隙物占20%左右，主要为钙质（方解石）、少量泥质（水云母等）和氧化铁。

另外，在岩样中还见到少量的锆石。

矿物成分：石英55%，长石20%，方解石15%，云母5%，泥质（水云母）少量，氧化铁少量，锆石少量。

（二）化学成分

表五　王建墓棺床四周造像岩石的化学式

	SiO_2	Al_2O_3	TiO_2	CaO	MgO	Fe_2O_3	FeO
T002854	67.45	9.66	0.54	6.71	0.31	2.63	0.42

	K_2O	Na_2O	P_2O_5	MnO	CO_2	烧失量	
T002854	1.04	2.94	0.08	0.18	5.18	6.50	

三、讨论

从棺床四周雕刻上"白霜"成分的分析结果可知，在"白霜"中主要成分是水合硫酸钙，其次是氯化钠和水合硫酸钠。水合硫酸钙，俗称石膏，它在中性水中的溶解度是比较小的，仅有0.2%～0.3%左右。水合硫酸钙在干燥无水的环境中，力学强度是比较大的。但在受水浸泡或在高湿环境中，强度会剧烈下降。氯化钠，即食盐，与水合硫酸钠一样，都能大量地溶解于水中。

水合硫酸钙、氯化钠和水合硫酸钠等盐类在水中的溶解度随温度的变化而变化，温度升高，上述盐类的溶解度也随着增加。空气中相对湿度的变化，也能对上述盐类的溶解和结晶产生较大的影响。一年四季，王建墓墓室的相对湿度都维持在77%～84%。盐类中的氯化钠和硝酸镁又具有较强的潮解作用，能自动吸收空气中的水分，这样就加大了雕刻表层中水分的含量。这些条件使得水合硫酸钙这种溶解度不高的盐，也能大量地溶解在充足的水中，使得王建墓棺床四周雕刻岩石中存在的各种盐类能以溶液的形式贮藏在岩石的孔隙中或吸附在岩石的表层。在炎热的夏季，气温比较高（22～26℃），这些盐类在水中的溶解度也增大，从而人们看不见"白霜"的存在，仅感觉到棺床四周雕刻是湿淋淋的，如用水浇过一样。在寒冷的冬季，气温比较低（4～6℃），墓室内的相对湿度也趋于下限。盐类溶解度下降，在雕刻表面上贮藏的盐溶液就成为饱和溶液或过饱和溶液，盐类的结晶就容易析出来，这就是"白霜"。

所有的硫酸盐都有一个特点，就是它从溶液中析出时，都结合着一定量的结晶水，使得析出的晶体体积大于溶液体积。硫酸钠从饱和溶液中析出时，体积增大10%，是最典型的例子。对于硫酸钙，有人指出：在30℃时，从超过溶解度10倍的过饱和溶液中结晶析出时，结晶作用产生的膨胀压力为334个大气压。[①]

王建墓的棺床为砂岩材质，砂岩的胶结物中有少量的泥质。砂岩在高湿环境中能被水分充分渗透和浸润，泥质微粒就会发生物理化学变化——水化。水化的结果是在泥质微粒的四周形成一层水化层，造成岩石体积的膨胀，使砂岩变得疏松，力学强度大幅下降。在干燥的环境中，相对湿度下降，岩石的含水量也随之减少，泥质微粒的水化层缩小以至完全消失，砂岩体积不同方向又产生不同程度的收缩。膨胀和收缩也会产生内应力，造成棺床四周雕刻的风化。

在棺床四周的下部，常年都生长着苔藓类等低级植物，它的新陈代谢产物——地衣酸对雕刻的腐蚀，也是造成棺床四周雕刻风化的原因之一。

综上所述，墓室内温度和相对湿度的变化、盐类的溶解和结晶、造像岩石成分中泥质的水化及微生物的滋长等是引起棺床四周雕刻风化的主要原因，其中又以硫酸钙为主的硫酸盐的溶解和结晶造成的影响最大。

既然水合硫酸钙的溶解和结晶的交替进行是引起雕刻风化的最主要原因，那么硫酸钙来自何处呢？

从分析结果可知，墓道挡土墙上白色毛状物中最主要的成分是水合硫酸钠，仅含有极少量的水合硫酸钙。在棺床四周雕刻上的"白霜"中，最主要的成分是水合硫酸钙，仅含有少量的水合硫酸钠。两个样品中，主要成分和次要成分正好相反，尽管它们出现的时间大致相同，但

---

① K.Lal.Gauri, G.C.Holdren, Pollutant Effects on Stone Monuments, *Environmental Science and Technology*, 1981, 15 (4)：386–390.

它们之间是互不相关的。挡土墙上白色毛状物的产生与棺床四周雕刻上"白霜"的产生是两种完全不同的情况。

在棺床上的淤土中，易溶盐的含量很少，仅为0.072%，其中硫酸钙的含量仅为0.03%。这样微量的易溶盐和半易溶盐的存在，不可能使棺床四周的雕刻中渗透到如此多的盐分。在棺床四周矗立着的扶棺状的十二力士，全身却无"白霜"出现，这也从一个侧面说明：王建墓在未发掘前，墓内淤土不是棺床四周雕刻上产生"白霜"的根源。

从对棺床内填土取样进行分析的结果中可以看出，在填土中易溶盐和半易溶盐的总含量为0.738%，其中硫酸钙的含量为0.4%。另外还有碳酸氢钙、氯化钠、硫酸钠和硝酸镁，这与雕刻上出现的"白霜"成分相一致，它们之间似乎存在一定的关系，但是硫酸钙的含量仅为0.4%，也不会造成大量的水合硫酸钙在雕刻表面的积聚。

从王建墓所处环境的大气质量标准来看，王建墓在成都市区内，大气中SO_2、NO_2、CO、O_3的含量都在国家规定的二级大气质量标准范围内，仅是固体悬浮物（大气尘埃）含量超标。所以，由大气中的有害气体SO_2与造像岩石中的钙质填隙物反应产生大量的硫酸钙的可能性是不大的。

冯汉骥先生在《前蜀王建墓发掘报告》中，明确地记述了发掘时棺床四周雕刻的状况："棺床四周雕刻全部敷色，在出土时，尚隐约可见。"[①]在雕刻上敷色上彩的工艺是"在底材上刷白土粉一道或数道，干后底子洁白，对所绘壁画和彩绘起到了很好的衬托作用，尤适用于绘精细作品。此种方法早在两魏壁画中已见使用，隋唐以后，更加普遍"。[②]白土，可能是白垩，也可能是石灰或石膏，它们都是唐、五代时期普遍使用的白色颜料。[③]所以，在雕刻表面涂抹的白土可能是石灰、石膏或白垩。石灰涂层在干燥后，会开裂成块，需要在未干燥前，

---

① 冯汉骥：《前蜀王建墓发掘报告》，文物出版社，1964年，第15页。

② 祁英涛：《中国古代建筑的保护和维护》，文物出版社，1986年，第112页。

③ 冯汉骥：《前蜀王建墓发掘报告》，文物出版社，1964年，第15页。

反复加压涂抹，才能保证效果。对于凸凹不平的雕刻表面，使用石灰作上彩衬底材料不是好的选择，效果不理想。白垩涂层的黏附性差，干燥后起粉脱落，即使加入胶料，在潮湿的环境下，胶料对提高黏附性也无多大的作用。石膏具有明显的收缩作用，能较好地黏附在雕刻底材上，具有干燥后不开裂的特点，在潮湿环境下，在需要上彩的精细雕刻上使用是非常合适的。在墓葬中，长期潮湿的环境使涂抹的石膏层中的一部分溶解，并渗透进雕刻内积聚，一部分和颜料层混入了淤土之中，一小部分残存在雕刻的表面上，所以王建墓棺床四周雕刻上的"白霜"来自上彩敷色工艺中使用的衬底材料——石膏。

棺床内部填土中，有少量的$CaSO_4 \cdot 2H_2O$的存在，可能该填土是使用装修墓室内部和彩绘雕刻后的废弃物（今称建筑垃圾）所致。

另据考证，在王建下葬时，现经成都东北的郫河，原是经过西郊与王建墓之间，再南流至现在的通惠门入城，经方池街、上莲池、中莲池、下莲池至东南角出城，在安顺桥附近与锦江汇合，而此一连串的大池都是旧河床，即《华阳国志》中所称的"穿郫江、检江，别支流双过郡下"者。至唐末高骈帅蜀时，扩大旧城垣，始将郫江阻而东北流，而西郊外之大河道废。[①]所以，王建墓一带原属古河床，地势在成都市区内为最低洼。春、夏、秋三季中，地下水位都较高，这使得王建墓内长时间处于高湿的环境之中，这对$CaSO_4 \cdot 2H_2O$的溶解，并渗透进入雕刻表层是极为有利的。

（原载于《文物科技研究（第一辑）》，科学出版社，2004年）

① 徐毓明：《艺术品和图书、档案保养法》，科学普及出版社，1985年，第29页。

邛崃石塔的维修

　　石塔位于邛崃县城西百余里，高何场东，镇西山腰台地上，是四川省文物保护单位。石塔因年久失修，残损严重。1980年四川省文化局拨专款进行维修，年底开工，1981年五月竣工，历时半年之久。

　　石塔因基础下沉，塔身向北倾斜，倾斜程度尚未超出塔的基础面，但附阶上的四个角梁和八个普柏枋已全被压断。其中一个角梁和四个普柏枋已断落，横枋也被压断成数段，附阶檐口的重量通过栌斗、普柏枋、雕花板，压在十二根立柱上，横枋、栌斗、普柏枋、雕花板都被压成弧形。宽度在0.1厘米以上的裂缝普遍存在，十二个雕花板中的四个已断落，向北一次间的横枋、栌斗也都断落，成为一个空间。向北一块宽度为63厘米的附阶塔檐在离檐口40厘米处断裂脱落，向东的三块总宽度为166厘米的附阶塔檐（每块宽度分别为54厘米、50厘米、62厘米）和翼角从离檐口60厘米处断裂脱落。向东和向南有两根立柱被压裂，裂缝宽度分别为0.1～0.7厘米和0.1～2.0厘米。裂缝从上至下，贯穿整个石柱。石塔第二层塔檐向西的翼角也残损了。根据"重刊古志碑记"的记载，在明以前，塔基已下沉，塔已偏北倾斜，造成了损坏，明时进行维修，在断裂的塔檐上均留下了维修的痕迹。由于那时维修工艺简单粗糙，补好的塔檐又脱落了。现此塔无继续下沉的现象发生，地基已稳定。

　　石塔结构系层层叠压，无法落架维修。针对上述问题，本次维修工程，根据"以加固为主，严格保护原状"的精神，采取以下几项保护加固措施：

（一）对附阶中已掉落的横枋、栌斗、普柏枋、雕花板，按已保留着的为蓝本，请老石工加工新做，添补完整。

（二）对还保留着的横枋、栌斗、角梁、普柏枋、雕花板、主柱，先矫正它们的位置，然后采用化学灌浆加固的办法，对上面的裂缝改矫正后产生的缝隙进行粘接。

（三）对残损的塔檐和翼角，因悬空，下面无支撑，就采取水泥半锚杆支护。

一、化学灌浆

石塔所在地无电、无水、无路，不能使用空气压缩机等电动机具灌浆，又无手压泵，对于宽度在0.1厘米以上的裂缝采取浇灌，对0.1厘米以下的裂缝使用50毫升兽用注射器人工灌浆，与浇灌不同之点，是在浆液中不加入石英粉。

灌浆浆液以618#（E-51）环氧树脂为主体，再加入其他助剂组成。其配方如下：

618#（E-51）环氧树脂	100克
501#活性稀释剂	15毫升
二乙烯三胺	12毫升
120～150目石英粉	50克

灌浆之前，先用人工办法，使用细长器物从裂缝两侧清除污物和泥沙，然后使用翻砂工的"皮老虎"打气，吹干至净。灌浆是在封闭裂缝一面后，用环氧胶泥从下开始，封闭裂缝一段，灌浆一段，再封闭一段，再灌浆一段，直至灌完。浇灌每次都要用石膏做成灌口。人工灌浆的最后到缝顶的一次，也要用石膏做灌口，以便灌满，保证质量。

二、檐口水泥半锚杆支护加固

锚杆使用直径为2.8厘米的四号螺纹钢。附阶上塔檐断处，使用螺纹钢的长度为110厘米，翼角处为125厘米，螺纹钢伸入塔心20厘米，伸入塔身70厘米，阑额外余40厘米，翼角处外余55厘米。第二层翼角使螺纹钢长度为70厘米，伸入塔心40厘米，外余30厘米。利用塔身自重，将无支撑的塔檐撬起。塔檐下平上斜，所以主要是螺纹钢承受塔檐的重量，这要求螺纹钢的抗弯曲强度要大于新添塔檐的重量，根据计算，使用四号螺纹钢能够满足这一要求。

添补向北塔檐和第二层翼角均使用一根水泥砂浆半锚杆。残缺的向东塔檐因需要添补的宽度较大，使用四根水泥砂浆半锚杆，具体布置离北边翼角13厘米、48厘米、98厘米、143厘米。这样分布使每根锚杆承受的弯曲强度约为80～110千克。

灌注锚杆使用1∶1的水泥（500号）砂浆，人工浇灌。孔眼是人工用钢钎凿成，孔眼直径为3.5厘米。

这种半锚杆支护加固的使用，基本上解决了塔檐悬空支撑的难题。从施工效果看，它能保证工程的质量。水泥砂浆半锚杆支护为今后维修、添补悬空的石构件，提供了有益的借鉴。

（原载于《四川文物》1984年第4期）

邛崃十方堂遗址中砖石构件的封护加固处理

　　邛崃十方堂遗址是一座唐代民居，亦是一座唐代邛窑瓷器烧制的遗址。发掘面世后，遗址便完全裸露在自然条件之下，日晒雨淋，在所难免。从文物保护角度考虑，遗址存在的两个主要问题，一是砖构件的开裂、酥粉，二是石构件的粉状风化。

　　1990年，我们曾对遗址内的砖石构件进行了封护加固处理，以防止砖石构件的开裂、酥粉和风化的继续蔓延。现将封护加固处理中的有关问题分述如下。

一、材料的选择

　　砖石文物，特别是处于潮湿气候条件下的砖石文物，其防风化材料，应该具有能将风化层内的各种松散颗粒粘合起来的能力，即有一定的粘合性，同时此种材料又要具有一定的抗水性，以降低冷凝水和雨水对砖石文物的危害。此外，在具有抗水性的同时，此种材料还要具有透水的能力，因砖石文物与地面相连结，砖石体内的"呼吸"始终存在着。除去上述要求外，此种材料还应具有耐老化性高、渗透性好、抗污染能力强等特点。

　　有关资料表明，国内外使用的防风化材料主要有：（1）硅酸钠、硅酸钾、氟硅酸盐、铅酸钠、铝酸钾等无机材料。此类材料加入凝胶剂后，除产生氧化硅或氧化铝外，还生成一些新的盐类，这些盐类给砖石文物是否会带来新的破坏因素，一直使人顾虑重重，特别是在湿润的区域内应用。（2）有机硅树脂、丙烯酸酯类树脂、有机氟树脂等有机材料。有机硅树脂的分子结构与无机硅酸盐相似，仅分子中引进了有机基团，所以有人把有机硅树脂称为硅酸盐的有机衍生物。有机硅材料既有抗水性，又有让水分通过的能力，耐老化性仅次于有机氟材料，介于7～12年之间。丙烯酸酯类树脂因其修造性和耐老化性不高，主要用于博物馆内的砖石文物保护，20世纪70年代曾较多地应用于露天砖石文物的防护，80年代以来已较少。有机氟树脂被称为塑料之王，其耐老化能力可持续15～25年，耐腐蚀性居有机材料之首，但因其需要在高温下烧结成型，冷流性和高昂的价格使其应用受到了限制。相对而言，有机硅材料是目前国内外使用得最多和最普遍的，特别是用于砖石文物的封护加固。

有机硅材料的产品众多，各种用途和型号的有机硅树脂都有生产和出售。但因其分子量都在10000以上，渗透性差，固化温度高，根本不能在风化的砖石上直接使用，所以仅能考虑使用有机硅的单体、低聚体（聚合度在50℃以下）和预聚体（聚合度在50℃～300℃）。通常先使单体、低聚体或预聚体渗透进入风化砖石的孔隙内，再进行化学反应。由于空气污染、温度、相对湿度和水的影响不一致，反应条件颇难确定，故其化学反应十分复杂，加之单体的挥发损失大，使反应生成物难以控制，致使反应重复性差，不能保证产品性能。预聚体的分子量已经够大，分子的体积也相应够大，渗透性自然不佳（虽比聚合体好得多），所以选择有机硅树脂的低聚体作为防风化加固材料比较恰当。当聚合度控制在2℃～10℃之间，沸点在168℃以上时，可有效地抑制其挥发损失。

有机硅的单体一般分成两大类：一类是芳香基类，即苯基类；另一类是烷基类。苯基类的单体和聚合物都不溶于水、乙醇，仅溶于苯、甲苯、二甲苯等有机溶剂中，烷基类单体也不溶于水，只能溶解于醇类和苯基类溶剂中。因苯基类都为有毒性溶剂，它的蒸气能通过操作者的毛细孔进入人体伤害神经系统，同时也污染环境，所以应尽量避免使用苯基类溶剂。特别是大量使用溶剂时，最好选择和使用醇类作为溶剂。醇类中甲醇如被误食0.3g就能破坏视神经，造成双目失明，丙醇的麻醉性大，也不能使用。其他醇类与水的混溶性较差，故从经济和对施工人员的安全上考虑以乙醇最为合适。

另外，烷基类有机硅由于烷基空间位阻影响较小、结构较紧密，因而使用烷基类有机硅单体制成的有机硅聚合物硬度较大，耐摩擦性较好，反之使用苯基类有机硅单体制成的聚合体塑性较大、韧性较好、固化温度高。有机硅树脂的工业产品，一般都是以苯基类单体为主，按一定比例和烷基类有机硅单体混合配制而成。这种有机硅聚合体既具有一定的塑性，也具有一定的硬度。然而其不溶解于醇类溶剂之中，只能溶解在苯类溶剂中，故不能采用这种有机硅树脂的工业产品作为砖石文物防风化材料。

综上所述，确定了两条选择防风化加固材料的原则。一是采用无毒、无污染的乙醇作为溶剂；二是采用烷基类有机硅低聚体。目前我国生产的烷基有机硅单体中，仅有甲基三甲氧基硅烷和甲基三乙氧基硅烷可以采用。甲基三甲氧基硅烷较为活泼，化学反应速度高于甲基三乙氧基硅烷，往往不需要催化剂就能水解，这样的生成物将具有极佳的耐老化性能。

二、配方的确定

对各种不同浓度的有机硅低聚体进行室外实验，结果表明：当浓度大于16%时，渗透次数为1，色调明显加深；当浓度为16%时，渗透次数在3次以下，色调变化较小，3次以上色调变化较大；浓度为13.5%时，使用7次以上色调变化较大。使用8%和10%的浓度时，色调变化有些反常，从第4次渗透起，色调便开始加深。这可能是因为浓度太低，有机硅低聚体分子间碰撞机会太少，分子只好自己头尾相连，形成环状结构，分子体积增大，渗透性下降。因此，对风化严重的砖石文物可使用16%浓度的烷基有机硅低聚体，但要严格控制渗透次数，否则色调会加深超标；对风化不太严重的，使用13.5%和11.5%的浓度为好。

为了谨慎起见，在实验室工作的基础上，又到现场进行重复实验，结果与实验室的实验相同。一般说来，有机硅低聚体的浓度越高，粘接强度越好，而浓度低于10%时，粘接强度基本丧失，故有机硅低聚体的使用浓度应在11.5%～16%之间选择。最后选定的配方为：

甲基三甲氧基硅烷	100ml
水	30ml
乙醇	370～470ml
催化剂	0.15ml

三、施工工艺

作为封护加固材料的有机硅低聚体，通过风化砖石的孔隙渗透进入砖石体后，在催化剂和外界因素的作用下，将继续发生化学反应，最后生成高聚物，呈现粘合性和抗水性。这个外界因素主要是温度。温度高，分子热运动快，渗透能力强，化学反应快，粘度升高快，但醇类的挥发损失也大。两种相反的效果，常使封护加固处理的效果不甚理想，故应尽量避免在高温季节进行施工，而应选择气温较为温和、气候干燥的月份进行施工。根据邛崃的气候特点，可安排两期施工，即在3—4月和10—11月间，这两段时间内邛崃气温为14℃～25℃。

施工以喷涂和涂刷相结合，而以喷涂为主，涂刷仅限于喷涂不到的凹处。

喷涂前将表面上堆积的尘土和风化产生的堆积物，使用不同规格的毛刷仔细加以清除。对风化严重的部位则不做任何清除工作。

为防止封护加固材料飞溅到地面上，对地面造成污染，可使用旧报纸严密地遮盖住地面。

喷涂时，喷嘴需远离风化砖石构件20厘米以上，先从左至右，或从右至左，按从上至下顺序喷涂，如此反复数次，直到饱和为止，让防风化材料充分渗透到风化砖石的孔隙中去，以保证材料在风化砖石中达到最大渗透深度而被充分吸收。

喷涂时，如发生挂流和材料在表面集聚时，应立即停止喷涂，并使用吸水性强的纸张及时地将挂流或集聚的材料尽可能地吸去。

根据砖石上乙醇的挥发程度，4～8小时后，再次使用同浓度的材料，重复上述操作过程，实施再处理。

对于风化不严重的砖石文物，反复处理两次即可，对于风化严重的砖石文物，还需进行第三次加固处理。

喷涂结束后，还要使用1.5～2厘米毛刷蘸取16%浓度的防风化材料对无法喷涂的部位进行涂刷。

四、检测

针对这次封护加固处理的特点，我们采取了回弹锤击法对处理前后的砖石构件进行了抗压强度的测试。石构件处理前抗压强度为3.67～8.63Mpa，处理后为7.54～18.68Mpa。砖构件处理前抗压强度为1.87～3.64Mpa，处理后为4.37～6.41Mpa。

五、结论

邛崃十方堂遗址中砖石构件的封护加固处理至今已有11年。实践证明，其处理效果是好的，封护加固处理是成功的，它有效地减慢了遗址中砖石构件的风化和龟裂。

（原载于《邛窑古陶瓷研究》，中国科学技术大学出版社，2002年）

忠县无铭阙的维修复原技术①

　　忠县无铭阙系四川省文物保护单位，位于县城东北十公里㽏井乡东二公里佑溪村的山腰坡地上。长江支流㽏井溪从阙下流过，1981年长江特大洪水曾淹没阙身。

　　无铭阙系重檐单阙，石料风化严重，雕刻细部已模糊不清，仅轮廓还依稀可辨。因年久失修，加以各种人为的因素，基石被淘蚀外露达三分之一，这是造成阙体严重倾斜的主要原因。阙身以上的部分尤为突出，经测量已倾斜4.03度。1973年，考虑到阙体已倾斜的状况，同时为了减少风化，曾在此处修建砖柱木顶、覆盖小青瓦的四角亭。亭子立柱之间修建了0.8米高的石栏杆，阙身使用石条包裹，内灌填碎石水泥砂浆，力图降低阙的重心，增大阙的稳定性，使已严重倾斜的阙不再继续倾斜。1987年8月16日下午2时左右，受河道阵性大风的袭击和雷电波的震动，四方亭骤然向东倒塌。亭子倒塌时，阙身以上的部分全部倾倒。1987年12月，四川省文化厅拨出专款，维修复原无铭阙。1988年3月17日正式开工，3月31日竣工，历时15天。

　　在清理现场时，发现阙的一部分构件直接跌落在地面，嵌入土壤中，损失较轻。腰檐、扁石和阙顶盖与石栏杆相碰撞，腰檐断成三块，

　　① 本文由曾中懋、冯林合著。

二大一小；扁石碎裂成六块，一大五小。阙顶盖三方损失严重，已粉碎成数块，部分碎块成拳头大，造成阙顶盖不能完全恢复原状。

当拆除残缺不全的石栏杆和阙身四周的石头后，发现阙身下半段裂隙满布，残缺不全，腰部明显变细，1973年维修时使用碎石水泥砂浆进行过填补，这给矫正复原增加了不少的困难。

无铭阙基石以上各部位的尺寸，已有文章作了详细的论述，[①]在这里就不再涉及。基础部位经过实地开挖后，发现基石长168厘米，宽124厘米，厚30~35厘米。基石置于一凿平的山梁泥化石之上，在基石和岩石之间铺有一层薄的红泥层，以利于调整基石的水平位置。泥化石在干燥时，抗压强度是比较大的。但一遇水或在潮湿条件下，抗压强度迅速下降，这也是造成阙体倾斜的原因之一。

为了保证阙身在矫正时的安全，防止阙身在矫正倾斜时发生崩溃，以致垮塌，在矫正前，首先使用草绳全部捆扎，凹处用木材支垫，然后使用木方夹角，最后用8号镀锌铁丝捆扎五道，结实牢固，使阙身、草绳和木方成一整体。为防止矫正时阙身后移，再使用四层石条横顺叠垒，置于阙的北边。准备工作就绪后，使用五吨葫芦吊，将阙身倾斜角轻轻地提起，立即垫以铁锲。经实地测量，阙的东角已下沉7厘米，阙身和基石之间填有约0.5厘米的红泥层。

残损的扁石和阙身请石工加工成一定的形状，使用环氧树脂粘接和灌浆加固，将其复原，加大承压的能力，环氧树脂配方为：

E-44环氧树脂	500克
501#活性稀释剂	50克
二乙烯三胺	55~65克

腰檐的复原使用钢筋加固悬臂支撑的办法。这种方法已成功地运用在雅安高颐阙、珙县僰人悬棺和邛崃宋代石塔的维修加固复原中，并

---

① 辜其一、陈振声：《四川忠县汉阙纪略》，《文物资料丛刊》1981年第4期。

取得了较好的效果。^①腰檐残损部分大的一块呈三角形，长90厘米、宽80厘米、厚25厘米，体积为0.0735立方米，重量为183.75千克。小的一块约呈等腰三角形，底33厘米、高40厘米、厚25厘米，体积为0.0165立方米，重量为41.25千克。支撑使用直径为28毫米的Ⅱ号螺纹钢筋4根，长度分别为95厘米、140厘米、100厘米和90厘米，钢筋悬臂伸出长度分别为30厘米、60厘米、38厘米和23厘米。Ⅱ号螺纹钢筋的抗弯强度为306千克/平方厘米，抗弯强度已超过残断部分的重量。

施工时，预先在要放钢筋的石槽中填入环氧树脂浆液，增大钢筋与残损石构件之间的抗拉强度，防止钢筋下坠，造成石构件坠地。环氧树脂固化后，再在钢筋上面填补卵石混凝土，以增大抗压强度和接触面。施工的结果，证明了这些设计方案是正确的，是可行的。

阙顶盖的完好程度，对阙的保护，特别是减少雨水的冲刷、降低风化起着十分重要的作用，这与人在雨天头戴草帽或打雨伞所起的作用相同。阙顶盖跌落时，损失严重，仅依靠现场所能找到的残件是不能复原的。我们采用了钢筋布网、现场浇铸的工艺，使用水泥砂浆复原阙顶盖。最后，再进行修补、做旧，做到"修旧如旧"。

为了稳定阙基，防止泥土的流失和泥化石层的崩解，修建了条石堡坎，同时也增加了阙的气氛，给人以庄重和古朴的感觉。

忠县无铭阙的维修是在水、电、路三不通的情况下，完全依靠人力和单纯的非动力机械维修加固复原的。难度之大，困难之多，是可想而知的。忠县无铭阙的维修复原成功，给四川地区那些不通公路、水电均无的文物保护单位，特别是石阙、石窟寺、摩崖造像的维修提供了宝贵的经验。

（原载于《四川文物》1988年第6期）

---

① 曹丹：《试析雅安高颐阙——兼述复位复原加固维修工程技术》，《四川文物》1985年第4期；曾中懋：《邛崃石塔的维修》，《四川文物》1984年第4期。

忠县石宝寨寨尾危岩的勘察和治理

忠县石宝寨位于距县城40公里处的长江北岸。它孤峰拔地，四壁陡峭，形如玉印。从明代开始，在寨顶和寨的南面修建了木结构的建筑物。1980年被列为四川省文物保护单位（现属重庆市）。为了对石宝寨的危岩，主要是寨尾东南面进行治理，我们首先进行了地质勘察工作，然后开展了治理工程。

一、石宝寨的地质特征

（一）地形地貌

由于河流的变迁，河谷下切，石宝寨形成了孤峰耸立的长条形。寨长约120米，寨宽为10～30米，寨高24米，周长245米，寨尾东南面顶部多为锯齿状探头岩，危石重叠，曾多次发生崩塌落石。

（二）地层结构

寨体地层单一，属侏罗系中统沙溪庙组；以厚层、巨厚层块状中粒长石砂岩为主，夹杂着砾岩及薄层砂岩，底部为泥质粉砂岩和砂质泥岩，倾角平缓。从下至上简述如下：

①泥质粉砂岩：紫色、灰绿色砂质泥岩和紫色泥质粉砂岩。前者泥质含量高，风化呈碎石、角砾状；后者砂质增高，云母含量较多，风

化呈碎块状。该层遇水力学强度降低，直接关系到岩体的稳定性。

②砾岩：灰紫色，砾石分布不匀，局部以砂质为主，钙质胶结，砾石成分以泥晶碳酸盐为主，砂质泥岩次之，一般者粒径2～5厘米，多数小于1厘米，大者可达10～30厘米。砾石风化，溶蚀脱落成空洞，使岩体强度降低，该层厚40～50厘米。

③中粒长石砂岩：灰黄、灰白色略带肉红色，厚层块状，致密坚硬，以长石、石英为主，表层成1～5厘米厚的薄片剥落。该层夹有薄层砂岩及含砾砂岩。薄层砂岩除分布在该层顶、底部外，中部还夹有三个薄层条带，厚10～40厘米。微斜层理发育，有明显的黑色条带。层间为云母富集。此层风化严重，手搓成粉末状，胶结物溶蚀后强度降低，层间胶结差，易沿层面成薄片状剥落，常呈现凹陷状，实属软弱夹层，是使上部坚硬砂岩形成探头岩的基础。

④砾石：灰紫色，不均匀，局部砾石富集，中间夹有砂岩透明体。砾石的成分为泥晶碳酸盐及紫色泥质粉砂岩，致密坚硬，一般粒径为0.3～1.0厘米，大者为5～10厘米，次圆状及次棱角状，砾石风化，溶蚀脱落成空洞，由于胶结物被溶蚀，致使岩体力学强度降低，此层厚度为1.2米。

⑤中粒长石砂岩：灰白色略带肉红色。厚层、巨厚层夹中厚层及薄层砂岩，呈块状，致密、坚硬、倾角平缓。风化后为灰黄色，常以1～5厘米左右的薄片剥落，整体性强，底部及中上部夹有三层左右的薄层砂岩，分别为灰褐、黄绿、黄褐色。微层理发育，黑色层理条带明显，云母沿层面富集。风化严重，手搓成粉末状，地形上呈凹陷状，亦有沿层面形成裂隙，使上部砂岩形成探头岩。软弱夹层的存在是产生危岩的基本条件。

（三）岩石性质

对寨体有代表性的岩层——中粒长石砂岩、砾岩、泥质粉砂岩等分别取样作岩矿鉴定及岩石物理力学性质试验。岩石的力学试验在美国进口的MTS刚性压力机上进行，岩样破坏后的状态与寨体被裂隙切割成危岩破坏状态一致，说明危岩已经受压变形。其试验结果见表一、表二。

表一：岩石矿物成分鉴定结果表

岩石定名		中粒长石砂岩			砾岩	泥质粉砂岩
		一	二	三		
碎屑矿物含量（%）	钾长石	40~45	45	40	15	10~15
	酸性斜长石	15	10	5~10	少量	少量
	石英	25~30	25	20	25	40~45
	岩屑	9~11	8~11	8~10		微量
砾石成分（%）	泥质碳酸盐砾石				35~40	
	泥质粉砂岩砾石				少量	
粒度 mm（%）						0.05~0.01，80%左右
						0.05~0.20，20%左右
		0.25~0.35	0.25~0.35	0.25~0.40		最大0.3
胶结物		少量分布不均	少量分布不均	碳酸盐方解石20%	方解石15~20%	碳酸盐微量
胶结类型		接触—孔隙式，点—线接触	接触—孔隙式，点—线接触	接触—孔隙式，线接触	接触—孔隙式，点—线接触	孔隙式颗粒接触

表二：岩石物理力学性质试验结果表

岩石定名		中粒长石砂岩	砾岩	中粒长石砂岩	泥质粉砂岩
比重（g/cm³）		2.64	2.69	2.68	2.67
容重（kN/m）	天然	25.16	26.87	25.10	25.72
	干	24.88	26.64	24.84	
	湿	25.51	26.85	25.48	26.05
吸水率（%）		2.52	0.80	2.61	
软化系数		0.489	0.873	0.560	
抗压强度（MPa）	干	139.34	54.07	114.37	
	湿	68.08	47.23	64.08	

岩石定名		中粒长石砂岩	砾岩	中粒长石砂岩	泥质粉砂岩
抗拉强度（MPa）	干	5.48	3.75	4.84	
	湿	2.00	2.68	3.00	
弹性模量（MPa）	干	12.22	24.33	12.07	
	湿	5.44	20.15	5.69	
泊桑比	干	0.105	0.093	0.086	
	湿	0.103	0.068	0.098	
内聚力（MPa）	天然	30.43		28.05	
内摩擦角（度）	天然	36.06		39.58	
点荷载强度（MPa）	干 平行				2.53
	干 垂直				5.36
	饱水24小时 平行				1.24
	饱水24小时 垂直	.			1.38

（四）节理和裂隙

石宝寨无大的构造断裂，但节理、裂隙极为发育，纵横交错，构成X形，将岩体切割成块裂结构。裂隙主要有四组，其中以第一组、倾向长江江面的最为发育。

第一、二组裂隙从地面延伸到寨顶岩面平台，贯通性好，在砾岩中张开2～5厘米，在砂岩中张开5～15厘米。裂隙沿石宝寨的长轴方向发育（即与长江近似于平行的纵面），它是在原有构造节理的基础上产生的卸荷裂隙，该裂隙控制着石宝寨岩体的安危，使岩体沿长轴方向层层崩落。

在第一、二组裂隙之间，有四条近于平行的主要裂隙，从东到西依次排列。1号裂隙贯通性好，从地面到寨顶平台，切穿全部岩体，东端裂隙宽为10～20厘米，最宽处为30厘米。西端裂隙宽14～25厘米，最窄处为2～3厘米。在西端裂隙的下部还存在着数条平行的节理裂隙，其宽度为3厘米以下。这样使寨体南面的岩体成为危岩。2号裂隙宽8～15厘米，最窄处为3～5厘米。3号裂隙宽1～5厘米。4号裂隙宽为1～5厘米，最宽处为20～30厘米。2～4号裂隙从下至上贯通至寨顶岩面，也将岩体切割成块体和危岩。

第三组：沿寨体短轴方向发育，与前二组近于垂直。

第四组：层间裂隙，因层面间的软弱夹层、风化溶蚀扩大，形成的近于水平方向的裂隙。

二、岩体稳定性分析

石宝寨高陡的地形、发育的纵横节理、裂隙及软弱夹层是产生危岩崩塌的基本条件，这些条件在外因的作用下继续恶化，均有产生崩溃的现实性。为此对主要危岩的稳定性进行了有限元分析和计算。

（一）计算模型

线弹性平面应力有限元计算程序中，使用了三角形单元、四边形单元、扦单元和节理单元，着重考虑了软岩的流变影响。由于危岩的结构和节理裂隙发育复杂，少量位移不能对危岩体的整体变形实施控制，无法进行位移的分析，故计算中以正算为主。

（二）分析方法

计算结果数据用计算机辅助设计软件AutoCAD新技术直接成图，直接观察危岩体的受力和变形情况，计算框图见表三。

表三：计算机辅助设计AutoCAD有限元素分析系统

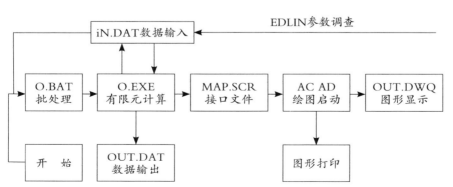

（三）计算结果分析

1.危岩的现有应力及变形情况：整个危岩体处于临界稳定状态。下部岩体受到无围压的高压作用，变形为劈裂拉伸；中部危岩体受上部倾斜压力作用，应力较低，自身完整性将继续保持，起传力作用，整体向外鼓出；上部危岩体以垂直沉降为主。

2.危岩体失稳破坏的计算机演示：2号裂隙完全贯通时，危岩体不能保持现有状态，计算不收敛。反过来说明2号裂隙深部未完全失去强度。1号裂隙完全贯通时，随着基础部分软岩的流变发展，下部岩体的压力进一步增大，裂隙进一步扩展，中部向外鼓出，危动岩体最终失稳，破坏方式为下部沉降劈裂崩离，中部鼓胀翻倒，上部坠落。总之，下部岩体一旦劈裂失稳，将发生大规模塌落。

3.危岩治理效果的计算分析：根据上述危岩体的失稳方式，针对单一支撑、单一锚固和锚支综合治理三个方案进行了治理效果的计算分析。单一支撑下部时，计算表明效果不明显。并且支撑体本身将受到水平推力的作用，有倾覆的可能，中部危岩体的鼓胀未得到抑制。单一锚固时，用倾斜锚杆锚穿1号裂隙时，下部岩体的受力条件有明显改善，中部鼓胀有所抑制。当锚穿2号裂隙时，效果尤为明显。锚支综合治理效果最好。

三、危岩治理工程

根据计算机模拟危岩崩塌的情况以及各种治理危岩方法的效果，我们决定采用锚固和支撑相结合的方法来治理石宝寨寨尾东南角的危岩。

（一）支撑

支撑主要是为了克服危岩的全部正压力。支撑不是采用石条，而是采用现浇三道钢筋混凝土竖面墙，墙的坡度为8度，以形成斜面支撑，克服危岩潜在的部分水平推力。墙与墙之间用现浇混凝土梁来联结，墙还与现浇的钢筋混凝土基础相联结，形成一个整体的框架结构，使其受力均匀。毛条石砌码的梯步墙仅用作护面。这样从外观看上去是一个毛条石的砌体，实际上负荷完全被内部埋藏着的钢筋混凝土框架结构承担。这样既与寨体的外观、色调、风格保持了一致，又解决了危岩的支撑问题。

（二）锚固

锚固完全是为了克服危岩潜在的全部水平推力而设计的。锚固是使用无振动岩石钻机，首先在危岩垮塌方向的岩面上，按设计好的孔位钻孔，然后使用金属锚杆锚固。因石宝寨寨尾东南面裂隙多、裂隙宽，我们使用了3号直径为32毫米的圆钢制作的楔缝式锚杆12根，锚杆长度为5.5～7.5米，倾斜角为5度。为防止锚杆在岩石孔洞中的锈蚀我们还将锚杆表面去油、除锈、增做了环氧玻璃钢保护层。这种做法在大足石刻和广元千佛岩摩岩造像中都曾使用过，[1]效果良好，至今未发现问题。

石宝寨寨尾危岩的加固工程所使用的12根锚杆，被分成上、中、下三层使用，上层四根，其长度分别是：629.0厘米、772.5厘米、590.0厘米和633.0厘米；中层五根，其长度分别是：654.5厘米、678.5厘米、639.0厘米、692.0厘米和659.5厘米；下层三根，其长度分别是：704.5厘米、706.5厘米和692.0厘米。

从忠县石宝寨危岩的勘察和治理工程的经验来看，文物保护和文物维修工程要走向科学化、现代化的道路，还需要做许多基础工作，还有许多问题需要探索。

（原载于《四川文物》1997年第5期）

---

① 曾中懋：《化学材料在大足石刻维修保护中的选择和应用》，《四川文物》1986年第S1期；曾中懋：《广元千佛岩千佛洞的加固和风化碑刻的处理》，《四川文物》1990年第3期。

广元千佛岩千佛洞的加固和风化碑刻的处理

广元千佛岩是四川境内规模最雄伟的石窟群，位于广元市北郊、离市中心4公里处的川陕公路旁，嘉陵江从崖下流过。石刻南北长200余米，最高处40米，共有龛窟400余个，造像7000余尊。龛窟重叠密布，最多达13层，有南北朝、隋、唐、宋、元、明的作品，其中以唐居多，是第一批全国重点文物保护单位。

广元千佛岩的石刻造像开凿在黄色的含砾长石石英砂岩上。砂岩的成分（X衍射法）是石英40%，钠长石21%，钾长石16%，水云母15%，赤铁矿2%，绿泥石3%，多水高岭石3%。砂岩的物理性质是比重2.48克/立方厘米，容重2.21克/立方厘米，孔隙率16.89%，吸水率5.81%。砂岩的力学性质（点荷载法）是抗拉强度32.14千克/平方厘米，抗压强度594.59千克/平方厘米。

广元千佛岩的石刻造像风化严重，裂隙丛生。造成千佛岩裂隙发育和风化严重的原因是雨水的侵蚀和冲刷、风的剥蚀。广元地处四川北部，年降雨量在1000毫米左右。雨日暴雨倾盆而下，使造像被雨水侵蚀，造像岩石发生膨胀，力学强度下降，颗粒松弛。雨水因自身的重力，形成水帘和大小不同规模的"瀑布"，它具有较强的冲刷能力，使得造像岩面随水流的方向流失，也使各种裂隙不断发育和加深。在广元冬季多刮北风和西北风，在夏季多刮地方性的阵性大风，风力最大时可达8～10级，风速每秒28.5米以上，风力将造像砂岩表层已疏松的颗粒剥蚀，暴露出新的表面。在广元常常是风伴随着雨，雨夹杂着风，称为风雨交加，这时风可以把大量的雨水输送到造像岩面上，雨和风对造像的破坏作用都一并显示了出来。

针对广元千佛岩在保护中存在的问题，在广元市文物管理所的主持下，我们对广元千佛岩中的千佛洞进行了化学保护，工程主要是排除千佛洞洞顶垮塌的危险和对风化严重的碑刻进行加固处理。工程从1988年4月份开始准备，5月26日正式开工，6月25日竣工，历时1月。

千佛洞洞宽3.50米，洞深3.20米，窟顶后高前低、中高四周低。窟门高1.85米，中高2.17米，后壁高2.03米，前壁厚0.28米，窟顶岩层厚0.50～0.55米，宽度为0.1～5.0厘米的裂隙纵横交错地满布在窟顶，特别是前半部。这使千佛洞前半部及上面两层叠压的龛窟都面临垮塌的危险。危岩体积约10立方米，重量为26吨左右，排除千佛洞窟顶垮塌险情采用的是国内在石窟维修中已普遍使用的锚杆加固和化学灌浆技术，总共使用5根楔头式金属锚杆，锚杆长度分别为5.40米、5.30米、5.20米、4.50米和5.70米。每根锚杆向上倾斜1～2度。第一、二根锚杆分别向南倾斜10度和5度，第四、五根锚杆向北倾斜5度和10度。锚杆材料使用直径为30毫米的普通圆钢，根据试验每根楔头式的普通圆钢锚杆的锚固力平均为8.3吨，5根楔头式普通圆钢锚杆的锚固力为40多吨，这已超过千佛洞危岩的总重量。另外在锚孔和锚杆之间还要灌注环氧浆液，固化后使金属锚护的锚固力大大地提高，锚固力可达43.5千克/平方厘米，使危岩和山体固结在一起，使石窟更趋于稳定。

化学灌浆采用呋喃—环氧树脂的灌浆材料，使用灌浆压力为1.5～2.0千克/平方厘米。灌浆是先灌两侧的垂直裂隙，然后利用窟顶裂隙纵横交错，锚杆孔使裂隙相互贯通，有利于环氧浆液布满各裂隙。从安装完毕的锚杆与钻孔之间的空隙处灌浆，从1号孔灌至5号孔。灌浆量以2号孔最多，1、3号孔次之，4、5号孔较少，最后浆液从千佛洞上层洞窟的底部冒出。至此灌浆高度已达50厘米，灌浆已达到要求，停止灌

浆。呋喃—环氧树脂灌浆材料的组成（重量比）如下：

E-44环氧树脂	100份
丙酮	30份
糠醛	30份
二乙烯三胺	17份

为防止漏浆，需要预先对裂隙进行细心地填补、封闭。填补裂隙材料——环氧胶泥的组成（重量比）如下：

E-44环氧树脂	100份
501#活性稀释剂	15份
二乙烯三胺	12份
80～100目石英砂	适量

灌浆时，广元的气候已进入夏季，气温较高，为了防止浆液的暴聚失效，只好在上午进行，每次灌浆量不超过3千克，并对灌浆条坑勤于清洗。千佛洞裂隙共消耗灌浆材料80千克，填补裂隙材料38千克。

风化严重的石碑共有11幢、面积25.25平方米，加固处理采用MSG-8风化岩石雕刻品封护加固材料。此材料在1979年已在千佛岩造像上做过试验，至今仍然有效，效果良好。根据千佛岩造像岩石的抗拉强度，在抗拉强度—浓度曲线上查出对风化石碑进行加固处理的最佳配方（重量比）是：

MS-65-1有机硅玻璃树脂	1000份
防水剂3号	3000份
钛酸丁酯	30份
三乙烯四胺	20份

加固处理工艺采用喷雾器喷涂，第一次处理，反复喷涂4次，直至有挂流现象产生为止。7日后，再进行第二次处理。第一次处理消耗的加固材料较多，第二次处理因孔隙减少，消耗加固材料较少。处理时作平行试验，测得渗透深度为1.49～1.72厘米。两次处理共消耗有机硅玻璃树脂3.5千克，防水剂3号10.5千克。处理后，色调略为加深，随着加

固材料的化学反应不断进行，色调逐渐减弱，与造像岩石的色调大体一致，肉眼难以辨别。

广元千佛岩千佛洞的加固和风化碑刻的处理为千佛岩其余龛窟的维修加固处理，进行了有益的探索和尝试。

（原载于《四川文物》1990年第3期）

泸县龙脑桥加高与维修技术①

    泸县龙脑桥是明代洪武年间的石建筑，②系四川省文物保护单位。

    龙脑桥由于年久失修，已有多处损坏：一是两端桥头堡被洪水冲垮，陷塌严重；二是桥墩上的最大的一个龙头早已断裂；三是个别桥面上的石桥板已断；更为严重的是，由于下游筑坝修建水电站后水位上升淹没桥面，桥上雕刻每年有半年以上的时间处于流水之中。

    因此龙脑桥加高维修工程的内容是：①加高桥墩1.3米；②在加高桥墩的同时重新砌筑桥头堡；③调整已断裂的桥板；④对已断裂龙头作加固维修。

    龙脑桥处在山丘小河之上，施工所要求的"三通一平"，只有水是通了的，其余皆无。整个施工只有在这可通航十几吨载位小船的河面上想办法。

    要提高桥墩，必须提升桥面和最上一层桥墩。因此必须首先确定起吊方案。先后提高的起吊方案有：围堰搭箱、缆绳起吊、浮箱提升、使用千斤顶顶升、龙门架起吊等几种。通过反复讨论研究，特别是在比较了各种方法的利弊之后，确定采用龙门架起吊的方案。

---

① 本文由魏均德、曾中懋合著。

② 李显文：《泸县龙脑桥》，《文物》1983年第10期。

一、龙门架起吊装置的设计

龙门架起吊装置由支承架、大梁、小跑车、葫芦四大部件组成。此装置利用桥墩作支承，桥板和桥墩作安装基础，完成一跨作业后，用葫芦牵引整体平移。因此该装置施工简便、结构简单、不需电源，只要设计合理、便于拆卸运输，则完全可满足该桥的现场施工的要求。而设计的关键是确定主要的设计参数和选择起吊的悬挂方式。

（一）最大起重跨度为7.55米。

（二）最大起重负荷。根据现场测量最大龙头的体积最大。选择它用于计算负荷。通过计算最大龙头重13.61吨，保护架重0.62吨。配重石条重1.56吨，活荷载0.25吨，其他负荷0.16吨。故最大起重负荷为16.2吨。

（三）大梁最大承载负荷。大梁除受吊钩负荷外，梁上的小跑车重量为0.74吨，梁上悬挂的可吊荷15吨（实际重量，容许重量为16.2吨）葫芦之总重量为1.56吨，故大梁最大承载负荷为18.5吨。

（四）吊架高程。因桥墩需加高1.3米，故经计算吊架高程为4.8米。

（五）起吊的悬挂方式。通过计算选择起吊方式为梁内挂式。即用两个葫芦同时起吊，龙头用15吨葫芦，龙尾用10吨葫芦。

（六）支承架的设计。整个龙门支承架由左高右低的两个框架构成，为便于运输，设计为可拆装式。每个支承架主要由四大柱和拉杆组成。通过受力计算，每个支承架的四大柱均选用18号槽钢组焊成矩形立柱，拉杆、斜支承等选用6.3号槽钢制作。

（七）大梁的设计。大梁采用两根平行架设的大工字梁来承重，大梁上再安装轨道钢。因此能否吊得起，关键是工字梁，通过计算大梁选用45a工字钢，轨道选用18千克轨道钢。

（八）小跑车的设计。小跑车安装在轨道钢上可左右行走，起吊的挂钩重量及手动葫芦的重量都作用其上，葫芦挂于小跑车的主轴上，因此，主轴是关键部件，通过计算，选择小跑车主轴材料为A3钢，其外径为11厘米。弹位处轴颈直径为10厘米。小跑车车轮取材45号钢，外径为24厘米。

二、起吊架作业步骤

（一）在右岸桥头堡安砌一平台，使其高度为1.3米。在每跨桥板中缝打两个2.5厘米×3.0厘米左右的通孔，使两孔对称，相距为1.8米。此孔作吊桥板时穿钢绳用。

（二）按龙门起吊架安装总图的要求和装配关系，将整个吊架装置于桥面和新砌平台基石上。拉飞绳的地坑和基础按设计要求制作，并拉好飞绳。安装就绪后进行试运行和试吊。

（三）吊1号跨桥板。分别将A_1、A_2桥板吊升后向右移放到右吊架底座上。

（四）吊2号跨桥板。分别将B_1、B_2桥板吊升后向左移放到左吊架底座上。

（五）吊1号跨桥墩。将其吊升约10厘米后平移，使之距原桥墩约1.0～1.5米，然后用两钢绳分别从头尾处系吊到工字梁上。

（六）安砌1号桥墩。使新安的桥墩长宽与原桥墩保持一致，砌高为1.3米。

（七）将固定在工字梁上的1号桥墩提升后，向左移回原位放下，并安砌在已加高的1号新桥墩上。

（八）将1号桥墩吊回，并安砌好。

（九）将2号桥板吊起，平移到1号桥板位置，放在1号桥板上。

（十）放松飞绳，拆卸固定在桥面上的地脚螺栓和压杆。在5号桥墩前的桥面上拴牢一钢绳，挂上5吨手拉葫芦，并用钢绳牵挂于左吊架的下座底上。

（十一）整体移动起吊架，一是用已拴好的葫芦作主牵引，二是多用些人工用手撬棍同时向左撬动，使之逐渐滑动平移。再重新固牢，按前已做过的作业步骤（一）至（十一）进行，如此反复，即可逐跨吊安至左岸，直至完工。

三、断龙的起吊和安装

本工程难度最大的就是起吊断龙，因为它的体积最大，也最重，起吊重心偏离龙门架中心太远，另外是龙头颈部已断裂开，若吊装方法不慎，一是造成龙头的进一步破坏，二是可能将整个龙身翻掉入河中。经反复研究，决定采取整体吊装方法，具体做法是：

（一）开槽，在断龙所处的桥墩两侧各开凿一高21厘米、深10.5厘米的通槽，并用两道钢丝绳捆好收集。

（二）按要求将配重石条安砌好，并捆牢。

（三）用I20工字钢做好保护架并安装到已开凿好的桥墩石槽中。

（四）在河的上游河岸打桩，并在桩上挂1.5吨的葫芦及钢绳。断龙复位时作索引复位之用。

（五）加支承管，对上游方向的大梁，分别于断龙左右侧各从河下至梁间支承直径为120毫米的钢管，用以加固大梁，增大龙门架的稳定性。

（六）挂好起重葫芦，拴好钢绳，检查完所有联接件后起吊，将断龙提升20厘米后平移开，并另用钢绳牢系在大梁上，安砌桥墩和悬臂梁。

（七）断龙再度提升后，对准桥墩，拴上在岸上的1.5吨葫芦钢绳缓慢下放的同时，收拉上游岸上的索引葫芦，使断龙复位。

四、断龙治理

龙头断裂是龙头重心超出支承面造成的。解决的办法一是做牛腿，二是做一悬臂梁，我们采用了悬臂梁的办法。悬臂梁解决了龙头下掉，但洪水来时，因龙头大，侧面受力也很大，龙头还会左右移动。为此，我们在断口处加两个大型工字卡，使龙头与龙身、桥板建成一个整体。

在未正式起吊断龙前，在龙头和龙身断裂处打凿好工字槽，槽宽45～50毫米，断龙提升复位后，再清理工字槽，安放好工字卡，浇灌高标号混凝土封闭。

泸县龙脑桥的桥面提升和维修工程，得到了四川省、泸州市和泸县文化部门领导的高度重视，自始至终得到了文物部门的各级领导和工程技术人员的精心指导，它集中了从省到县文博和水电部门工程技术人员的经验和意见，使得工程圆满完工。龙脑桥加高和断龙加固成功，为我省古建筑的维修，特别是超重件提升，提供了非常有用的经验。

（原载于《四川文物》1992年第6期）

高颐阙残损阙檐的修复技术

　　高颐阙在四川省雅安市城东7km处，东汉建安十四年（209）所建，系全国重点文物保护单位。今存东、西两阙，相距13m，东阙残损严重，尚不能恢复原貌，西阙现状基本完好，由32块刻有铭文、传奇故事和建筑风貌的紫红色中粗粒岩屑长石砂岩在船形的基石上叠砌而成。主阙十三层，子阙七层，阙顶位于从下往上数的第十二层。阙顶由四个长134cm、宽174cm、厚25～35cm的仿木结构的楔形巨石拼合而成。四方阙檐长度均为60cm。在阙檐东部有一长130cm、宽64cm、厚25～30cm、形状似三角形的阙檐断落，造成阙檐的残损。这种断落在早年就已发生，但因当时在技术和材料上解决不了断落部分与阙檐本体的结合，而一直未能修复。根据文物保护的要求和多方面的调查和论证，我们终于完成了该残损阙檐的修复工作（见图一、图二）。

图一　汉高颐阙（西阙修复前状况）　　图二　汉高颐阙（西阙修复后状况）

一、高颐阙所处的环境和气候特征

高颐阙位于雅安，地处四川西部青藏高原边缘地带。亚热带的温暖湿润气流与青藏高原冷低压气流在这里汇合，造成该地区常年多雨，素有"雨城"之称。每年平均有218天降雨，年平均降雨量1774.3mm，且最大降水量337.0mm。年平均最高气温为37.7℃。空气中最高平均相对湿度为84%。年平均风速为15.5m/s，瞬间最大风速为23.3m/s。

二、岩石鉴定

为了解高颐阙岩石的组成和性质，以利于残损阙檐的修复，我们对高颐阙的岩石取样进行了化学分析、物理性质测定、薄片鉴定和X衍射分析。

（一）取样。高颐阙阙身和阙顶的外表面均被浮雕和铭文所占有，无法取样，否则就会对阙造成损坏。如在非雕刻和非铭文的内表面，即岩石与岩石之间的接触面上取样，就会减少岩石与岩石的接触，对阙的原貌有所影响。故只能在被泥土埋葬的基石上取样。母阙基石上半部厚度为30cm，在其四角和中部均刻有斗拱，以示阙身和阙顶是受斗拱所支撑。母阙基石的下半部是厚度为15cm未经任何加工处理的毛石。建造阙时，就把这部分未经加工处理的毛石埋在土下。子阙基石与母阙基石一样，人工加工过的上半部，其厚度也是30cm。在30cm以下，则有27cm未经任何人工处理的毛石，造成子阙的基石比母阙基石高出12cm。为了矫正阙的倾斜，使用了混凝土铺底、找平，再用毛条石叠砌，为阙添做了基础。[①]与此同时，把子阙基石的下半部未经人工加工过的毛石部位，用作分析和鉴定用的测试样品。

---

① 曹丹：《高颐阙及其维护》，《四川文物》1984年第4期，第64页。

表一　化学分析结果

成分	SiO$_2$	Al$_2$O$_3$	TiO$_2$	CaO	MgO	Fe$_2$O$_3$	FeO	K$_2$O	Na$_2$O	P$_2$O$_5$	MnO	烧失量
含量/%	67.95	6.76	0.41	8.33	1.28	1.73	1.09	0.95	2.29	0.082	0.065	7.99

表二　物理性质测定结果

岩性	容重（g/cm^3）	比重（g/cm^3）	孔隙率%	吸水率%
结果	2.57	2.69	4.46	1.44

表三　X衍射分析结果

成分	石英	钠长石	钾长石	白云石	云母	方解石	褐铁矿	绿泥石
含量/%	47	16	2	5	7	11	7	5

（二）化学分析。分析结果见表一。

（三）物理性质测定。物理性质测定结果见表二。

（四）薄片鉴定。岩石呈紫红色，具中粗粒砂状结构，并可见少数1mm左右的粗粒碎屑，碎屑磨圆较差，多为次棱角状，少数次圆状。碎屑成分较复杂，有石英、长石及暗色岩屑，少量白云母。碎屑含量约占85%，胶结物约占15%。

石英：以单晶石英为主，次棱角状，常有次生加大边缘。少数多晶石英及具玻状消光石英。含量约50%。

长石：有斜长石和钾长石，少部分长石有次生变化。含量约25%。

岩屑：粉砂岩屑较多，另有少数火山岩岩屑及粉砂质、粘土岩岩屑，少量变质岩岩屑。含量约20%。其中硅质岩屑也较多，约5%。

胶结物：铁质、硅质及方解石。硅质多围绕石英碎屑次生加大，形成再生石英，孔隙式胶结。

（五）X衍射分析。使用的设备是荷兰菲利普PW1010型X衍射仪，使用条件34kV、16mA、铜靶。分析结果见表三。

三、维修复原设计

石阙檐部系悬空部分，无任何形式的支撑。阙的结构系层层叠压，各石构件之间未铺设任何粘合剂。阙檐的维修复原，既不能使用支撑的办法，这样会影响阙的外观；也不能使用拉扯的方法，因无处可拉，只能依靠阙的自重来解决。将一定长度钢筋的一部分，插入到阙的中心，在插孔内预先灌注环氧胶泥，以稳定住钢筋。钢筋的剩余部分作为补做的阙檐的支托。这是利用悬臂梁的原理。按照材料力学中有关钢筋悬臂支撑、均匀受力的计算公式进行计算。[1]

① 孙训方、方孝淑、关来泰：《材料力学》，人民教育出版社，1979年，第117页。

挠度：$f_A=-QL^4/8EJ$

剪切强度：$R=QL/s$

式中：Q为正压在钢筋上每厘米重物的重量；L为钢筋外余部分的长度；E为钢筋的弹性模量，一般在阙的维修复原工程中，多使用Ⅱ号钢筋，它的弹性模量为$2.0×10^6kg/cm^2$；J为钢筋的惯性矩，按$π α^4/64$计算，α为钢筋直径，π为圆周率；s为剪切截面抵抗矩，按$π α L/2$计算。

根据测量和计算，阙檐悬空残损部分的体积有$0.105m^3$，再根据我们测得组成阙的砂岩的比重为$2.69g/cm^3$，这样西阙东面悬空残损部分的重量有280kg。我们利用第十三层壁甲的重力和第十二层阙顶的重量，选用Ⅱ号螺纹钢筋，在第十一层阙身和第十二层阙顶的结合面上凿成宽3.5cm、深3.5cm的两根呈放射状石槽，将两根直径为3.0cm、长度分别为120cm和170cm的Ⅱ号螺纹钢筋埋入，钢筋分别余出55cm和50cm，按上述公式计算得 $f_A=-0.366cm$和$-0.275cm$，$R=0.595kg/cm^2$和$0.540kg/cm^2$，大大低于Ⅱ号钢筋自身剪切强度$120kg/cm^2$。无论在挠度，还是剪切强度上都已能完全满足要求。

为了防止因补做残损部分过重而使承重的钢筋产生的挠度过大，致使补做残损部分外滑堕落，我们除了在重量较重的一端使用一根30cm长的钢筋分力外，还在补做部分最长边的50cm处使用了一付单孔钢夹板——在补做部分一侧凿孔，使之与邻近完好的阙檐相联接。

四、操作步骤

（一）使用吊车分别将壁甲和已残损的阙顶卸到平地，并将已损阙顶仰放。

（二）根据残损部分的大小、尺寸、重量确定使用钢筋的直径和长度，嵌入阙身的钢筋长度，石槽的宽度、深度和长度，画出施工图。

（三）按施工图在阙顶残损阙檐部位凿槽。槽凿成后放入事先已切锯好的螺纹钢筋。

（四）使用环氧树脂胶泥（6101#环氧树脂:593固化剂:石粉=100:25:600）灌注石槽至平，并完全淹没钢筋埋入石槽的部分。

（五）环氧树脂胶泥固化后，使用吊车将阙顶翻面，并吊装回原来在阙身之上的位置，其后再将壁甲吊装回原位。

（六）选择与阙石相似的石料，按施工图另外做阙檐残损部分，并在补做部分的下面按施工图开凿凹槽，便于支托钢筋埋入。

（七）在悬空预留的钢筋上，放上已加工好的补做的阙檐，使钢筋支托受力，然后使用环氧树脂胶泥从下方填补凹槽至平。

（八）再使用环氧树脂胶泥反复多次填补与灌注残损阙檐与补做部分之间的缝隙。

（九）使用墨汁和石灰浆做旧，使补做的阙檐与原有阙檐色调一致。

阙是表面经人工雕刻过的岩石相互叠压而成的一种古建筑，往往置于野外露天。为了减缓阙的风化，过去曾采用修建遮盖体的办法，实践证明，窄小的遮盖体会造成空气不流通、潮湿异常，给微生物和小动物的寄生繁殖创造条件，使生物风化特别严重。若修建宽大明亮的遮盖体，风化能得到有效的控制。但修建遮盖体的经费又一时难以解决。阙处于露天之中，雨水淋蚀、风力剥蚀、温差等风化因素又十分突出。但从观察中发现，阙檐的完好对温差、雨水淋蚀和微生物生长诸因素引起石阙上雕刻的风化有明显减弱作用。将高颐阙阙檐完好的北面、西面和南面的雕刻与阙檐残损的东面的雕刻相比较，就很能说明阙檐的完好程度在减弱阙的风化上所起的作用。东面浮雕上，留下大片雨水淋蚀的痕印，表面变黑、起壳、生长着苔藓，雕刻线条模糊不清。而在北面、西面和南面，浮雕线条清楚，表面呈现紫红色砂岩的木色，而且结实。完好的阙檐能将在阙身的上半部分、最富于文物价值的雕刻和文字遮挡起来，不但能降低温差，还能避免雨水淋蚀，保持空气流通。

为了利用阙檐来减弱檐上雕刻和铭文的风化，有必要对已残损的阙檐进行维修复原工作。对残损阙檐的复原，过去从未进行过，至于用什么办法复原，也未见报道。1984年5月至12月，我们使用了钢筋悬臂支托技术对高颐阙残损的阙檐进行了维修复原，取得了很好的效果。时至今日，已过去了近十年，高颐阙维修效果仍很理想。钢筋悬臂支托技术为地面文物的维修，特别是阙的复原维修，提供了一个较好的办法。

（原载于《文物保护与考古科学》1993年第2期）

南部禹迹山大佛的维修和保护

禹迹山大佛位于南部县东北与阆中市接壤的碑院乡，距县城约20公里。大佛为一释迦立像，依山而立，净高17.4米，系宋代所造。

一、 禹迹山大佛险情的分析

营造大佛的岩石为砂岩，其上部1～3米为含泥质较多的红色泥质砂岩，俗称粉砂岩。中下部为红色石英长石砂岩。泥质砂岩因含泥质较多，遇水体积膨胀较大，反之失水后体积收缩也较大，产生的膨胀收缩应力使红色泥质砂岩极易风化成粉。

在造像时，石工和营造者为使信徒能看见大佛的脸部，时时领略到大佛慈祥面目所散发出来的亲切感，而不至于被大佛的胸部遮挡了视线，将体积为30立方米、重量约为80吨的大佛头部凿造成前倾状，这就造成了佛头的一部分——约27吨成为悬臂，这悬臂部分重力完全依靠与头部和颈部相悬的山体岩石的抗拉强度来承担，来保持住整个头部的平衡和稳定。

营造大佛者的意图是要将大佛凿造成一圆雕作品。这从佛身的下半部已雕刻成圆雕，完全脱离岩体可见。但在尚未完工时，与头颈部相连的粉砂岩岩体由于承受不了悬臂部分的下滑分力，已产生了明显的负荷裂隙，佛头可能坠地的险情出现了。这时只好停止凿造工作，放弃了原来的设想，于是产生了大佛处于下半身完全脱离岩体，而头部和颈部与岩体紧紧地连接在一起，垂直贯穿的负荷裂隙日益严重的状况。

大佛自凿成以后，一直有庙宇房屋遮盖，岩体和大佛的风化受到了控制，风化速度也大为减弱。在十年浩劫中，遮盖大佛的庙宇建筑物被人为地拆毁变卖，大佛及其身后的岩体完全裸露在露天环境下，任凭日晒雨淋。自然力的侵蚀加剧，致使岩体风化速度进一步加快，风化的加剧使岩体力学强度下降，岩体抗拉强度减弱。在这种情况下，大佛头部和颈部后面的岩体的抗拉强度就无法承受住前倾下滑头部的力矩，慢慢地失去了平衡，致使头部和颈部后面岩体中的负荷裂隙得以继续发育，裂隙越来越宽，越来越长，越来越深，使大佛头部脱落坠地的危险日趋严重。维修时，负荷裂隙已几乎贯穿从头部至颈部后面的整个岩体，裂隙长2.5米，最宽处已达20厘米。如不及时动工维修，日趋严重的佛头落地的危险就将在一瞬间变成事实。为此，1994年四川省文化厅拨了专款，对禹迹山大佛的头部和颈部进行了抢救性的维修和保护。

禹迹山大佛除去头部和颈部后面的岩体中的负荷裂隙日益加剧外，在头部的上半部——发髻部分还出现了一组丁字形的裂隙，这是泥质砂岩的风化速度快于石英长石砂岩的风化速度所致，也是泥质砂岩在上半部，最易遭受雨水的侵入，干湿变化极大所致。这最终导致了泥质砂岩自身碎裂并与石英长石砂岩分层脱离的现状。

二、禹迹山大佛的维修和保护

针对大佛头部出现的险情，根据施工现场的具体情况，考虑到能源短缺、道路不畅、电力无保证、施工力量及工程组织比较单薄等因素，决定采用捆扎和环氧树脂体系灌浆加固的技术方案。若使用锚固方法，很难使已碎裂成若干块的佛头全部得以加固稳定。

捆扎方案是使用钢丝绳将碎成若干块的佛头，像捆扎柴块一样捆扎起来，成为一个整体。然后再将钢丝绳引出，固定于大佛头后的岩体中预先设置好的受力桩上，使之受力。这样用钢绳产生的拉力来减轻和承担佛头向前倾斜所产生的悬臂力矩。在具体实施时，先在离大佛头后的岩体边缘1.5米处，使用人工开凿一个坑，坑的大小为1.5米×1.0米，坑的底部应低于捆扎钢丝绳部位的平面10厘米。这样，最终坑深为3.7米。坑凿成后，在坑内使用钢筋混凝土浇筑三个高度为1.0米、直径为15厘米的圆柱形受力桩。受力桩内安置由6根直径为25毫米的受力筋和10道直径为10毫米的箍筋组成的钢筋网，前二后一，与佛头平面构成一个标准的8字形。混凝土桩经过养护，在超过养护期后，再使用6道直径为6毫米的钢丝绳捆扎。钢丝绳在大佛头后面交叉，依次固定在三个受力桩上。外露的钢丝绳被置于在佛头上事先凿好的凹槽内，并穿过事先凿通的岩体孔洞。然后使用石灰砂浆对凹槽和孔洞实施封闭，并进行做旧处理。最后向坑内浇注100号混凝土至满，并进行必要的养护。这样一来，捆扎的钢丝绳完全不裸露，彻底地被遮盖起来。这样既保护了钢丝绳，使之免受锈蚀之害，又恢复了大佛头后岩石的整体性，使之受力状态更佳。既加固了大佛的头部又不暴露维修的痕迹，这是完全符合文物的维修原则的。当然，在进行这一系列施工前，对大佛头部进行保护性的支撑和包扎，以防意外事件的发生，是非常必要的。

每道直径为6毫米的钢丝绳的拉力为4.5～6.0吨，6道直径为6毫米的钢丝绳的拉力应为26～36吨，而大佛头部悬臂部分的重量约为27吨左右，6道直径为6毫米钢丝绳的总拉力是能够承受起大佛头部外倾的力矩的。[1]

为了将大佛破碎成3块的头顶连接起来，以增大它们互相之间的接触和结合，使加固效果更佳，需要使用环氧树脂灌浆体系进行化学灌浆。环氧树脂灌浆体系由E-44（6101#）环氧树脂、501#活性稀释剂、

---

[1]　刘培玉、刘成基：《城乡建筑施工简易计算》，四川科学技术出版社，1985年，第56-57页。

二乙烯三胺固化剂组成。[①]在先对大佛头部的丁字形裂隙和头部后面的负荷裂隙进行封闭后，填入直径小于10毫米、事先洗净并干燥的豆石一层，约20厘米左右。然后使用人工，利用自重灌入环氧树脂体系5千克，然后再填入豆石一层，再灌入环氧树脂体系，周而复始，反复操作，直至灌满裂隙为止。大佛头部的丁字形裂隙共灌入环氧树脂体系44千克，其中E-44（6101#）环氧树脂37千克。大佛头颈部后面的负荷裂隙共灌入环氧树脂体系52千克，其中E-44（6101#）环氧树脂43千克。

为了使已风化严重的头部的泥质砂岩得到加强，提高它的力学强度，增强抗水性，加强其抗风化的能力，还使用了有机硅树脂作封护加固材料，对粉砂岩雕刻部分进行了封护加固处理。施工的方法是使用喷雾器喷洒有机硅树脂溶液。泥质砂岩经过封护加固处理后，经过几年的观察，除色调略有加深外，其表面硬度、力学强度、抗水性能都得到了明显的改善和提高，达到了施工所希望达到的目标。

此外，在大佛脚后，有一清泉涌出，水质清澈，长年不断。泉水在佛足后部受阻，形成一水坑，半泡佛脚。泉水被信徒们视为神物，随意取而食之。这一水坑的存在造成大佛下半身、特别是袈裟下部和腿部终年异常潮湿，砂岩表面起粉，一触即落，风化严重。如不引走泉水，消除水坑，使大佛下半身的岩体处于干燥状况下，总有一天，大佛腿部会被泉水引起的风化作用所吞食，大佛也将失去支撑，导致彻底垮塌，落得个荡然无存的下场。因这个问题不属于此次维修工程的范围，只好放在以后去解决了。

三、经验与教训

（一）过去为石刻造像所修建的保护性建筑物，不仅作为宗教活

---

① 《大坝化学灌浆技术经验选编》审编小组编：《大坝化学灌浆技术经验选编》，水利电力出版社，1977年，第19-20页。

动的场所，同时也对减缓石刻造像的风化、缓解自然力对石刻造像的侵蚀有着积极的作用，特别是对那些极易风化的、使用粉砂岩雕刻的造像其作用就更大了。轻率地拆除这些古代建筑物是极其错误的。

（二）维修方案的制定和实施一定要实行两步走。第一步是要对实际情况进行深入细致的了解，再制定符合实际情况的、切实可行的技术方案和预算，然后再分头做施工前的准备工作。第二步是在做好各项准备工作的基础上，正式施工，按制定的技术方案实施。只有这样维修工程才能做得好，做得省。否则就会适得其反。

（三）技术方案的确定一定要结合当地的具体情况，不可生搬硬套。对禹迹山大佛实施捆扎方案便是一例。捆扎方案最大的优点是不动用机具、不使用电力，从而节省了施工的经费。但耗工量较大，施工时间较长，是其不足之处。

（原载于《四川文物》2000年第4期）

涪陵白鹤梁题刻的本体保护

　　白鹤梁位于重庆市涪陵区城北，长江与乌江汇合处之西1公里处的江心中，地理坐标：北纬29°43'，东经107°24'。白鹤梁梁体长约1600m，宽约15m，自西向东延伸，与江水流向平行。梁脊标高为140m，仅比常年最低水位高出2~3m，但低于最高洪水位30m左右，几乎常年淹没于水中。在每年冬春季交替的最低水位时，才露出江面。这时以白鹤梁梁体为界，以北为长江主槽，水流湍急，以南则微波荡漾、清平如镜，古有"鉴湖"之称。白鹤梁分上、中、下三段。题刻区位于中段，在长约220m、宽约15m的梁体之上。

　　白鹤梁题刻迄今发现约165段。题刻区分为东、西两段，东段为题刻密集区，有题刻138段，多为早期作品；西段有题刻27段，多为清至近代作品。题刻始于唐广德元年（763），现存有明确纪年的最早年代为北宋开宝四年（971）。题刻中唐代1段，宋代98段，元代5段，明代16段，清代24段，近代14段，年代不详者7段。在题刻中有石鱼雕刻18尾，白鹤雕刻1幅，观音及人物线刻3幅。这些题刻，依形就势，体量各异，大者两米见方，小者长宽不足一尺。

　　白鹤梁自古就是一处闻名的风景名胜。涪陵县志记载的"涪陵八景"中的三景——"鉴湖渔笛""白鹤时鸣""石鱼出水"都是围绕着白鹤梁形成的独特人文景观。随着时代发展和环境变化，"鉴湖渔笛"和"白鹤时鸣"已淡化或消失，而仅"石鱼出水"逐渐成为涪陵的重要景观。

白鹤梁题刻是独特的自然环境和地区性的社会生活共同作用的产物。它是研究长江中上游地区水文、水利、气象、农业、航运等方面的重要科技史料，是研究中国书法艺术的重要实物资料，是三峡地区自然景观和人文景观重要的组成部分。在历史、科学、艺术各方面都有较高的价值。1988年公布为全国重点文物保护单位。

三峡水库建成后，白鹤梁题刻将永久淹没在30m深的水下。水库蓄水与放水过程中形成的紊流，对题刻表面的冲蚀破坏及对裂隙凹槽的淘蚀作用，以及水位提高导致的题刻区梁体稳定性的降低，都对题刻区梁体构成较大的威胁，为了应对这些隐患，需要对题刻区进行有效的保护，尤其是对白鹤梁本体及题刻表面进行加固保护。白鹤梁题刻的本体保护工程于2002年1月25日开工，4月10日完工，历时80天。

一、题刻区的环境

涪陵区位于四川盆地东南边缘，为河谷低山丘陵地带，地理位置为东经106°56'至107°43'，北纬29°21'至30°01'，长江和乌江穿汇于境，城区位于长江和乌江的汇合处。长江由西向东、乌江由南向北流经该区。区内至高点位于长江南岸，海拔高度大约500m，最低点位于长江江心河谷深槽，槽底海拔高度为121.2m。江北岸为逆向陡坡地形，平均坡度大于30°，江南岸为顺向缓坡地形，平均坡度为10~20°。

涪陵区属亚热带湿润季风气候，四季变化明显。其气候特征为：冬暖，春早，夏热，秋雨。湿度大，云雾多，日照少，风力小。历年平均气温为18.1℃，最高月平均气温为28.6℃，最低日平均气温7.1℃，极端最高日气温42.2℃，极端最低日气温-2.7℃。年平均降水量为1072.2mm，年降水量最大值为1363.4mm，最小值仅为800.5mm。区内历年平均蒸发量为1106.6mm，最大值1459.5mm，最小值为908.5mm。

受气候影响，长江洪、枯水期流量变幅很大。据几十年来观测统计，长江涪陵段平均流量为11200m³/s。与流量变幅相应，长江洪水位与枯水位相差悬殊。涪陵段大洪水时的水位为167m，枯水期水位为136m，历史上最高洪水位记录为169.8m，最低水位记录为134.6m，最大水位差为35.2m。长江的泥沙含量较大，年平均悬移质输沙量为4.6亿吨，沙质推移质为600万吨，卵石推移质为28.97万吨。泥沙主要来源于上游的金沙江流域及其支流嘉陵江流域和四川盆地沿岸地带。

白鹤梁题刻位于涪陵区龙王沱附近的江心，距南岸约100m，距北岸约400m。梁脊以南，砂岩形成高约0.8～1.0m的自然陡坎，页岩形成缓坡，江底至梁脊的高差仅3～4m。在砂岩与页岩交界处，受江水冲刷和浪蚀作用，常形成淘蚀凹槽，引起表层砂岩断裂，并朝南翻转崩塌。

题刻区总长约200m，分为东西两段。东段长45m，宽约10m，为石刻密集区，包括著名的唐代双鱼，是保护工程的重点区。梁脊表层砂岩以16°～20°的倾角朝北扎入江中，局部受变形作用的影响，岩层倾角可达30°以上。梁脊以南在1992年修筑了宽2.0m的防浪堤，该段至高点位于防浪堤上，海拔高度为138.02m。西段长约145m，宽7～14m，至高点位于梁脊，海拔高度138.23m。梁脊表面砂岩区以10～20°的倾角朝北倾斜。梁脊以南，靠东端1992年修筑了长50.0m，宽1.5m的防浪堤。往西未修筑防浪堤，多见顶层砂岩朝南崩塌翻转。

二、题刻区的地质构造和岩性

题刻区位于川东弧形凹褶带东部，珍溪场向斜的翘起端范围。该面斜轴部平坦宽缓，两翼相对舒展，倾角为10～30°。区内地层呈单斜构造，总体产状向北倾，倾角为10～30°。区域地层由南至北分别为侏罗系下统珍珠冲组下段深灰色中厚层状岩屑石英砂岩、粉砂岩，夹泥岩；侏罗系下统珍珠冲组上段紫红色砂质泥岩夹石英砂岩；侏罗系中下统自流井组下段灰色钙质页岩夹薄层介壳灰岩、粉砂岩；侏罗系中下流自流井组上段紫红色钙质泥岩夹粉砂岩及生物碎屑灰岩；侏罗系中统新田沟组下部为深灰色钙质页岩夹石英砂岩及介壳灰岩，上部为灰色厚层岩屑长石砂岩与紫红色砂质页岩互层。白鹤梁题刻即赋存于新田沟组下段的石英砂岩之上。

涪陵区无活动性的断裂带，地壳相对稳定，少有大的灾害性地震记录。但受波及影响，境内有地震感觉和发生山崩的历史记载。

根据地质测绘、钻探及室内外试验等综合分析，题刻区的地层从上至下划分为七个地质层。

（一）钙质胶结细粒长石石英砂岩

岩石的矿物成分是：石英、长石、方解石和泥质，具有细粒砂状结构和块状构造。基质组织占15%，其中5%为绢云母化泥质，10%为钙质，胶结类型为孔隙式胶结。钻孔中暴露的砂质为灰绿色，风化后呈灰黄色，致密坚硬。岩芯呈短柱状，一般长6~22cm。岩芯采取率为90%，裂隙面上有铁锰质浸染，层厚0.8~1.0m。

（二）薄层状粉砂岩夹砂质页岩

粉砂岩的矿物成分主要为石英细粉砂占68%，绢云母2%。基质为泥质，约占30%，具泥—粉砂结构。钻孔中暴露的粉砂岩呈浅灰黄色，岩芯多呈短柱状，长5~20cm，少数呈柱状，长约30cm，微层理发育，局部有铁锰质浸染。岩芯采取率90%，厚度0.64~0.80m。

（三）砂质页岩

岩石的矿物成分主要为泥质占70%，石英细粉砂5%，绢云母25%，具粉砂泥质结构。绢云母长轴定向，呈页理状。该页岩主要由伊利石、绿泥石、高岭石、长石和石英组成，结构较为致密，主要为扁平状聚集体和片状颗粒。以面—面接触为主，粒间孔隙较小，泥质胶结。钻孔中暴露的砂质页岩呈浅灰色，层理发育，岩芯呈薄饼状或粒柱状，长4~13cm，局部有铁锰质浸染。岩芯采取率90%，厚度0.50~0.75m。

（四）钙质页岩

岩石的矿物成分主要为石英粉砂30%，绢云母3%，生物碎屑介形虫3%，泥质组成基质占64%，具粉砂泥状结构，定向构造，呈层理状，结构致密，多为片状和片状颗粒，多以边—面接触为主。钻孔中暴露的钙质页岩呈灰黑色，层理极为发育。局部含动植物化石和黄铁矿。岩芯呈柱状或短柱状，长4～25cm或25～50cm。局部岩芯较为破碎，呈铁锰质浸染。滴加5%盐酸微弱起泡，岩芯在露天很快沿层理面张裂成小饼状，岩芯采取率90%，厚度1.84～2.46m。

（五）生物碎屑灰岩

岩石的主要组分是钙质生物碎屑，占95%；基质为细粉砂泥质，占5%，具生物碎屑结构。胶粘式结构，孔隙较小。钻孔中暴露的生物碎屑灰岩呈灰白色，富含介壳类化石。岩石较坚硬，滴加5%盐酸强烈起泡。有的岩芯沿纵向裂开，呈铁锰浸染。岩芯呈短柱状，长4～26cm。岩芯采取率90%，厚度0.33～0.44m。

（六）钙质页岩

岩石的矿物成分主要为石英、长石。泥质为基质。具粉砂泥质结构，定向构造呈层理状。钻孔中揭露的钙质页岩呈灰黑色，层理发育，滴加5%盐酸微弱起泡。岩芯局部呈竖向劈裂，多呈长柱状，长20～57cm，少量呈短柱状，长2～7cm。岩芯在露天条件下迅速沿层理面断裂开，呈小饼状。岩芯采取率90%，厚度25.3m。

（七）钙质泥岩

岩石的矿物成分主要是石英粉砂10%，绢云母15%，泥质占75%。具粉砂—泥状结构，块状构造。钻孔中揭露的钙质泥岩呈紫红色，岩芯呈短柱状，长6～20cm。岩芯采取率90%。

涪陵白鹤梁表层的钙质胶结细粒长石石英砂岩的力学强度较高，饱和单轴抗压强度高达94.9～95.9MPa；页岩的强度较低，其饱和单轴抗压强度仅为13.2～23.0MPa，抗剪强度参数内聚力为15～28kPa，内摩擦角为20.7～22.0°。[1]

① 三峡工程库区文物保护规划组：《长江三峡工程淹没和移民迁建区文物古迹保护规划报告》（内部资料），1996年。

三、题刻区梁体的稳定性

白鹤梁北侧面向深槽形成一坡度约20°的自然斜坡，岩层朝北倾斜，为顺向坡，坡高约9m。斜坡主要由表层坚硬的题刻砂岩和下卧软弱页岩组成。目前斜坡处于整体稳定状态，但随着水库水位上升，斜坡稳定性有降低的趋势。为此，在东西两段各造一个代表性剖面，采用Sarma法进行稳定性计算。[1]

（一）潜在滑动面的确定

根据野外勘测，斜坡可能的破坏方式为沿砂岩与页岩的接触面产生顺层滑动，由此确定斜坡的潜在滑动面为砂岩与页岩的分层界面。

（二）计算方案

东段斜坡、西段斜坡具有相似性，均为岩体斜坡，采用同一种计算方案。计算时分别考虑136水位和175水位的目前状态和地震烈度为Ⅵ度时的稳定性。选择的计算方案为：136水位时稳定性计算和地震烈度为Ⅵ时的稳定性，175水位时稳定性计算和地震烈度为Ⅵ时的稳定性。

（三）计算参数

根据室内试验，反复与邻区类比，确定斜坡的计算参数（见表一）。

表一　斜坡计算参数表

状态 \ 参数		水上	水下
滑体参数	内聚力C（kPa）	120	120
	内摩擦角φ（°）	36	36
	重度r（kN/m³）	25.8	26.1
滑面参数	内聚力C（kPa）	22	20
	内摩擦角φ（°）	22	21

---

[1] 孙玉科等：《边坡岩体稳定性分析》，科学出版社，1988年，第85-89页。

根据区域地震地质研究，题刻区位于基本烈度为V度的区域，按VI度设防。因此，计算时地震烈度按VI度计，地震加速度为63.0cm/s²。

（四）斜坡稳定性计算结果（见表二）

表二　斜坡稳定性计算结果

水位	方案	东段	西段
136水位	自然状态	1.99	1.27
	VI度地震	1.61	1.16
175水位	自然状态	1.40	1.09
	VI度地震	1.12	0.92

在一般情况下，斜坡稳定性安全系数为1.1～1.3。从计算结果可以看出：在136水位时，东段斜坡即使考虑到地震烈度为VI度的情况下，稳定性系数也大于1.3，斜坡整体处于稳定状态。西段斜坡的稳定性系数在1.1～1.3之间，处于基本稳定状态。在175水位时，东段斜坡在自然状态下，稳定性系数下降，但仍大于1.3，仍处于整体稳定状态。而在地震烈度为VI度的条件下，稳定性系数等于1.12，处于基本稳定状态。西段斜坡在自然状态下稳定性系数等于1.09，处于欠稳定状态，在地震烈度为VI度时，稳定性系数小于1.0，斜坡将失去稳定。

为了消除VI度地震时斜坡失稳的隐患，需要对西段梁体进行锚杆支护加固。

四、题刻区现存病害类型及机理分析

白鹤梁题刻长时期淹没于水中，虽经历1200多年，至今保存状况尚好，绝大多数题刻清楚可见，但因受江水波浪的冲蚀及各种自然力的破坏，题刻所在的岩面也产生了各种"病态"[1]。

---

① 潘别桐、黄克忠：《文物保护与环境地质》，中国地质大学出版社，1992年，第184-192页。

（一）裂隙交切

题刻区砂岩构造节理和层面节理的纵横交切，将题刻区岩体切割成若干块分离体。在江水的不断冲蚀下，其中张开性节理的裂隙正在不断扩大，最宽处已达25cm，同时岩体内的微裂隙的隙宽也正在不断加大，切割成的分离体在外力作用下产生位移，从而导致题刻的损坏。

（二）表面片板状剥落

每年12月、1月、2月及3月的部分时日，题刻区部分将露出水面，长江主槽产生的波浪会不断地拍打和冲刷着题刻的表面。加之题刻所在岩体内层面节理和风化节理都十分发育，在江水的冲刷下，造成多处片板状剥落或形成空鼓，致使题刻破坏。

（三）表面侵蚀

主要表现为江水冲蚀和生物苔藓生长。长江具有水位变化大、含沙量高、侵蚀模数大的特点。在携带泥沙的江水长期冲蚀作用下，一些题刻已模糊不清。除此之外，不少题刻所在岩体表面上生长着苔藓和圆形微生物遗体，生物生长分泌的有机酸类物质与岩石中的矿物成分发生反应，直接影响岩石的胶结强度。从而降低了岩石表层的力学性能。

（四）崩塌位移

题刻区所在砂岩之下，发育有相对软弱的页岩层，在江水的长期侵蚀和冲刷下被淘蚀，形成淘蚀凹槽。砂岩中构造节理和层面节理的发育，将砂岩切割成独立的分离体，其中近东西向的纵向节理起崩落面作用，致使悬空的砂岩岩体在重力作用下产生位移，局部下沉或崩落翻转，从而使部分题刻遭受毁灭性的破坏。因此，崩塌位移是白鹤梁题刻区最为严重的病害。1992年涪陵区文物管理所在开展维修工程时，曾从题刻区南面江中打捞起数块残缺的题刻崩塌体。

（五）人为破坏

主要表现为船只撞击和游人践踏。白鹤梁题刻露出水面时，过往船只的撞击使岩体内裂隙加宽，产生松动甚至位移。

随着城市对外开放和旅游事业的日益发展，每年冬末春初都有数万人到白鹤梁题刻区参观，日均参观人数最高达1500人次。参观者的手摸脚踩使题刻遭受损坏，时有发生。

（六）未来的影响

因白鹤梁梁脊至高点为138.2m，蓄水后，题刻区将永久淹没于水中。三峡水库正常运行后，涪陵段长江水动力环境将发生很大变化。135m水位时，涪陵段属库尾回水变动区，水流环境复杂，呈紊流状态，水中砂砾对题刻表面的磨蚀最为严重。而在正常蓄水位175m时，涪陵段长江水流速度减缓，泥沙淤积将日趋增大，题刻区将长期被泥沙覆盖淤高。在这时推移质的作用将极大影响河床主槽的发育，有可能导致主槽位置的摆动和偏移，影响题刻区的整体稳定性。

五、白鹤梁题刻本体保护工程的内涵

白鹤梁题刻本体保护工程应由整体加固和表面防冲蚀处理两项内容组成。具体内容包括：

（一）为确保题刻所在梁体砂岩的稳定性，对梁体实施锚杆加固支护处理。

（二）对岩体内部纵横宽大裂隙及下部淘蚀空洞实施灌浆，使梁体表层砂岩与岩体连为整体。

（三）对砂岩体下部页岩淘蚀凹槽及分离体间，实施原岩砌筑墙体封护和支护，以防江水进一步淘蚀，造成崩塌区域的发育。

（四）表面防冲蚀处理，因建水下博物馆，不予考虑。

六、施工的材料和工艺

（一）锚杆加固支护处理

锚杆加固支护的工程效果主要靠主筋强度和锚固体与岩体间的粘结强度共同来完成，在设计单根锚杆的技术参数时，主要依据危岩体平衡抗力来计算单根锚杆的极限锚固力和有效锚固长度。其中有效锚固长度是指锚杆打入岩体，在裂隙组和破碎带以后的完整岩体内锚杆的锚固长度。单根锚杆在施工中又可分为全长粘结型、端头锚固型和摩擦型。而在石质文物保护工程中为减少对原岩体的影响，常采用非预应力的全长粘结型锚杆[①]。

单根锚杆极限锚固力和有效锚固长度的确定。锚杆采用热轧II级20MnSiΦ32的螺纹钢筋。按《锚杆喷射混凝土支护技术规范》计算，单根锚杆极限锚固力为$1.246 \times 10^3 \sim 1.367 \times 10^3 kN$。当锚孔直径为100mm时，单根锚杆的有效锚固长度应大于1.47～2.45m。

为确保题刻所在梁体砂岩的整体性，防止岩体分离块体破损面的进一步加大导致题刻及梁体的彻底破坏，需对题刻砂岩块体实施锚杆加固支护工程。锚杆采用Φ32螺纹钢，锚孔外口孔径100mm，内孔孔底将扩大至120mm，以增加锚固体的抗拔力。锚杆长度拟定为3m，锚固段长度2.5m。施工期间，因江水未退至施工要求的水位，只好采用浅层静水作业，其锚固砂浆选用425#防水硅酸盐水泥，灰砂比1：0.5，水灰比0.5：1，填料选用<1mm的细砂。这样一来，在东段共实施38根锚杆，在西段共实施66根锚杆。

施工工艺：

1.搭设施工架。为防止搭架钢管下端戳伤题刻，钢管头使用了软橡胶皮包扎，并在橡胶皮与题刻之间铺垫木板。

2.按设计图的标位，确定锚孔的确切位置。

3.使用水冲击式的无震动合金钻头的卧式钻孔机钻孔，孔长3.20m，孔径100mm。为掩盖锚杆头的垫板和螺母，还需实施套钻。套钻孔的直径为150mm，长度为150mm。

4.灌注1：0.5的水泥砂浆，灌浆压力为$3kg/cm^2$。

5.避免水泥砂浆初凝后与锚杆头部的垫板和螺母发生粘连，影响二

---

① 黄克忠：《岩土文物建筑的保护》，中国建筑工业出版社，1998年，第78–80页。

次补灌，在垫板和螺母的下部套上塑料编织袋作为隔离层。

6.插入采用热轧II级20MnSiΦ32螺纹钢制造成的锚杆，锚杆长度为3.0m。为保证锚杆始终处于锚孔的中心位置，事前已在锚杆的1/3和2/3部位分别焊接了一段长约30mm、直径为32mm的钢筋块。

7.水泥砂浆初凝后，从锚杆头部卸下螺母和垫板，去除编织袋，进行补灌，即第二次灌浆。

8.第二次灌浆至锚孔饱满后，在锚杆上套上垫板，拧紧螺母。

9.使用1∶0.5的水泥砂浆填满套钻的锚孔，然后盖上事先已加工成圆形、直径为150mm、厚度为30～40mm的石板。

10.使用河泥或窑泥实施做旧处理。

（二）裂隙灌浆

为确保岩体的整体性，需要对岩体内部的纵横宽大裂隙实施灌浆处理。裂隙灌浆是与锚固支护同时进行的。即在对锚孔进行灌浆时，已对岩体内部的宽大裂隙实施了灌注。这是因为在钻锚孔时，就已经将岩体内部宽大的层间裂隙贯通，为岩体内部灌浆提供了条件。灌浆选用水泥砂浆。砂浆选用425#硅酸盐水泥，灰砂比为1∶0.5，水灰比0.5∶1，填料使用<1mm的细砂。每个锚孔平均灌注水泥砂浆2m^{3}左右。在东段有二处层间裂隙已暴露在地面上，也实施了压力灌浆，压力灌浆的压力为3kg/cm^2。对题刻表面裂隙也使用了1∶0.5的水泥砂浆填补。

施工工艺：

1.使用高压水清洗裂隙表面，去除裂隙内的沉积物泥沙和石块。

2.灌注1∶0.5水泥砂浆或使用此砂浆充填裂隙。

3.填充后的裂隙表面使用泥土实施做旧处理。

（三）砌筑支护

对岩体下部淘蚀凹槽及分离体间，实施原岩砌筑，以防江水进一步淘蚀，造成崩塌区域的扩展。砌筑体断面为梯形，为确保其稳定性，内部暗插钢筋，钢筋与岩体相连，底部至新鲜岩石。材料选用原岩标准

条石和M7.5的防水水泥砂浆。^①

自2002年2月15日以来，长江白鹤梁段的水位均在136.7m以上，一直居高不下。如按设计，砌筑支护西段和中段的基础面根本不能露出水面，一直在水下30～80cm，这给砌筑支护施工带来了很大的困难，致使砌筑支护一直不能开工。后来在对1992年实施的白鹤梁梁体东段砌筑支护工程进行实地考察，并详细研究经过10年时间考验的实际效果后，决定采用1992年对白鹤梁梁体东段实施砌筑支护的施工技术——浅层静水作业。

经派人实际踏勘，原设计砌筑支护西段的部分区域水深达2.5～3.0m，根本无法施工，只好根据实际情况，适当地向内移动1.2～3.0m。

施工工艺：

1.在需要实施砌筑支护基础面的外围，使用砂袋叠砌成临时围堰，使砌筑支护的基础面上水层成为静水，即不流动的水。

2.为防止水泥砂浆在砂袋缝隙间渗透，需要在临时围堰内侧使用竹纤维板设置隔离层。

3.使用高压水冲洗水下的基础面，冲洗去沉积的泥砂，暴露出新鲜岩面。

4.向新鲜岩面上浇注毛石和M15水泥砂浆的混合物，又称毛石混凝土。厚度10～30cm，并使用震动棒捣实。在混凝土中，每间隔10m埋设加固桩的主筋一组。

5.初凝后，在毛石混凝土面上再浇注一层碎石和M15水泥砂浆的混合物，厚度10～30cm，也使用震动棒捣实并找平。同时在加固桩的主筋上每间隔20cm，加上箍筋。

6.初凝后，在水泥砂浆层的上面，使用原岩标准条石砌筑2～5层。砌筑时，在每层条石之间设置拉力筋，且拉力筋与加固桩相连接。

7.对原岩标准条石的砌体进行勾缝处理。

---

① 常士骠：《工程地质手册》，中国建筑工业出版社，1992年，第273-278页。

8.原岩标准条石砌体与白鹤梁梁体之间的空隙部分，使用M15水泥砂浆和毛石填充，直至完全封闭页状砂岩层为止。

七、对施工中损伤的题刻实施修复

在对白鹤梁题刻本体进行加固支护的施工中，对岩体实施打锚加固支护时固定位不准和钻锚孔的失误，损伤了两块题刻。一是编号为132号清康熙丙戌董维祺题刻，损伤部位是题刻边缘"清"字中的"青"，二是编号为133号明代题刻，损伤部位是题刻边缘的"江"字。

（一）修复原则

遵循"修旧如旧，不改变文物原貌"的原则，原大原样复原，并做旧处理，与原题刻的格调相吻合一致。

（二）修复工艺

1.赴涪陵博物馆联系，请该馆提供132号和133号题刻损伤部分和上下或左右字体的拓片的原大复印件一份，题刻的全貌照片一张。以便确定损伤字体的大小和位置以及与左右字体的关系。

2.使用与岩体表面色调相似的岩块和环氧树脂修补132号和133号题刻。

3.请有经验、技艺全面的专门从事岩体上刻字的石工，将需要刻字修复的新补岩石表面铲平或打磨平顺。

4.将拓片复印件平贴在已铲平或打磨平顺的新补岩面上。这一道工序很重要，一定要仔细和细心，反复观察，反复矫正，使得原大拓片损伤字体的上下或左右字体与题刻上相应字体的轮廓完全吻合。

5.依据拓片复印件上的字体，使用刻刀刻出残损字体残损部分的轮廓，然后再进一步进行掏刻，掏刻的深度应以上下左右的字体深度为限，不可深，也不可浅，这也是需要特别注意的一点。

6.损伤字体复刻完毕后，还应使用小的梅花刻刀，在复刻的字体和修复的岩面上，适度地仔细地刻上一些很浅的小凹坑，即将表面打毛，以示风化的存在，特别是在字体的边缘处需要作这一处理。这一道工序对于石质文物复刻是必不可少的。

7.使用窑泥或河泥和瓦灰的混合物实施做旧处理，使得复制部分与原题刻的色调基本一致和吻合。

八、经验和教训

（一）白鹤梁题刻本体保护工程最大的特点是：施工时间和施工条件都与长江涪陵段的水位涨落有关。由于今年春季江水水位反常，一直在137.44m左右，施工面一直在水下，按正常条件是无法施工的。在这种情况下，在总结和研究1992年东段砌筑支护经验和10年来效果的基础上，迫不得已采取了浅层静水作业的方法。这在文物保护工程中是首次采用的新技术，是一项有待于不断完善和探索的新技术。

（二）锚杆加固支护中，锚孔定位一直是设计和施工中的一个难点。要解决这个问题，只有从设计和施工两个方面都努力才行。首先要求前期工作要仔细，图纸要精确无误，锚孔位置坐标要明确，现场施工要使用仪器定位，切不可太依靠眼睛、触摸和经验。否则，现场施工真是瞎子摸象，一头雾水。

（三）岩体内部的裂隙实施压力灌浆是正确的。无外压力，仅依靠水泥砂浆的自流是无法填充满裂隙的。但岩面上肉眼能够观察到的大于1cm的裂隙是否也需要压力灌浆就值得探讨了。要实施压力灌浆，首先得封闭裂隙，大于1cm的裂隙在内无填充体的条件下，怎么去封闭？如事先在裂隙内安放了填充物，又将对灌浆造成新的阻力，必然要加大灌浆的压力，这样是否会造成表面封闭的爆裂，使得裂隙封闭失败呢？

（四）涪陵白鹤梁题刻本体加固工程的成功，给在水中的文物维修，特别是石质文物的水中维修，提供了宝贵的经验和实例，也给文物保护技术提出了值得研究和进一步探讨的新课题。

（原载于《四川文物》2009年第6期）

四川省文物考古研究院名家学术文集

其他类文物保护修复研究

四川新都战国墓椁板颜料鉴定

在发掘四川新都县战国墓时，发现墓中的一些椁板上涂有褐红色、橙黄色和天蓝色的物质。[①]由于墓室早年多次被盗，破坏较为严重，这三种颜料涂过的地方，仅存残迹，但引起了工作人员的关注。我们对这三种颜料进行了定性鉴定。

一

四川成都地区气候潮湿，雨量充沛，地下水位较高，土壤湿度大。椁板上涂的三种颜料与潮湿的土壤和地下水长期接触，大部分颜料脱落，但小部分仍能保存至今，色质一体，色彩鲜艳。甚至在墓被发掘后，椁板取出放置在露天，经过一个月之久的日晒雨淋，充分地接触空气中的氧气和湿气后，颜色仍未减退，表明这三种颜料是不溶于水的天然矿物质。而颜料从椁板上脱落，除去人为的破坏，显然是由于胶结物质老化和在水中溶解，失去胶结作用的结果。

对褐红色、橙黄色和天蓝色三种颜料进行定性鉴定，采用了不同

---

① 四川省博物馆、新都县文物管理所：《四川新都战国木椁墓》，《文物》1981年第6期。

部位取样的常量分析法和矿物的一般化学鉴定法。鉴定结果见下表。

颜料色泽	褐红色	橙黄色	天蓝色
外观特征	叶片状皮壳	鳞片状皮壳	土状块体
化学分析结果（主要成分）	含水氧化铁	硫磺、雌黄和雄黄的混合物（S、As_2S_3、AsS）	水合磷酸亚铁
矿物学上的名称	赤铁矿或针铁矿	\	蓝铁矿
自然界存在的形式	单独存在	硫和硫化物的共生体	与泥土等共生

二

在人类早期的生产活动中，使用赤铁矿作为褐红色颜料已在考古发掘中发现并被证实。[1]山顶洞人在经过打磨、钻孔的装饰品上，涂抹褐红色的赤铁矿的粉末，还在尸体的周围撒上许多赤铁矿的粉末，对墓室进行装饰。

在半坡遗址中，发现了那时人类不但大量使用赤铁矿和氧化锰作为颜料，在一些细泥质的器皿上画出红色和黑色的各种几何图形和动物图案，还画有橙黄色和其他颜色的彩绘。硫磺、雌黄和雄黄一直作为民间画工绘画颜色中的黄色颜料而使用。据有人分析我国国画的黄色颜料，有植物性颜料，如藤黄；也有矿物性颜料，由硫磺（古称石硫磺）、雌黄和雄黄混合组成。

使用含水的磷酸亚铁作为蓝色颜料，却是至今尚未发现过的，也未曾有过记载。古代画师使用的颜料种类繁多，马王堆一号汉墓出土的帛画，就使用了赤砂、石青、石绿等矿物性颜料，使画面对比强烈，色彩绚烂。这种被称为石青的矿物性颜料，就是一直作为蓝色颜料而使用

① 张子高：《中国化学史稿》，科学出版社，1964年，第5页。

的。经过现代化学分析证实，石青即碱式碳酸铜$2CuCO_3 \cdot Cu(OH)_2$。[①]

在战国时代的中后期，我国的化学还处在萌芽状态。人们虽然在长期的生产实践中积累了一些感性知识，但对物质的内在本质的认识还停留在阴阳五行的基础上，对各种物质的组成还缺乏起码的了解。对各种物质仅从直观上加以区别、分类，不免会造成鱼目混珠，把蓝铁矿和蓝铜矿（即碱式碳酸铜）划成一类，都作为蓝色颜料——石青来使用。

褐红、橙黄、天蓝三色颜料不仅成分各不相同，在椁板上的分布也是各不相同的。经过观察，褐红色颜料是单独使用，直接涂在四周的椁板上，而橙黄色颜料和天蓝色颜料是使用在底部的椁板上，先用橙黄色颜料在椁板上全部涂抹，然后再在局部涂抹天蓝色颜料。这就进一步理解到三种颜料可能都是作为墓室的装饰而使用。使底部髹以黑漆、四壁髹以红漆的棺和木椁修建在天蓝色和橙黄色以上、褐红色之中，这与河南和湖北等省发现的一些战国楚墓中的棺椁装饰相似，使人看到巴蜀文化与楚文化之间的关系和相互的影响。

（原载于《考古与文物》1983年第6期）

---

① 袁翰青：《中国化学史论文集》，生活·读书·新知三联书店，1956年，第255–257页。

珙县"僰人"悬棺岩画颜料的鉴定

四川珙县洛表乡麻塘坝一带，是四川地区悬棺葬比较集中的地方。在悬棺四周的岩壁上，画有各种形态的人像、动物及图案，尤以珍珠伞和棺材铺为最多。岩画和悬棺组成了我国悬棺葬文化的一部分。根据考古发掘的资料判断，这些悬棺和岩画的时代系宋代至明代。

岩画绝大多数采用橙红色，极少数采用白色的颜料画成。因年代久远、风雨侵蚀、雀鸟破坏，部分岩画色彩变浅，有些已模糊不清，难以辨认。而处于岩壁凹处、悬棺下方的岩画，现状尚佳，色彩鲜明，轮廓清晰。人们都一致认为岩画的颜料是矿物质，但系何种矿物成分，历来各说不一。对于橙红色的颜料，一说是朱砂，[①]即硫化汞；另一说是赤铁矿，[②]即氧化铁。对白色颜料都尚未触及。

我们利用对悬棺进行加固维修的机会，对岩画上橙红色的颜料和白色颜料进行取样，对样品进行了发射光谱半定量分析及X射线衍射结构分析。分析是在四川省地矿局成都中心实验室进行的。

---

① 四川省博物馆、珙县文化馆：《四川珙县"僰人"悬棺及岩画调查记》，《文物资料丛刊》第2期，文物出版社，1978年，第187–195页。

② 邓少琴：《谈我国古代百濮岩棺葬与百越幽岩葬》，《民族论丛》第一辑，四川省民族研究所，1982年。

一、取样

橙红色颜料的样品共取得两个。编号为a、b。a样品系从珍珠伞7号棺上方"马"的腹部取得，此处岩画色彩较浅淡，似黄红色。b样品从珍珠伞7号棺的下方"虎"的头部取得，此处岩画因有悬棺作"檐"，减弱了风雨的淋蚀和日光的破坏，橙红色颜料色彩鲜艳、浓厚，近似红褐色。

白色颜料样品仅取得一个，编号为c。c样品从珍珠伞顶部"铜鼓"图案的外边沿取得。在取样中发现，在"铜鼓"图案的部分白色图案上滋长着一层蓝黑色的低级微生物。

三个样品均采用刮取方式取样，即使用锋利小刀，在岩画取样的部位反复刮削。因颜料层较薄，又在野外高空操作，不可避免地要将岩画颜料与底层材料一并刮落收集，作为测试分析样品。这使分析测试结果变得复杂些。

二、分析

（一）发射光谱半定量分析（表一）

表一

含量（%） 样品 ＼ 元素	Ca	Si	Fe	Ce	P	Ti	Hg	Sr	Mn
a	1.0	6.0	11.0	0.3	0.3	0.2	0.1	0.1	0.1
b	1.0	6.0	14.0	0.3	0.3	1.0	0.1	0.1	0.1
c	10.0	2.0	0.3	0.3	0.3	0.1	0.1	0.1	0.1

（二）X射线衍射结构分析

使用荷兰菲利浦PW—1010X射线衍射仪铜靶，扫描电压34千伏，扫描电流16毫安，扫描准确度1000cps。将a、b、c三个样品的X射线衍射曲线上的全部衍射峰值与有关矿物的标准X射线衍射谱相比较，得到结果见表二、表三、表四。

三、讨论

（一）从对样品c的X射线衍射结构分析和发射光谱半定量分析中，可以看到：在珙县悬棺四周岩画上所使用的白色颜料中，有大量的方解石，即石灰石存在，石灰石系由氢氧化钙——熟石灰与空气中的二氧化碳相化合而成，故白色颜料的主要成分是石灰。

石灰是石灰石经过加热煅烧分解而成。自然界的石灰石往往与生石膏（含水硫酸钙）共生，[①]还含有少量的石英和白云石。在加热煅烧石灰石时，不但其中的碳酸钙分解成生石灰，同时生石膏也被煅烧成熟石膏（无水硫酸钙）。由于熟石膏加水具有较强的胶凝作用，硬化后具有较强的硬度，用含有熟石膏的石灰作画，不但增强了其在岩面上的粘附性，还会使画层比较坚硬，不易脱落，并能抵御一定强度的风雨淋蚀。在样品c的X衍射谱线中，也出现了石膏的X衍射标准谱线，说明"僰人"用来作画的白色颜料是以石灰为主的石灰和石膏的混合物。

（二）在对样品a和b进行X衍射结构分析后，尚未发现有朱砂——硫化汞的X衍射标准谱线出现。在发射光谱半定量分析中，发现有汞元素的存在，但含量都仅在0.1%以下，实属微量元素，应算杂质。珙县"僰人"悬棺四周岩画上的橙红色颜料是朱砂之说应予否定。

（三）从对样品a和b的发射光谱半定量分析中，可以看到铁元素的含量分别为11.0%和14.0%，所以橙红色颜料的成分应为铁的化合物。

再从X衍射结构分析结果表二和表三来看：有微量的水绿矾存在，还有大量的水合碱式硫酸铁，它是水绿矾被氧化和部分水解的产物。

---

　　① 　袁耀庭：《野外矿物鉴定手册》，煤炭工业出版社，1958年，第400–401页。

表二

序号	d (Å)	I/I₀	石膏CaSO₄	石英SiO₂	方解石CaCO₃	水绿矾FeSO₄·7H₂O	水合碱式硫酸铁Fe₃(SO₄)₂(OH)₅·2H₂O
1	2.487	10			△		
2	2.551	2					△
3	2.680	20	△				
4	2.782	5			△		△
5	2.867	35					△
6	2.966	2					△
7	3.058	55					△
8	3.158	2					△
9	3.237	1				△	
10	3.331	5		△			△
11	3.537	1					△
12	3.633	3					
13	3.786	10			△		
14	4.267	50			△	△	
15	4.880	1					
16	7.564	80	△				

表三

序号	d（Å）	I/I₀	石膏CaSO₄	石英SiO₂	方解石CaCO₃	水绿矾FeSO₄·7H₂O	水合碱式硫酸铁Fe₃(SO₄)₂(OH)₅·2H₂O
1	2.494	5			△		
2	2.585	2	△				
3	2.680	25	△				
4	2.780	5			△		
5	2.867	35					△
6	3.060	60					△
7	3.160	5					△
8	3.237	1		△			
9	3.336	20				△	
10	3.543	2					△
11	3.624	1					△
12	3.789	15			△		
13	4.271	80			△		
14	4.880	15				△	
15	5.170	1					△
16	7.577	80	△				

表四

序号	d (A°)	I/I₀	石膏CaSO$_4$	石英SiO$_2$	方解石CaCO$_3$	白云石CaCO$_3$·MgCO$_3$
1	2.274	10			△	
2	2.484	10			△	△
3	2.667	3				
4	2.782	2	△			
5	2.862	3			△	
6	3.022	40			△	
7	3.060	10	△			
8	3.327	2		△		
9	3.624	2				
10	3.872	5			△	
11	4.246	7			△	
12	5.860	2		△		
13	6.151	2		△		
14	7.500	10	△			

据调查，在珙县一带较为普遍地存在着小型的硫铁矿床，即硫化铁矿。硫化铁矿被氧化就会转变成水绿矾，水绿矾是硫化铁矿的次生氧化产物，所以它常与硫化铁矿共生，在有硫化铁矿的地方都能找到水绿矾的存在。当与空气隔绝，水绿矾处于硫化铁矿的下层时，它是相当稳定的，较少发生任何变化。反之，暴露在空气中，水绿矾就会与空气中的氧和水作用，生成橙红色或橙黄色的不溶解于水的水合碱式硫酸铁。[①]微量水绿矾的存在，正说明水合碱式硫酸铁系由水绿矾氧化水解而来。水合碱式硫酸铁的硬度低，仅为2～3，易于加工成粉末，作为画画的红色颜料，与水合碱式硫酸铁颜色近似的赤铁矿，即氧化铁的硬度为5.5～6.5，与水合碱式硫酸铁相比，加工就不那么容易，加上就地取材等原因，这可能是"僰人"使用水合碱式硫酸铁作为画岩画的橙红色颜料，而不使用赤铁矿的主要原因。

样品a和样品b在颜色上的差异，仅仅是由于水合碱式硫酸铁的含量多少引起的。

（四）在对样品a和b进行发射光谱半定量分析后，发现有一定量的钙元素存在。在X衍射结构分析中，又发现有一定量的方解石和石膏的存在。这显然是把橙红色颜色层以下的成分混入了。事物又是这样巧合，混入的不仅有方解石和石膏，还有少量的石英，这正好与使用X衍射结构对白色颜料进行分析的结果相吻合。这就不能不使人推测："僰人"在使用水合碱式硫酸铁作岩画之前，先在岩壁上要画画的部位，使用白色颜料作底色。这种做法，有点近似于同时代汉人制作墓室壁画和庙宇壁画的手法。它能衬托橙红色颜料的色彩，使其更加鲜艳、调和一致。

（原载于《考古与文物》1990年第2期）

① 袁耀庭：《野外矿物鉴定手册》，煤炭工业出版社，1958年，第400-401页。

王建墓券额上残存彩绘的加固处理

王建墓（永陵）是五代时期前蜀皇帝王建的陵墓，是国务院1961年公布的第一批全国重点文物保护单位。

王建墓封土为圆形，直径80余米，高约15米，墓室由14道石券组成，分为前、中、后三室，全长23.4米。在前室的第三道券的下重券额上绘有彩绘。冯汉骥先生在《前蜀王建墓发掘报告》中描述了彩绘在出土时的状况："此彩绘仅保存券顶当额的一部分，且多已剥落，两边埋于淤土中者，则完全无存。"由此可见，在1942年发掘该墓时，券额上的彩绘的残损情况，就已经是相当严重的了。发掘毕，曾用石灰泥浆做成边框，将残存彩绘的边缘粘合加固，使残存彩绘不致崩塌。1952—1953年在全面维修王建墓时，又将边框上部分已失去粘合作用的石灰泥浆改换成混凝土。近年来，残存的彩绘起翘、多处开裂以及呈小块状脱落的情况日趋严重。王建墓文物管理所的同志曾多次向上级有关主管部门报告，要求对残存彩绘进行必要的保护处理。1982年4月，我们接受了四川省文化厅有关领导的派遣，对残存彩绘进行了加固处理。

一、残存彩绘处理前的状况

第三道券的下重券额所绘的彩绘，系先在白垩上彩画出宝相花纹轮廓线，以赭石色为界再填以红、绿、蓝三色（冯汉骥先生在《前蜀王建墓发掘报告》中，记录此彩绘系填红、绿二色），今绿、蓝二色多呈彩状脱落，但仍依稀可辨。白垩中未加任何补强材料，是直接铺于凹凸不平的石料券额上的。其厚度为0.1～0.5厘米不等。

彩绘画面裂隙众多，裂隙总长度约300厘米，强度极低，难以进行表面的清洁与预先加固。残存彩绘空鼓部分占总面积的80%左右。空鼓部分又分成若干个区域，这些区域之间基本上互不相通。王建墓墓室较为潮湿，根据观察，常年相对湿度约在90%左右，这对彩绘的保护极为不利，也可能是造成彩绘破坏的主要原因。为此，我们采取了先用环氧树脂化学灌浆材料加固，然后再进行表面处理的施工方案。

二、环氧树脂浆液的组成

通过现场观察，并参考水电部门试验成果，结合对彩绘灌浆加固的要求，选定环氧树脂浆液的基本配方为：[1]

618#环氧树脂	100克
邻苯二甲酸二丁酯	10克
501#稀释剂	10克
二乙烯三胺	12克

三、施工工艺

（一）灌浆设备

主要灌浆设备使用兽用100毫升注射器和16号或20号兽用注射针。

———————————

① 《大坝化学灌浆技术经验选编》审编小组：《大坝化学灌浆技术经验选编》，水利电力出版社，1977年，第19–20、147–187页；上海树脂厂：《环氧树脂生产与应用》，燃料化学工业出版社，1972年，第97–105页。

（二）浆液配制

按配方称取618#环氧树脂，加入邻苯二甲酸二丁酯和501#稀释剂，搅拌均匀后，加入二乙烯三胺。每次配浆量以618#环氧树脂100克为限，多次配制，多次使用，以保证在每批环氧浆液的粘度增加不大的情况下，把浆液灌注完毕。也防止浆液因散热不好，引发暴聚现象。

（三）灌浆孔的安排

灌浆孔一般安排在裂隙上，如果一空鼓区域无裂隙存在，就在其上部使用尖器凿成灌浆孔。这些灌浆孔互相之间也起到排气孔的作用，孔径0.1～0.15厘米（见图一）。

图一

（四）残存彩绘四周和画面上裂隙的修补加固

使用环氧胶泥对残存彩绘四周和彩绘画面上的裂隙进行修补加固。胶泥呈白色，便于后面进行做旧处理。环氧胶泥配方为：

618#环氧树脂	100克
邻苯二甲酸二丁酯	10克
二乙基三胺	12克
白垩粉	400～600克

（五）灌浆

使用兽用注射器进行单液灌浆。吸取已配制好的环氧浆液，用人工压力缓慢地将环氧树脂浆液注入残存彩绘的空鼓部分，为了防止浆液在未固化前自身重量将残存彩绘胀破，造成损失，每次的灌浆量分别为50克、100克、200克（都指618#环氧树脂的重量），逐步递增。并且，每日灌浆加固处理只进行半天，多在上午进行。如果彩绘表面灰层细隙漏浆，要使用环氧胶泥堵漏，电吹风加热固化。

（六）修整

使用小刀小心仔细地修整环氧胶泥填补的彩绘表面的裂隙和四周边缘，以利于做旧工序的进行。

（七）灌缝的做旧处理

使用矿物颜料和含有1%紫外线吸收剂UV-327的乙醇或乙酸乙酯的溶液进行做旧处理。

（八）表层加固

采用传统材料——胶矾水及喷涂的方法，对残存彩绘灰层和画面进行加固处理。

四、小　结

（一）使用环氧浆液对空鼓彩绘或壁画进行加固处理，经过8年时间的考验和观察，其保护加固的效果是好的。

（二）由于各种技术上的原因，这次对环氧浆液的性能未进行比较全面的测试。

（三）使用环氧浆液加固处理空鼓和开裂的彩绘和壁画，成本较一般的方法为高。王建墓券额上残存彩绘总面积不足1平方米，此次灌浆加固处理，所消耗的化学材料就价值百元。

（原载于《成都文物》1990年第4期）

武侯祠文武廊彩塑后背壁画的维修保护

武侯祠位于成都南郊，是全国重点文物保护单位。现存殿宇为清康熙十一年（1672）在明代遗址上重建。

武侯祠刘备殿前设东西两廊，西廊为武将廊，东廊为文臣廊，各有泥塑彩绘坐像十四尊。西廊武将以赵云领衔，东廊文臣以庞统居首。在每尊坐像背后的墙壁上都绘有未上彩着色的水墨壁画。其内容多为人物、山水和飞禽走兽，是文武廊彩塑的重要组成部分。

由于文武廊古建筑年久失修以及人为和自然的破坏，彩塑后背壁画已出现起层、开裂、残破、龟裂等病症。武侯祠博物馆于2001年8月至12月对文武廊彩塑后背壁画进行了抢救性的维修保护。下面就壁画病症及其相关的自然环境等因素进行综合考察。

一、成都市区的气候特征

成都市区的气候属亚热带季风气候。冬无严寒，夏无酷暑，无霜期长，降水丰沛，湿度大，云雾多，日照少。

四川盆地的北边有秦岭、大巴山的屏障作用，冬季北方的冷空气不易进入盆地，造成成都市区的冬季比较温暖，雪霜少见。最冷的1月份气温大多在4~6℃，最热的7月份气温大多在22~26℃之间。夏季时间虽长达4个多月，但很少酷暑。无霜期在268～300天，平均为284天。每年夏季，太平洋的东南季风和印度洋的西南季风都能到达成都市区，年降雨量在950～1200毫米之间，并多降夜雨，夜雨量占总降雨量的70%。夜雨最多的季节是春季，其夜雨量为81%。因降水丰富，降水区域广阔，湿度较大，成都因此是全国最潮湿的地区之一。而且各月份间的相对湿度相差不大，平均都在75%～85%之间。成都也是全国云量和雾日最多的地区之一。阴天多达250天，占全年日数的2/3。成都雾日平均每年达65天，最多一年可达77天。由于阴天和雾日多，因而日照很少，全年日照射的时数只有1200～1300小时。尤其冬季最为突出，仅有60多个小时，平均日照射时间仅有2小时，是全国日照射最少的地区之一。

成都市区的空气污染也比较严重，属弱酸雨地区，酸雨频率为25.3%，酸雨的PH值范围为7.50～3.90。日降尘量为25mg/m³，超标5倍，超标率为98%。

二、壁画的主要病症

武侯祠刘备殿前文武廊彩塑后背水墨壁画的总面积为136.89m²。每幅壁画的面积不等，约在3.0～7.5m²之间。壁画表面无起甲、起粉、酥解和油烟污物等病症存在。

壁画的结构是在小青砖砌成的墙面上，涂抹上加有少量稻草筋的泥土——草泥层，厚度约为2.0～2.5cm；草泥层上涂抹厚度为0.3～0.5cm的细泥——细泥层；最后在细泥层上涂抹厚度仅为0.1～0.2cm的白灰层。因壁画在制作时工艺上存在着缺陷和不足，在画面上产生大面积的龟裂有7处之多。

武侯祠地势较低，地下水位较高，湿度较大。加之在维修前文武廊屋面出檐太短，夏季时时遭到廊房上雨水的滴溅，墙体常年受潮。由于组成壁画的各层材料吸收水分不一，致使细泥层与草泥层大面积脱离。虽然尚未空鼓，但小面积已残损。墙体对壁画的支撑作用已基本丧失。加之廊房屋面漏雨早已存在多时，雨水在壁画上有26处渗漏和挂流。雨水使壁画遭受侵蚀，也致使墙体产生不均匀下沉，造成壁画有10处出现开裂，有8处产生剥落。蒋琬塑像后背壁画大面积遭受残损，就是雨水渗漏最明显的例子。[①]

另外，壁画画面都已尘埃满面。文武廊古建筑维修施工时，以白色为主的涂料和油漆的污染甚多，挂流痕迹幅幅皆有，几乎改变了壁画原有的风貌，因此进行一次全面的清洁工作也是非常必要的。武侯祠文武廊彩塑后背壁画面积及病症统计见表一。

表一　彩塑后背壁画面积和病症统计表

塑像名称	后背壁画面积（m²）	存在病症
庞统	4.90	分层，中部有一面积为0.1×0.08m²剥落
简雍	4.90	分层，中部有二块面积为0.3×0.21m²、0.15×0.10m²剥落
吕凯	4.03	分层
傅肜	3.74	分层，中部有一面积为0.10×0.05m²剥落
费祎	4.01	分层
董和	4.31	分层，右有一长1.2m的裂隙
邓芝	7.05	分层，左上角有0.30×0.30m²龟裂
陈震	7.05	分层，右、左上角各有0.10×0.10m²和0.30×0.80m²龟裂
蒋琬	4.40	分层，左半部全部剥落面积约为2.1m²
董允	3.89	分层，中部有0.1×0.07m²剥落
秦宓	5.54	分层，左上角有0.8×0.3m²龟裂
杨洪	5.54	分层
马良	4.38	分层，左上角有0.5×0.3m²的龟裂
程畿	4.38	分层
赵云	5.15	分层，右半部有长1.1m裂隙
孙乾	5.15	分层
张翼	3.42	分层，左右上部各有一长度为0.6m和0.82m的裂隙
马超	3.46	分层，上方有3处龟裂，部分脱落面积各为0.12m²

---

① 徐毓明：《艺术品和图书、档案保养法》，科学普及出版社，1985年，第31页。

曾中懋卷

205

塑像名称	后背壁画面积（m²）	存在病症
王平	5.53	分层，左上角有面积为0.3×0.15m²龟裂
姜维	4.29	分层，右侧遭水患，全部起皮起壳
黄忠	7.27	分层
廖化	7.27	分层
向宠	4.53	分层
傅佥	4.42	分层，右半部有长0.40m的裂隙
马忠	5.13	分层，右半部有长0.50m的裂隙
张嶷	5.13	分层
张南	5.10	分层
冯习	5.10	分层
合计	136.89m²	

三、维修保护的原则

（一）维修保护要严格按照《中华人民共和国文物保护法》和《纪念建筑、古建筑、石窟寺等修缮工程管理办法》的规定，严格遵循文物保护维修的原则：不改变原状，修旧如旧，原地原状维修保护，仅部分修补。坚决杜绝画蛇添足、弃旧图新的做法。

（二）为保持壁画原貌，任何工程措施都不得改变或破坏其原貌。因此残损部分修补填平后，仅作复旧处理，不再重新作画。

（三）采用经过历史检验、专家认可的工程技术措施和材料。

（四）在正式实施前先进行小面积试验，取得经验后，再大面积实施。

（五）做好壁画的安全工作。防火防盗，切忌将火源带进文武廊古建筑区，确保壁画和游人的安全。

四、维修保护工程的实施

根据武侯祠文武廊彩塑后背壁画的残损状况，维修保护工程分为四个部分进行。即清洗、修补、灌注和封护。现分述如下：

（一）清洗

壁画上的尘土不可用大量的水进行清洗，那样会把壁画彻底地毁掉。使用少量的水进行清洗是可行的。将用水浸泡湿润的毛巾卷成圆筒，采用滚动搓擦的方式，反复多次从上至下、从左至右的操作，将其表面吸附的尘土去除一部分。然后再使用含有1.0%非离子表面活性剂的水浸润过的毛巾，拧干后，进行第二次滚动搓擦，反复多次，直至尘土大部分都被清除为止。在清洗时，特别要注意的是：毛巾的含水量不能过大，以手用力拧时，毛巾不出水为佳。滚搓的力量也不可过大，否则会使已分层的画面受压破碎，造成新的残损。

画面上的涂料和油漆挂流物的清除，分别使用水和二氯甲烷。涂料是用聚乙烯醇的水溶液和轻质碳酸钙粉调制成的。在湿润的条件下涂料挂流物会吸收水变软起层，使用蘸水的棉花擦敷多次，就能逐渐除污。二氯甲烷是一种含氯的有机溶剂，它是含氯溶剂中毒性最小的一类，可使油漆挂流物软化、溶解。使用浸润二氯甲烷的棉花球擦敷多次，并伴随着轻弱的摩擦，能够将油漆的挂流物除去，且效果较好。[①]

（二）修补

修补材料使用德国雷马士（Remmers）公司生产的Funcosil修复砂浆和轻质碳酸钙粉末的混合物。[②]此砂浆有一个最大优点是在使用时放热量小，固结后不开裂，形变低。为了获得修复砂浆与底层——细泥层或草泥层之间的较好粘合，在修补前，尽量将底层现有的松散泥土块和杂物一一仔细地清除，并用少许的水浸润底层是非常必要的。

修复后趁修复砂浆未固结前，使用泥土、墨汁和白水泥的不同比例混合物，分层次多次实施做旧处理。修复砂浆固结后，再实施做旧处理也是可行的，但粘合性、粘合强度不佳，易分层脱落，一般不采用。

————————

① 宋迪生等编：《文物与化学》，四川教育出版社，1992年，第136页。

② Remmers：《石质古迹保护涂料及砂浆系列》（内部资料）。

曾中樵卷

（三）灌注

实施灌注仅在空鼓凸起的部位进行。灌注材料是德国雷马士（Remmers）公司生产的Funcosil KSE 500 STE，实施人工灌注。[①]灌注工具是使用100ml一次性塑料注射器，分批分次灌注至满为止。

（四）封护

壁画的封护是采用我国传统壁画画面封护材料——胶矾水。它经历过几百年时间考验，被证明是行之有效的材料。虽然它的粘合性和抗水性都欠佳，但良好的透水气性却是它的一大优点，在湿润的地方使用，还是有效的。胶矾水中胶矾之比为1：1.5，使用浓度为胶量占2%，施工工艺为涂刷。为保证胶矾水的施工质量，使用热的胶矾水涂刷是较好的措施。

在对壁画画面进行封护后，发现画面上有一片片胶斑出现，并在灯光照射下发亮。这是多余的胶矾未渗透进画层，滞留在画面上的产物。待胶矾水干固后，使用硬质毛刷轻扫多次，即可除去胶斑。

五、结　语

（一）壁画，特别是建筑物墙壁上的画，除建筑物的主体结构建筑需要进行大规模的维修，必须拆除或移动墙壁外，一般都不需要进行大面积揭取处理。揭取对壁画的画面是一种伤害，特别是对壁画中的颜料层与地仗层之间粘附性有较大的损伤。大面积整幅壁画揭取是在特殊和非常情况下的一种异常行为，不可随意采用，能进行原地局部修复保护的，尽可能地采取原地局部修复保护技术。

（二）壁画上的残损部分是不能在修复后进行补画的，那样做会从艺术上毁掉整幅壁画。但残损部分在重新补做地仗层之后，要实施做旧处理，使之与壁画的整体色调保持一致。否则色调差异较大，对比明

① Remmers：《石质古迹保护涂料及砂浆系列》（内部资料）。

显，影响观瞻。

（三）壁画结构上的分层。特别是地仗层与泥层，泥层与支撑物——砖墙体或竹编物之间的分层现象是比较普遍的。这是由于制作壁画的各种材料的性质不同而引起的。这种分层只要不是呈现大面积的空鼓凸起，能保持壁画的整体性，对壁画的安全无大的影响，一般都不需要向里灌注无机或有机粘合材料。这样做，一方面会给将来的修补和大面积揭取维修带来较大的麻烦和困难，另一方面也起不了多大的粘合作用。想通过粘合材料将凸起部分粘合成一体，思路是不错，但粘合行为的发生与许多因素有关。粘合面不经过必要的处理，很难达到理想的粘合效果。

（四）武侯祠文武廊彩塑后背壁画的维修保护是成都市的首例建筑物内壁画维修保护。它的残损原因和状况都具有一定的代表性，因此这次维修保护给成都市区建筑物内壁画的保护，无论在工艺上，还是在选择维修保护材料上都提供了许多可借鉴的东西。

（原载于《四川文物》2002年第6期）

僰人悬棺的维修和加固

　　悬棺葬是我国南方的一种古代少数民族的葬式。僰人悬棺位于四川南部，现存的以四川省珙县洛表乡麻塘坝一带为最多。它为民族史的研究提供了丰富的实物资料，是全国重点文物保护单位。

　　僰人悬棺所处的地区属于石灰岩地层，大小天然溶洞比比皆是。一部分悬棺是把棺木横置于悬岩凹处（或天然形成，或人工开凿）垂直于岩面的2～3根木桩上，一部分悬棺是放入天然石灰岩溶洞内，一棺一洞或多棺一洞不等。悬岩凹处和溶洞能防御雨水的淋蚀和冲刷，能减弱日光的暴晒和冰雪的覆盖，但抵挡不住风沙和鸟类等自然力和生物的破坏，逃避不了石灰岩被水溶蚀产物的浸蚀。数百年的沧桑，造成了悬棺外表面风化，开裂成层状，呈灰褐色。白色似石灰的形状各异的大小斑纹在棺木上普遍存在。这是石灰岩被水溶蚀的产物在棺木上沉积所致。

　　支托悬棺的木桩，基本上前端都向下倾斜，使悬棺处于一斜面上，时时都有下滑坠地毁坏的险情发生，在岩壁上留下一根根倾斜的木桩或一个个长方形的桩孔。现存的悬棺总数已不过二百余具了。

　　木桩采用桢楠或马桑等杂木制作，木桩为长90～120cm、宽9.5～15.5cm、厚9.5～15.5cm或直径为9.5～15.5cm的圆柱体。桩孔外口高10～16cm，宽为10～16cm，深为13～23cm。桩孔内口高和宽分别为8.5～14cm，故桩孔内小外大，在木桩和桩孔之间使用木楔加以固定。

木桩前端倾斜是因为悬棺的重量都压在木桩的悬空部分。木桩嵌入石灰岩山体仅有13～23cm，悬空部分有60～80cm，当木桩和桩孔紧密接触时，木桩要承担起悬棺和自重是没有问题的。但是木桩的木质含有一定的水分，它随着空气湿度的变化而变化。随着时间变化，木桩的木质会逐渐失去自身的水分，干燥、收缩、变形。在空气中长期暴露也会使木质的组织结构遭到破坏，力学强度下降。另外，在棺木和木桩的重力推用下，桩孔内的木楔也会自动向外移动。这些因素都造成了木桩和桩孔之间的松动，在木桩自身重力和棺木重力的作用下，使木桩前端向下倾斜，形成斜面，使悬棺滑动坠落。

悬棺棺木系选用楠木整段刳制而成，在棺木内壁上，留下了明显的刳制痕迹。棺木整体性较好，不易散落。棺木和棺盖作上下套合，除有阴阳扣外，还配有铁榫，以防棺盖滑脱。棺木两侧壁厚5～7cm，两端壁厚8～10cm，底厚6～8cm，棺盖厚5～8cm。棺木总长度为190～211cm，宽50～55.5cm，高45.5～50.5cm。根据对制作棺木木材——桢楠容重的测定值0.577g/cm^2，悬棺棺木总体积均为0.2～0.3m^3，棺木木材占有量仅为0.171～0.187m^3。悬棺棺木自重为67.51～107.90kg；再加上棺木内的遗物和泥沙，每具悬棺最大重量未超过250kg。

悬棺的维修加固主要是矫正木桩，使之重新垂直于岩面，并杜绝木桩再度发生倾斜。木桩和悬棺系悬空部分，原无任何形式的支撑。维修加固既不能使用支撑的办法，也不能使用拉扯的方法，因无处可拉。这些方法都会影响它的外观和原来的历史价值。设计是在桩孔的最上方正中打孔。孔径3～3.2cm，孔深40cm，孔中插入直径为2.5cm的Ⅱ号螺纹钢筋；在凿孔内预先注入环氧树脂胶泥，以稳定住钢筋。钢筋伸出的悬空部分长度为50～70cm，并将它隐蔽在已凿成凹槽的木桩内，悬棺放在钢筋上，钢筋承担悬棺的重量，而木桩成了一个不受力的装饰物。

这是利用悬臂梁的原理，[①]在材料力学中有关钢筋悬臂受力（均匀受力）的计算公式：

挠度$f_A=-QL^4/8EJ$

剪切强度$R=QL/S$

其中f_A为钢筋的挠度，即下斜高度。

Q为正压在每厘米钢筋上所承受的重物的重量。

L为钢筋外余部分的长度。

E为钢筋的弹性模量。一般在维修加固工程中，多使用Ⅱ号螺纹钢筋，它的弹性模量是$2.0×10^6kg/cm^2$。

J为钢筋的惯性矩，按$\pi d^4/64$计算（π为圆周率，d为钢筋直径）。

S为前切截面抵抗矩，按$\pi dL/2$计算（π为圆周率，d为钢筋直径）。

依据上述的公式进行计算，插入钢筋的最大挠度$f_A=-0.51～-1.40cm$，剪切强度$R=0.46～0.73kg/cm^2$，剪切强度R大大地低于Ⅱ号钢筋容许的剪切强度$R=120kg/cm^2$。这样一来，即使今后木桩腐损或倾斜，悬棺也是安全的，不会坠落。

在钢筋和岩石之间，在钢筋和木桩之间，在木桩和桩孔之间以及嵌入钢筋的木桩凹槽内，均使用环氧树脂胶泥填塞，以增加钢筋、岩石和木材之间的相互接触，增大静摩擦和粘合性，以保证钢筋和木桩的稳定。

具体的操作过程是：

1.因悬棺离地面高度为18～40m，地面又多为乱石坡地，根本无路可通，又不通电，故采用起重和升降机具载人进行维修加固是不切合实际的，只能随山势地形搭设手脚架。为了施工安全，手脚架逐层需添设斜撑，架设"剪刀架"，设置"拉绳"，铺设厢板、跑梯和工作台，并张挂安全网，以加强手脚架的稳定性和安全。

2.在搭设手脚架后，对需要维修加固的悬棺和木桩进行照相、记

① 《建筑结构静力计算手册》编写组：《建筑结构静力计算手册》，中国建筑工业出版社，1975年，第78–82页；孙训方、方孝淑、关来泰：《材料力学》，人民教育出版社，1979年，第117–119页。

录、画图、标记下棺木的前后和方位，并对悬棺和木桩编号。

3.将棺木从支撑木桩上抬起，平移到工作台上，平放。

4.取出倾斜的木桩，标出上下左右各面后，交木工用凿子按图在上部中心处，从根部起凿槽，槽宽4cm，槽深4cm，槽长55～95cm。

5.石工在桩孔上方正中凿洞，洞径3～3.5cm，洞深40cm。

6.在石洞中灌注配制好的环氧树脂胶泥，然后强行插入直径为2.5cm、长度为90～120cm的Ⅱ号螺纹钢筋，可用锤敲打。

7.桩孔四周涂敷环氧树脂胶泥，插入已凿好了凹槽的原配木桩，使外余悬空部分的钢筋全部被埋置在凹槽之中。

8.使用环氧树脂胶泥填满钢筋与木槽之间的缝隙，为防止钢筋的锈蚀，再使用环氧树脂胶泥在钢筋上做0.5cm厚的保护层，同时也使得凹槽被填平，使钢筋受力。

9.除去桩孔四周被挤压出来的多余的环氧树脂胶泥。

10.环氧树脂胶泥固化后，将棺木按原方位移至木桩上。

11.桩孔四周环氧树脂胶泥如与岩体色调不一致，可适当做旧处理。

环氧树脂胶泥的配方是：

E-44（6101#）环氧树脂	100g
593固化剂	25g
石粉	600g

593固化剂系二乙烯三胺与环氧丙烷丁基醚的缩合物。

此次仅对棺材铺、邓家岩、三仙洞等处的悬棺进行了加固维修。现场施工的效果，证实了上述设计和操作的可靠性。使用钢筋加固的木桩能够承受住一个成人在其上自由跳动，而不发生弯曲和抖动。

我国现有悬棺葬遗存的地区，除四川以外，还有福建、湖南、江西、浙江和广西等省，在保护古代文化遗存之一——悬棺的工作中，所存在的问题也是大同小异。此次珙县僰人悬棺的维修加固，给我国其它地区悬棺的维修加固，提供了有益的借鉴。

飞天藏木雕人像的杀虫和加固

四川省江油市窦圌山云岩寺西配殿中的飞天藏系南宋淳熙八年（1181）所建，是宋代小木作的精品。安置在八面板壁上或坐或立的木雕人像，其刀法细腻、线条流畅、刻工精细、栩栩如生，更为珍贵。[1]

这批木雕人像原有204座，历经劫难，散失较多，现仅存71座。木雕人像的材质为松、柏和楠，其中又以松木居多。71座木雕人像几乎完全都被虫蛀，留下了成片成片的蛀洞。特别是松木质地的木雕人像，蛀洞特别多，糟朽厉害，表面强度差，用指甲就能剥下木块。个别木雕人像木质鼓起，呈馒头状。需要进行杀虫和加固处理。

根据木雕人像上存留的金箔残迹可知，这批木雕人像的正面，即面向观众的一面，各代都曾贴金。贴金时使用大漆作为金箔和木雕之间的粘合剂，木雕人像上留下了一片片黑褐色的生漆涂层。背面，即向着板壁的一面，却未涂贴任何颜料或金箔，保留着木质的本色。这可能是为了既要不影响木雕人像的外观形象，又要减少金箔的用量、节约经费而实施的两全其美的办法。西配殿年久失修、屋面漏雨，木雕人像贴金的正面能抵御雨水的渗入，而未贴金箔又未上彩的背面却无法阻挡雨水，造成木雕人像的糟朽和虫蛀。蛀洞最多最集中和糟朽最厉害的部

---

[1] 黄石林：《飞天藏的木雕人像艺术刍论》，《四川文物》1991年第5期，第31页。

位，全都在未贴金的背面。所以屋面漏雨、水的渗入是造成木雕人像糟朽变质和发生虫害的最主要的原因。1984年西配殿经过落架维修后，屋面漏雨得到了解决，木雕人像又早已从飞天藏上取下，存放入市文管所库房中保管，木雕人像的糟朽和虫蛀已得到了控制，但已造成的糟朽和虫蛀却也保留了下来。

在对木雕人像进行杀虫和加固处理前，先对这批木雕人像进行测量，表一为71个木雕人像的具体尺寸和质地。有一座全身上彩的木雕坐像为近代补做，风格和技艺与原作相比差之甚远（保管号为48），未计算入71躯之中。

表一 飞天藏木雕人像尺寸和质地

保管号	通高/cm	肩宽/cm	最宽处/cm	最厚处/cm	座高/cm	质地
01座像	51.8	8.9	26.3	10.7	20.3	松
02座像	47.2	11.2	22.8	10.9	10.1	松
03座像	47.0	11.7	21.3	9.1	8.6	松
04座像	50.5	12.3	26.2	11.7	10.1	松
05座像	43.7	10.8	22.4	11.3	8.2	松
06座像	47.8	11.6	20.4	11.2	10.4	松
07座像	46.1	10.9	19.6	10.9	10.6	松
08座像	48.3	11.5	23.1	10.4	10.3	松
09座像	45.8	12.2	20.3	11.7	10.7	松
10座像	48.5	11.4	20.8	10.3	11.5	松
11座像	47.4	11.2	24.0	12.0	10.8	松
12座像	45.4	11.2	13.6	13.4	8.8	松
13座像	46.3	11.6	18.1	11.7	8.4	松
14座像	47.8	10.4	23.6	12.8	10.9	松
15座像	45.9	11.8	24.3	13.6	8.2	松
16座像	48.6	13.3	25.4	11.1	9.2	松
17立像	42.0	10.5	16.2	8.4		松
18立像	33.5	8.5	12.0	11.3		楠

续表

保管号	通高/cm	肩宽/cm	最宽处/cm	最厚处/cm	座高/cm	质地
19立像	50.7	10.3	14.1	10.4		松
20立像	35.0	10.1	13.1	9.8		松
21立像	38.0	10.1	12.5	8.8		松
22立像	37.6	11.3	15.5	10.1		松
23立像	34.5	7.6	9.8	7.1		柏
24立像	38.8	12.1	18.3	18.6		松
25立像	34.4	8.4	11.6	5.4		松
26立像	33.7	8.7	11.3	6.2		松
27立像	40.4	10.4	13.6	7.2		松
28立像	39.2	9.8	13.9	7.2		松
29立像	34.5	9.0	11.0	9.0		楠
30座像	34.6	9.0	33.6	9.4	4.7	柏
31立像	40.7	10.5	14.6	10.0		松
32立像	40.3	10.7	14.6	10.0		松
33座像	36.3	10.5	35.0	9.0	4.1	楠
34座像	33.1	10.5	15.3	10.1	4.1	柏
35立像	41.1	8.7	14.1	8.3		松
36立像	42.0	9.0	14.0	10.5		松
37立像	34.4	8.5	10.9	7.1		松
38立像	41.2	9.1	14.5	7.3		松
39座像	34.2	9.3	14.1	9.6	3.9	柏
40立像	38.0	9.8	13.9	7.2		松
41立像	33.8	9.1	10.3	8.4		松
42座像	33.7	9.6	15.5	8.1	3.8	楠
43立像	37.1	8.9	14.0	7.4		松
44座像	33.1	9.7	15.1	6.7	4.2	楠
45立像	33.5	9.4	11.7	7.6		楠
46座像	35.0	10.0	15.0	10.2	3.7	楠
47座像	33.3	10.5	13.4	9.8	4.1	楠
*48座像	34.4	9.8	14.7	9.3	4.2	楠

保管号	通高/cm	肩宽/cm	最宽处/cm	最厚处/cm	座高/cm	质地
49立像	35.5	11.7	16.8	8.4		松
50立像	36.1	8.3	10.3	6.9		楠
51立像	36.0	9.5	12.0	9.2		楠
52座像	67.1	9.7	25.7	9.3	21.3	松
53跪像	73.2	12.8	24.1	13.7	35.1	松
54座像	45.8	10.7	19.1	12.7	7.3	松
55座像	63.4	12.6	23.1	16.5	17.8	松
56座像	61.1	11.7	26.1	12.8	30.8	松
57座像	35.0	10.5	15.8	9.8	3.9	柏
58座像	58.1	11.3	25.1	12.7	28.4	松
59座像	63.8	12.9	23.0	11.6	20.5	松
60座像	37.3	8.3	22.9	9.1	20.2	松
61座像	69.9	13.1	30.3	11.2	37.6	松
62座像	47.6	11.6	12.8	10.5	10.1	松
63立像	39.8	9.4	14.8	9.4		松
64立像	44.4	9.9	17.8	8.1	5.8	松
65座像	37.3	11.2	21.7	14.9	3.4	松
66立像	31.5	9.7	13.1	11.1		松
67立像	28.0	8.5	10.7	8.7		柏
68座像	33.4	9.6	22.6	13.7	6.8	松
69立像	58.0	11.3	16.2	10.5	21.0	松
70立像	41.3	10.8	15.6	8.9		松
71座像	49.5	10.1	19.1	11.2	11.1	松
72座像	31.7	9.1	15.0	7.9	3.4	楠

一、杀虫

目前对木质文物杀虫最好的方法是使用溴甲烷熏蒸，但因溴甲烷为气体，毒性很大，在常温下，需要专门的处理设备和防护措施。由于我们缺乏此设备，只能运用农药之一的溴氰除虫菊酯（Deltamethrin）

乳剂浸泡。①溴氰除虫菊酯是人工合成的拟除虫菊酯农药的最新产品。它是将天然除虫菊酯分子中的异丁烯基团进行重排得到的有较大活性的产物。因它的分子中的两个甲基被溴取代，其杀虫活性增加大约3倍，同时也除去了分子中对光不稳定的部分，增强了稳定性和延长了药效期。它还在适当位置上引入氰基，使其具有空前的杀虫效力。它的杀虫效力是天然除虫菊酯的1700倍。

木雕杀虫使用溴氰除虫菊酯的浓度，按在农作物上使用的浓度25mg/kg考虑。市售溴氰除虫菊酯的浓度为2.5%，所以应将它稀释1000倍，即在1ml2.5%溴氰除虫菊酯中加入1000ml水稀释后使用。溴氰除虫菊酯药效期较长，一般可维持30天。

溴氰除虫菊酯不溶于水，要使它在水中乳化，需要加入表面活性剂，一般使用非离子型表面活性剂。表面活性剂不仅能使不溶于水的物质"溶解"于水，同时也是洗涤剂。所以使用溴氰除虫菊酯乳液浸泡木雕人像，在进行杀虫处理的同时，也对木雕人像进行了清洁工作，洗涤了表面的尘土、污垢。

木雕人像进行浸泡杀虫处理前，应用纱布条将木雕人像缠裹一层，以防在浸泡处理时，人像之间或人像与容器壁之间发生碰撞，给本来就已十分糟朽的人像带来不应有的损伤。

溴氰除虫菊酯虽对温血动物毒性较低，但也是有毒农药，使用时须注意安全。在浸泡木雕人像时，操作人员要戴上胶皮手套和口罩，禁止接触皮肤和入口。如不小心溅在手或脸上，要立即使用肥皂或其他碱性物质洗涤。因溴氰除虫菊酯在碱性条件下能迅速分解失效。

木雕人像使用溴氰除虫菊酯作浸泡杀虫处理的浸泡时间为1小时。浸泡处理完毕后，拆去表面包裹的纱布层。用布条或绳索扎捆，系在竹竿或木架上，置于室内通风处阴干。通风阴干的时间一般需要30～60

---

① 上海师范大学化学系、上海科学技术情报研究所：《拟除虫菊酯资料选编》，上海科学技术情报研究所，1976年，第26页。

天。经过杀虫处理后的木雕人像表面清洁，色调由脏变洁。

在检查拆下的缠裹木雕人像的布条时，发现了数十个黑色灰腹硬翅，米粒大小的甲虫，经鉴定为粉柱甲虫的扁蠹虫属（Lyctus）。[①]

二、加固

（一）加固材料的选择

为了便于保存这批糟朽的木雕人像，必须对其加固，即增强它们自身的强度。进行加固处理首先是要选择加固材料。加固材料必须无色、透明，施用后不反光，不影响木雕自身的色泽和质感。加固材料必须能在常温或低温（100℃以下）环境下固化，从而有利于木雕的保护和加固工艺的操作。为此，经过多次初步试验，舍弃了使用生桐油加过氧化物和使用松香与蜂蜡在三氯乙烯中的溶液作为加固材料的方案，因它们使加固后的木雕变黑、发亮。[②]丙烯酸酯树脂加固材料的商品名称为CWT5–1型SCC填充剂，它是以甲基丙烯酸乙酯和丙烯酸甲酯为主要原料，另加有少量丙烯酸，经非离子表面活性剂Oπ–10乳化、过硫酸铵引发、乳液聚合的合成高分子共聚物乳液。因聚合度较低，乳化时搅拌速度极快，胶乳的粒子细小，粒子直径仅为$10^{-6} \sim 10^{-7}$m，因此它具有较好的渗透性和填充性。由于在胶乳分子中存在着活性基团羧基，故能与分子结构中含有羟基、胺基的物质发生反应，产生交联，从而达到加固这些物质的作用。

SCC填充剂外观呈带蓝色乳光的乳白色，固体含量大于38%，未反应物（即单体）含量小于0.5%，乳液的pH值为3.0～3.5，乳液稳定性大于365天，乳液干固后的产物在丙酮中浸泡1小时后全部溶解。

---

① 郑止善：《木材保存学》，科学技术出版社，1957年，第34页。

② 徐毓明：《艺术品和图书、档案保养法》，科学普及出版社，1985年，第114页；
S.M.Nakhla, *Studies in Conservation*, 1986, 31(1)：38.

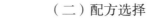
（二）配方选择

使用水作稀释剂，配制成不同浓度的SCC填充剂，对木雕人像的试样进行加固处理，并进行测试，依据测试结果来确定配方。因在木雕人像上根本无法按常规取样和做成试块进行测试，只好选择已残损同质材的木器作试样，采用非破坏性的测试方法进行。超声波法是最常用的方法之一，使用SYT-1型声波探测仪和2.5kHz发射换能器对样品进行测试，结果见表二。

表二　SCC填充剂浓度与波速的关系

SCC填充剂/ml	水/ml	纵波速度V_p/（m·s^{-1}）
0.0	0.0	417（松） 643（柏） 678（楠）
100	50	585（松） 624（柏） 867（楠）
100	100	843（松） 1146（柏） 1184（楠）
100	150	819（松） 1047（柏） 1064（楠）
100	200	738（松） 916（柏） 937（楠）

超声波的传播是靠质点振动，因此它的波速与媒介物质的密度有关，即密度大、波速高。反之空隙大、波速低。同时密度大小又与媒介物质的力学强度成正比。因此，超声波波速（特别是纵波）的大小，反映了填充剂的填充效果及处理前后力学强度的变化。根据测试结果，把SCC填充剂与水的配比控制在1∶1（体积比）为好。即木雕人像的加固处理材料使用1份SCC填充剂与1份水配制而成。

（三）加固工艺

将经过杀虫处理、阴干、使用纱布再次捆扎后的木雕人像浸泡在

1：1（体积比）的SCC填充剂中1.0～1.5小时，让填充剂通过毛细管和蛀洞充分渗透到木雕的内部。因木材的密度都比水小，浸泡时会上浮，达不到全部浸泡、充分渗透的目的，所以一般采用重物平压的办法。浸泡一直要进行到SCC填充剂的液面上无任何大小的气泡产生和卸去重物后木雕下沉至液面下为止。

　　浸泡处理完毕后，取出，去掉缠裹在外的纱布，将木雕放在用浴巾或多层纱布叠合起来的布上，立即用浴巾或布将滞留在木雕表面的SCC填充剂吸去。这道工序要特别小心和仔细，特别是在凹槽和转角处。必要时还可借助于一些简单的工具。否则干固后滞留在木雕表面的填充剂会使木雕表面发亮反光，带有明显的涂层感，使木雕质感失真。

表三　木人像加固前后重量的变化

保管号	质地	处理前重量W_1/g	处理后重量W_2/g	增加重量/g	增加百分比（％）
2	松	1257.4	1436.9	179.5	14.27
27	松	841.8	974.4	132.6	15.75
54	松	1863.7	211.5	254.8	13.67
23	柏	1346.8	1504.3	157.5	11.69
39	柏	2114.6	2329.1	214.5	10.14
67	柏	1249.2	1396.3	147.1	11.78
18	楠	1345.4	1501.6	156.2	11.61
33	楠	2461.8	2724.4	262.6	10.67
45	楠	1386.5	1542.8	156.3	11.27

　　将已经使用SCC填充剂加固处理后的木雕人像用布条扎捆，悬挂于竹竿或木架上，置于阴凉处，自然通风干燥3～5天即可。

　　各种不同材质的木雕人像，经SCC填充剂加固处理后，重量都有所增加，其结果见表三。使用SCC填充剂加固处理糟朽的木雕人像，无论是松木，还是柏木和楠木都无发亮反光，加固效果和质感都较好。至少用手指甲在木雕人像上凿不起任何的痕迹。经过SCC填充剂处理的木雕人像，木材纤维部分地与SCC成分发生了交联，产生了化学变化，但色调变化甚微，陈旧色不变，与清洗、杀虫和加固前差不多，使木雕人像更体现文物的历史风味（见图一和图二）。

图一　杀虫和加固前的木雕人像

图二　杀虫和加固后的木雕人像

（原载于《文物保护与考古科学》1998年第1期）

石质文物上油烟污物清洗材料的研究

古代石质文物上油烟污物多系烧香拜佛者燃点香蜡、焚烧纸帛长期积聚而形成，或洞窟长期被人居住，或在摩崖造像下搭栅建房、烧燃木材作炊、取暖所致。

微量的油烟污物在古代石质文物上的存在对减少冷凝水的侵蚀、渗透，减缓石质文物的风化是有一定益处的。但是，大量油烟污物的存在不仅影响石质文物的外观，掩盖石质文物的细部雕刻，如衣纹、装饰等，严重时，可使石质文物面目全非。厚重的油烟污物能与空气中氧气、水蒸气和微生物作用，在阳光中紫外线的催化下，发生变质、腐败，呈层状脱落，严重影响对古代石质文物的保护。

虽然在市场上，各种用途的洗涤材料不少，品种繁多、门类齐全，但专门用于石质文物上油烟污物清洗的却无。国内外有人曾提出使用四氯化碳、三氯乙烯、丙酮、甲苯、二甲苯、苯、松节油、二甲基甲酰胺、氨水、环己胺、丁胺等有机溶剂除去石质文物上的油烟污物，[①] 但在使用时，发现效果不令人满意，总有一部分污物清洗不掉。加之这些溶剂的毒性，极大地限制了它们的使用，需要研究一种高效、方便的

---

① 徐毓明：《艺术品和图书、档案保养法》，科学普及出版社，1985年，第37页；宋迪生：《文物与化学》，四川教育出版社，1992年，第134页。

清洗材料。

我们先使用非离子表面活性剂对石质文物上的油烟污物进行清洗，除去大面积沉积和吸附得不太紧密牢固的炭黑和其他成分，它们在油烟污物中占据着大部分。对吸附牢固之物，再使用H_2O_2–HF–Oπ10进行局部氧化、渗透、腐蚀清洗。根据在大足、广元等地的清洗效果，这一材料是有效的。当然，在清洗之前，初步了解油烟污物的主要成分是非常必要的。

一、石质文物上油烟污物的主要成分

虽然各地石质文物上油烟污物来源不一，却都与燃烧木材、植物纤维素和油脂制品有关。燃烧时温度不同，热裂解产物也不同，相当复杂，故只能作一个初步的了解。我们分别对广元皇泽寺大佛龛主佛佛座和大足宝顶山小佛湾的几个小龛上的油烟污物进行取样，委托中国科学院成都分院有机化学所红外光谱组，使用美国尼柯莱特公司（NICOLET）MX–1E傅立叶变换红外光谱仪对样品进行定性分析，分析结果见表一和图一、二。

表一　红外谱图与对应的有机基团

吸收频率/cm^{-1}	对应有机基团
3540	–OH
3400	–OH
2930 ~ 2960	–CH$_2$
2430	$R_2N^+H_2$　R_3N^+H
1630	(环)
1400	–N–CS–N–
1360	(环)–NH–R
1100 ~ 1150	C–O–C
1050	C–O–C
890	–CH$_2$
800	>C=C<
690	>C=C<

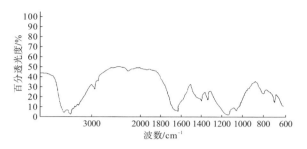

图一　清洗前油烟污物的红外谱图（大足）

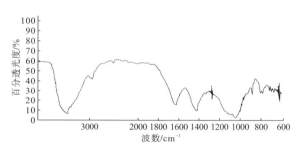

图二　清洗前油烟污物的红外谱图（广元）

从分析结果看出：这两处石质文物上油烟污物的成分大致相同，除去大量的炭黑外，主要是木材和植物纤维素热裂解产物——不同聚合度的葡萄糖（3540cm^{-1}、3400cm^{-1}、2930～2960cm^{-1}、1100～1150cm^{-1}、1050cm^{-1}、890cm^{-1}），其次是稠环芳烃并杂环化合物（2430cm^{-1}、1630cm^{-1}、1400cm^{-1}、1360cm^{-1}、800cm^{-1}、690cm^{-1}）。

二、清洗材料

（一）非离子表面活性剂的清洗材料

非离子表面活性剂系使用成都油脂化学公司引进瑞典布利发公司（BLIFA）的配方和设备生产的液体洗洁剂，该产品属低泡型，配方中全部原料均系非离子表面活性剂。其配方如下：壬基酚聚氧乙烯醚（M=660）50%，三乙醇胺2%，椰子油二乙醇酰胺2%，乙二醇5%，香料0.1%，余量为水。

该产品的技术指标是：PH=8，浊度（℃）=67.1，临界胶束浓度（mol/L）=0.0021，洗洁指数>1.3。

按临界胶束浓度计算：在洗涤材料中，非离子表面活性剂的实际浓度应始终大于0.15%才具有洗涤效力。一般使用浓度为0.25%～0.50%。使用该材料进行清洗，石质文物上吸附不太紧密或不太牢固的油烟污物都能除去。对沉积时间不久、比较新鲜的油烟污物的清除量可达70%～80%，对沉积时间长久、陈旧的油烟污物的清洗量仅有50%～60%。

（二）H_2O_2–HF–Oπ10清洗材料

1.不同浓度的HF水溶液对SiO_2和$CaCO_3$腐蚀速度的测定。取硅石（不透明的劣质水晶）和大理石分别加工成片状体，进行不同浓度HF水溶液的腐蚀实验，结果见图三。

从图三看出：HF浓度越大，对SiO_2和大理石的腐蚀也越大，在低浓度时HF水溶液对SiO_2的腐蚀速度最初较快，几分钟后明显减缓，看来使用1.0%的浓度为好，即HF水溶液的摩尔浓度为0.5mol/L，根据氧化还原半反应方程式$H_2O_2+2H^++2e\rightarrow2H_2O$计算，需用$H_2O_2$的量为0.25mol。

3.不同浓度Oπ10表面张力的测定。油烟污物中的主要成分——炭黑是属于憎水性材

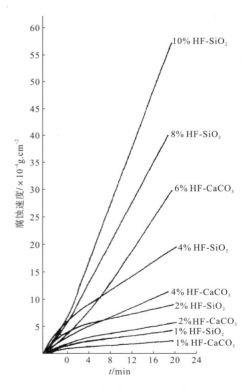

图三　不同浓度的HF水溶液对SiO_2和大理石的腐蚀速度（T=20～25℃）

料，为降低洗涤液的表面张力，加强H_2O_2–HF水溶液对炭黑的浸润、渗

透，需加入一定量的非离子表面活性剂，Oπ10是常用的一种。[1]测定Oπ10（辛烷基酚聚氧乙烯醚或壬烷基酚聚氧乙烯醚）浓度与表面张力的关系，测试结果见表二。从表二可看出：Oπ10的浓度为0.1%即可。

表二　Oπ10水溶液的表面张力

试样编号	浓度/%	表面张力/dyn·cm^{-1}
1	0.025	38.70
2	0.050	33.60
3	0.100	32.60
4	0.150	32.70
5	0.200	32.50
6	0.300	32.50
7	0.500	32.50

综上所述，H_2O_2-HF-Oπ10清洗材料的配方为：30%$H_2O_2$3g，40%HF2.5g，Oπ100.1g，H_2O94.5g。

三、清洗工艺

我们使用两步法分别对广元皇泽寺摩崖造像中大佛龛中主佛莲花座、大足宝顶山摩崖造像小佛湾中的几个小龛上的油烟污物进行清洗。清洗工艺步骤如下：①使用液体洗洁精配制成1.0%～2.0%浓度的水溶液。②将干净毛巾数张折叠成长方形，置于清洗液中浸泡。③少时，取出一张毛巾，拧成半干，在油烟污物处不断地反复擦洗，毛巾擦洗面脏后，另换一面或一部分继续擦洗，直至整张毛巾全部变脏后，放置在一边。另取干净毛巾重复上述操作，直至毛巾上不再有黑色污垢产生为止。④自然干燥后，用镊子夹取浸泡有H_2O_2-HF-Oπ10的纱布块，在顽

---

① （日）矶田孝一、（日）藤本武彦：《表面活性剂》，轻工业出版社，1973年，第145页；A.戴维斯、B.M.米勒维斯基：《合成洗涤剂》，轻工业出版社，1985年，第327页。

固的、还未清除干净的油烟污物上涂擦或搭敷，几分钟至十多分钟后，这些顽固之物就会被除去。一次不行，可反复多次。⑤再用清洁毛巾蘸取清水，反复搭敷和擦洗已清洗过的部位，以除去两次清洗后残存的清洗材料。

四、H_2O_2-HF-Oπ10的清洗机理

使用美国尼柯莱特公司（NICOLET）MX-1E傅立叶变换红外光谱仪，对使用H_2O_2-HF-Oπ10清洗材料清洗后，洗脱的进入洗涤液和未进入洗涤液以固体形式存在的油烟污物进行分析，结果见图四、五、六、七。分析结果表明：它们与未清洗前油烟污物的红外光谱波形大致一样，主要的吸收频率并无多大变化。进入洗涤液的部分，除因有少量表面活性剂存在引起1100cm^{-1}略有加强外，新产生的750cm^{-1}是SiF$_6^{-2}$的典型吸收频率。所以使用H_2O_2-HF-Oπ10清洗顽固的油烟污物，仅是使油烟污物中的有机物通过氧化解聚，转向易于洗脱的低聚体而已。

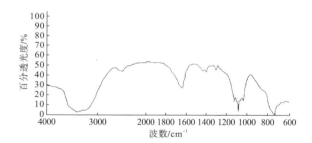

图四　洗脱的进入洗涤液的油烟污物的红外谱图（大足）

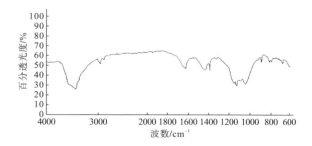

图五　洗脱的进入洗涤液的油烟污物的红外谱图（广元）

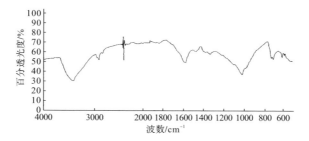

图六　洗脱的以固体形式体存在的油烟污物的红外谱图（大足）

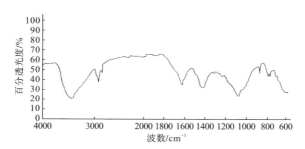

图七　洗脱的以固体形式体存在的油烟污物的红外谱图（广元）

五、讨论

从有关资料知道：木材或纸张的主要成分是纤维素，其次为半纤维素和木质素。在燃烧时，这些成分都要发生热裂解，得到固体、液体和气体三种产物。固体是炭黑、不同聚合度的葡萄糖，气体是二氧化碳、甲烷等，液体为木醋液，俗称木焦油。木焦油中的沉淀成分是呈黑色且粘稠的油状体，主要成分为木沥青，其中含有大量的稠环芳烃并杂环化合物。它们能很好地湿润无机物，并具有较强的粘结性。[1]这与石质文物上油烟污物的红外光谱分析的结果一致。

使用液体洗洁剂进行第一次清洗，这是极普通的清洗方法。使用

---

① （芬兰）埃罗·斯耶斯特勒姆：《木材化学》，中国林业出版社，1985年，第20页；南京林产工业学院：《木材热解工艺学》，中国林业出版社，1983年，第38页。

非离子表面活性剂的原因，一是对水质无选择，可使用各种不同硬度的水。二是避免在清除油烟污物之后，在石质文物上留下无机盐。虽然非离子表面活性剂的洗涤能力不如阴离子表面活性剂，且吸湿性较大，阴离子表面活性剂的洗洁指数均在2.0以上，但阴离子表面活性剂不耐硬水，需要较高的PH值，需加入一些无机盐，如磷酸盐、碳酸盐、硅酸盐、硫酸盐等降低水的硬度，提高PH值或用作填料。使用后，在石质文物上会留下一些盐类。一般常用的肥皂去污能力也较强。但肥皂的主要成分是硬脂酸钠，在热水中形成亲水胶体，使用后会在石质文物表面留下白色的胶粒，采用热水才能清除，而野外工作使用大量热水实有不便。三是H_2O_2-HF-Oπ10清洗材料是酸性，阴离子表面活性剂与酸会发生化学反应生成沉淀，使H_2O_2-HF-Oπ10清洗材料部分失效或完全失效。

H_2O_2在中性和碱性条件下很不稳定，容易分解，化学反应式是$2H_2O_2 \rightarrow 2H_2O+O_2$，在酸性条件下较稳定，氧化能力也较强，$E_0$=1.77V（18～25℃）。稠环芳烃并杂环化合物在放置过程中，因空气中臭氧的作用，部分转变成炭黑，使油烟污物的粘滞度增加，软化点升高，强度增强，粘结力下降，含碳量增加、脆性增大、塑性减少，容易开裂脱落。使用H_2O_2-HF-Oπ10清洗材料不过是用人工方法加速了这个氧化过程，使油烟污物易于清洗。

如单独使用低浓度的HF水溶液来清洗，其效果并不好。因炭黑系憎水性材料，与HF水溶液不能够很好地接触和浸润。另外，炭黑层的紧密吸附也使得HF水溶液不能渗透过炭黑层去浸蚀基体的SiO_2。所以HF在H_2O_2-HF-Oπ10清洗材料中起到了两个作用，一是制造酸性的介质，发挥H_2O_2的强氧化性，二是有利于对基体SiO_2的浸蚀。

依照化学反应方程式，HF与大理石的反应结果是生成难溶于水的CaF_2，按阻蚀理论H_2O_2-HF-Oπ10对方解石、白云石等矿物成分应无腐蚀作用。但从测定结果看，H_2O_2-HF-Oπ10能腐蚀大理石等碳酸盐矿物，虽然腐蚀速度比对SiO_2慢得多。这主要是因为HF与碳酸盐矿物质发生化学反应，在固体表面上虽能生成难溶氟化物，但同时也生成了CO_2气体，CO_2不断地从固体表面上逸出、释放，冲动着氟化物的沉淀，使氟化物在固体表面上的吸附能力下降，导致氟化物阻蚀效果减弱。

（原载于《文物保护与考古科学》2000年第1期）

教学讲义

文物的保养

文物的保养

　　文物是人类文化的遗存物，是历代先民创造的物质财富的精华，是具有历史价值、科学价值和艺术价值的珍贵遗产。若某个民族的历代文物荡然无存，则失去了研究该民族历史的物质基础。保存文物是历史的责任，应采用一切的科学方法和技术，无论是现代的还是传统的，使文物得以保存。

　　文物浩瀚繁多、质地各异。对文物的分类通常有两种方法：

　　其一，以遗存的形式，分为地上文物和地下文物。地上文物包括建筑（宫殿、寺院、民居、塔、桥……），以及石窟寺、雕塑、壁画及传世品。地下文物包括古墓葬、古遗址等埋葬于地下、发掘出土的文物。考古发掘文物、传世品文物及可移动地上文物，如壁画、石刻、石雕等，进入博物馆收藏亦称馆藏文物。这种分类便于文物的管理。

　　其二，以构成文物的材料成分和来源，分为无机质和有机质文物。无机质文物如金属（青铜器、铁器、金器、银器、锡器、铅器）、硅酸盐（玉器、石刻、碑、柱、陶瓷、砖瓦）等。有机质文物如纺织品（丝纺、毛纺、麻纺、棉纺）、竹木漆器、书卷、纸张、皮革、骨器等。有些文物的材料是有机质和无机质共存的复合材料。如绘画、照片、胶卷等。这种分类法益于文物的保存。故在文物的保养中，常以此法划分。

我国是著名的文明古国，数千年来保存在地上、地下的文物极为丰富。20世纪50年代以来，我国政府非常重视文物的保护工作，颁布了一系列关于文物保护的政策法令，设置了各级文物管理机构，确定了两百多个全国重点文物保护单位，在保护文物方面取得了很大成绩。政策法令的公布和管理机构的设置仅能防止人为的破坏，如防偷盗、防破坏、防失火、防外流等。对文物破坏严重而又起经常作用的原因是自然力。

危害文物的最重要的原因不外有下面几种：

1.温度、湿度的剧烈变化；

2.直射阳光中紫外线的破坏作用；

3.有害气体（二氧化硫、二氧化碳、硫化氢和臭氧等）、烟灰的影响；

4.微生物［霉菌及害虫（昆虫）］的侵蚀；

5.地下水中各种盐类的渗透和侵蚀；

6.制造时材料加工不当；

7.出土时处理的不妥。

文物在这些因素的影响下，会向损坏方向转化，如金属腐蚀矿化、石刻风化剥落、砖瓦酥碱粉化、壁画褪色起甲、木材干裂糟朽、纸张虫蛀霉烂、织物糟朽脆弱、牙骨龟裂翘曲、皮革脆裂脱毛……

研究上述这些问题的产生根源、发展过程及根治的办法，都属于文物保养的范围。文物保养是研究自然力对文物的破坏以及制止这种破坏的手段。文物保养不但需要继承和发扬我国传统的修复工艺，也涉及广泛的自然科学、化学、物理学、微生物学、昆虫学、气象学、矿物岩石学、建筑工程学、环境保护学知识及冶金、铸造、硅酸盐、纺织、造纸、印染等各种科学技术。其所需要的知识范围是包罗万象的。

文物保养工作应遵循以下的原则：

（一）预防为主

文物保护是万年大计，不能满足于保养修复已损文物这个基本水平。在文物保护的防与治两方面，治是被动的，应以预防为主。这就要求重视考古发掘时的科学保护措施和创造良好的收藏环境，做到防腐蚀、防污染、防老化、防干裂、防糟朽、防霉变、防虫蛀，等等，最大限度地降低文物的损坏。

（二）对症下药

文物的材料质地、制作时代、造型纹饰、埋葬环境差异很大。因此同一类文物也不可千篇一律地用同一方法进行养护处理，而要因物制宜，对症下药。要重视文物的特点，在养护处理中要维护标志文物珍贵价值的遗存物，如金属上古香古色的锈斑，器物上的织品印纹、木纹等在考古学上有科学价值的痕迹。现代科学技术的发展为文物保养工作提供了必要的实验手段和新技术、新工艺、新材料，但引进这些技术时，必须针对文物特点进行试验，切不可照搬。应对症下药，妥善处理。在使用分析测试技术时，要尽量采用无损检测技术，避免取样及取样报微。

（三）消除祸根

在古建筑修缮保护工程中有恢复原状与保持现状、整旧如旧与整旧如新等问题的争论。博物馆藏品在经过保养修复之后，对是否改变了文物的原貌，也往往有争议。究竟本着什么原则才算适当呢？应该是从文物受损原因中查明伴随文物的有害因素，消除导致文物损坏的祸根，切不可带着病害保存。如青铜器上的粉状锈、丝织品上霉斑污迹等，都要毫不犹豫地除去。对出土文物不能为了保持出土时的原状，而使其病患缠身，不予剔除，这样会致使文物完全损坏。但也不能将文物修整得面目全非，还应尽可能地保持古物的特色。因此说，在清除文物上有害因素的前提下，保持文物出土时的面貌，是文物保养修复的原则。所以不能急于求成，草率处理，造成后患。

不难看出，文物保养与医学极为类似，在方针上应以预防为主（创造最佳保存环境），在方法上要对症下药（针对文物特点，因物而异），在途径上要中西结合（传统工艺与现代科学技术相结合）。

一、田野工作中怎样保护出土文物

在田野考古发掘中，经常会发现这样的情况：当打开一座古墓葬时，墓内保存的文物都很好，有的文物颜色仍十分鲜艳。可是当它们暴露在空气中以后，颜色就起了变异或者龟裂脱落。有些文物（由有机物构成），则收缩、起翘、开裂。这是什么原因呢？原因是很复杂的，有物理现象和化学变化。有些文物在地下已发生了质的变化，只因在某些合理稳定的条件下，经过长时期埋藏之后，通常都跟它们所处的周围环境达到了平衡的状态，已经长期适应了这种环境。但一旦把坟墓打开，流入的湿空气和冷空气过多，相对湿度增高，甚至将水蒸气凝成水分，就会使有机物的纤维结构因吸收水分而逐渐膨胀。反之，如进入的热空气过多，则引起相对湿度的下降，使它失水。由于失水，又往往引起文物形体的变化，使之收缩、翘曲甚至开裂。还有，坟墓发掘时，原有的密封状态被破坏，空气中的氧和紫外线都随着空气和光线而大量进入墓室，与墓室内的文物充分接触，使得氧化反应、光化学反应剧烈进行，反应速度大大加快，使器物，特别是织物和纸张褪色，裂断成块。所以，如果一个田野工作者对文物保护工作不熟悉、不了解，有些珍贵的文物就可能在发掘现场时遭受不应有的损失。现在介绍一些在田野发掘现场保护文物的方法：

（一）如果清理的对象是保存完好的青铜器、铁器、骨器、玉石器时，则首先应将上面和周围的土剔松扫净，器物上的土垢，不必细搞，能看出轮廓就可以了。清理时不仅仅着眼于器物，而要关注器物上面是否还保留某些有价值的痕迹（如文字、织布印痕）以及某些饰件、构件（车马具、帐具）的位置与相互关系。一经发现应妥为保护，及时进行绘图、照相和文字记录（包括必要的数据）。

起取遗物时，注意不要损伤其周围的东西，也要注意其下面是否还压着别的器物。如果一件铜戈镶嵌有绿松石或铜镜上嵌有螺钿、金银片饰，虽然器件保存较好，但上面这些薄弱部分应注意保护好，需要采取临时加固措施，装入合适的木匣，用纸和棉花等材料衬垫严实，妥善运回室内及时进行技术处理。一般地说，这些器件的存放条件，均以阴凉、干燥的环境为宜。

（二）对埋藏在潮湿淤泥中文物的提取和保护。在发掘、清理土坑墓、砖室墓或遗址时，如果发现淤泥很厚，对埋在淤泥中的文物，应首先用竹刀、木刀或者牛角刀剔去器物周围的泥土，然后根据器物坚固程度，用托板或其他方法把器物取出，放在阴凉地方。对于由有机物构成的器物，为了不让它干燥太快，要使用甘油、乙二醇涂在器物表面上，然后用湿的棉纸糊在表面用来延缓水分的蒸发。但要注意的是不能将它泡在水里。出土陶器在发掘时，往往湿得很透，非常脆弱。因此，最好让它先阴干，不要急于做太多的清除工作，对于碎陶片，应该在底面标出记号，以便于修复粘合。彩绘陶器、陶俑发掘出来时，出于这类画彩陶器火候较低，可能其上的花纹胶粘剂已经老化而粘接不牢，对此，应该避免水洗。为了防止彩绘花纹的脱落与变色，最好先用2%～5%聚乙烯醇乳液在表面涂上几层，以形成一层保护薄膜，待加固后方可进行洗涤。

（三）在水中浸泡着的文物的起取和保护。浸泡在水中的文物，特别是具有细脆结构的有机物，由于长期泡在水里，已成饱水状态，质地一般很脆弱。从水中提取时要善于利用水的浮力，最好用托板将它托起。在托起过程中将器物稍微倾斜，以便把器物内的水倒掉，免得器物因各个部位所受压力的不均衡而破碎。假如坑内水深，器物没露出水面，则可排出一部分水，但要注意排水的时候，不要因为水的动荡太大而引起文物之间的相互碰撞。提取起来的文物，特别是具有纤维结构的文物，应让它继续保持饱水状态，仍旧将它泡在水里或用甘油、乙二醇涂刷在表面，再用湿棉纸包扎，装入塑料袋中，送实验室处理。如果让它干得太快，它们所具有的纤维结构就可能松散，从而会发生形体的变化。而当纤维结构一经崩溃，就会造成不可挽回的损失。因为无论再让它吸收多少水分进去，也无法恢复原状了。

（四）对出土的含盐文物的处理。文物埋在地下不仅遭受水分的侵蚀，而且同样会受到溶解在地下水中的各种物质的影响。当含有可溶性盐的溶液渗入孔隙较多的文物内，就会像海绵似的饱和起来，一旦水分蒸发而盐质却结晶下来了，这样的变动就会削弱不坚实的文物的质地，有时甚至使它的表面破裂。至于金属文物，这些盐类结晶是严封在一种似乎颇为稳固的锈壳下面。当它跟潮湿空气接触，很容易重新活跃起来。盐是促进金属氧化腐蚀的重要因素，所以，遇到这种情况，即用脱盐水、蒸馏水、去离子水，将文物中含的盐分除去，以消去盐类的结晶。如果发掘时没有脱盐水，亦可用冷开水、井水代替。当然，这样处理仅是临时性的措施，只有送回，经过室内处理，才能消除隐患。

（五）在发掘中对文物遗痕的保护与处理。在考古发掘中往往发现有些文物由于埋在地下遭受各种因素的长期影响，有的已经腐朽，有的还保存一些残片或者遗痕，如陶器和漆器上带有食物的残留或是种子的迹印，这些残迹对考古工作者来说，通过它也许可以鉴定年代。如果在泥土上发现任何织物的痕迹，可以将它作为这些泥土曾经跟芦席、竹篮或布、丝、帛等接触过的证据。除了对这一切细节作出详细的记录外，还要注意切勿把这些痕迹在清除工作时任意洗掉，应把文物遗痕设法取回来。如在遗址中发现车马坑的遗痕，假如不在原址保存，可以将石膏浇在痕迹上，然后把周围土挖去，就可留下车马坑中的车轮的模型。假如有必要在原址保护，可以用化学材料进行渗透加固。方法是先用红外灯将它烘干，然后用0~5%浓度的聚醋酸乙烯酯乳液，涂刷加固或者用注射针在不同部位将加固材料注射进去，再用红外灯烘干。有些遗留在泥土上的文物残痕，亦可用此法进行加固，连同泥土一起取回，送回室内处理。

（六）脆弱文物的提取与保护

1.纺织品

纺织品在考古发掘中是常被发现的，墓葬中织物，多为死者的衣着、饰物及葬仪用的物品。大多数材料是动、植物的纤维，天长日久多已腐朽，残存者也多破碎。清理时应力求了解织物成品原来的结构与形制，及时照相、绘图以取得必要的原始资料。然后再着手起取。

如果实物较多，情况复杂，可把整箱整堆的织物妥善运回室内再行清理。

如果仅存一些碎片，亦不可轻易舍弃，即使炭化或烧成灰的残片也应尽量收集起来（收集办法下面再讲）。虽只有几个平方毫米，也往往能鉴定出它的品种，甚至找到一些前所未见的织物标本。起取的方法大致有以下几种：

（1）保存在干燥条件下的织物，一般来说保存都比较好也易于起取。但从发表的材料看，如腹面、身下一些部分，可能由于尸液污染侵蚀而脆化，不易取得完整实物。应注意摸索出软化和剥取的方法。

（2）保存在完全密闭和湿态条件下的织物，情况比较复杂。在长沙马王堆汉墓中，麻织物保存完好，而丝织物却不好，尽管看上去完整如新、染色鲜丽、丝质光泽悦目，但实际上纤维的化学结构和物理性能早已受到破坏或削弱，触手成泥，经不起扰动。脱水干燥后，强度虽有改善，耐折强度却等于零。根据这些特点，要分别采取不同的措施。

①漂浮水中的织物，可以用纱网托捞起取，放室内避光吹晾缓缓干燥，至将干未干时，方可用手展开理平。

对饱含水分的成件、成卷、成堆、成叠的织物亦用此法，自上而下、由表及里，逐渐将其展开理平。用这个方法，甚至原来包袱上打的结，吹晾适当时也能将它解开。

②贴附于椁板上的薄质纱罗，用湿的强度好的纸张，薄薄地均匀地刷上浆糊，贴到织物上。待干后，分幅切成块，揭取下来。以后再用揭裱字画的方法去纸重作装裱保存。

③平放棺上的帛画为绢织物，质地酥脆，可用细竹棍卷薄棉纸自一端底下向另一端缓缓展放，使帛画下全都衬上薄棉纸。接着在纸下再衬塑料薄膜，将帛画托入预先做好的匣中安全地运回室内，随后装裱。

曾中懋卷

241

④尸体外面所裹的多层织物，可分块切下，放网架上吹晾，至表层半干，用揭多留少的办法层层剥开，并用纸做好分层模型，以记录相互关系，反复进行，剥光为止。

（3）潮湿或时干时湿的埋藏条件下，织物的保存情况最差。有的腐朽成灰，有的高度炭化，外观似乎相当好，结构也清晰鲜明，实则酥烂不堪，稍一着手即粉碎落片。对于这些织物，除较平整者可用纸卷托取外，褶绉复杂的多无法分离起取。辽宁叶茂台辽墓、甘肃武威汉墓出土的丝织品多属这些情况。小片、平片可裱托保护，叠绉的成件衣物，目前无理想的办法处理。对于小片、碎片织物标本，可临时夹入玻璃片中或夹入有机玻璃片中。夹入书籍中者，须避免翻动时折损。

2.人骨架、化石、甲骨等骨质文物

骨质文物从它的结构来看是各向异性的。因此遇到热和潮湿时，它都容易发生损坏，此外，骨蛋白的水解也能使它发生分解。而它的矿物质受酸类作用易陷于崩溃，由于它的组织为多孔性，颜色易受污染，年代一久就会变脆，甚至被破解，有的甚至变成像海绵似的饱水物质。在发掘现场，骨质文物从外观看常常似乎是完好的，但提取不易，甚至一触即碎。这是因为骨质的机械结构已经破坏，只因长期埋在地下，没有任何外界影响，才保存着原来的外貌。所以在发掘时，首先必须把它加固。加固方法大体有以下几种：

（1）在发掘现场最常用的方法是将石蜡加热熔化后，将熔化好了的石蜡浇注在骨上，待加固以后再进行提取。

（2）发掘糟朽的骨架或化石是很费事的，发掘时先将骨架上面及其周围的填土剔去一部分，当骨架露出来后，在骨面上涂刷5%～10%的聚乙烯醇乳液，也可在手指、足趾等小的骨骼部位滴502胶加固。然后，沿骨架四周开一道宽、深约20～30cm的沟，内边土壁切齐，套上大小适当的木箱框，箱板厚度约3cm左右。在骨架上垫一层薄纸或铺洒一层细砂土，便于以后的清除。而后以潮湿土填回箱内并稍加压实，加上盖板钉住。再沿木框底边向内平掏，去掉泥土插入底板。底板由若干宽20cm左右的板条组成，长度略大于箱宽。操作时先掏空两端，插入底板，用砖垫实以防箱内泥土漏出。再依次将底部的泥土掏空插板，若土质较好，可于底板间留出空隙，全部掏好后，用绳将各底板与箱体绕绳绞紧（绞棍设在两侧，以便拆卸）。最后将木箱取至地面并翻扣过来，撤去底板，清除泥土。待骨骸各部分露出三分之一时，先照相留下资料，然后灌一层厚1cm左右的石膏。待其凝固，再浇一层厚5cm左右加了稻草的石膏，将其表面抹平，再将箱底嵌入箱框，与石膏面紧贴后，将底钉在箱框上。然后再将木箱翻转过来，去掉盖板、清除填土，并将骨架补修加固，至此骨器起取工作完成，可安全地运回室内处理。这种方法比较陈旧，而且是连同泥土一起取运，操作不便，重量也过大。随着高分子化学的发展，目前将合成树脂用于文物保护也日益推广，对于骨架或化石一类文物，先用5%丙烯酸树脂在骨面涂刷加固，然后在骨架适当部位打孔，用注射针把10%丙烯酸树脂注射进去，使其加固，并将骨架周围泥土一起渗透加固，起取装箱。

3.竹简

竹简是有机物。长埋在地下遭受地下水的侵蚀及其它因素的影响，一般质地都很松脆，同时饱含水分，字迹都被泥土覆盖，竹质变黑，有时彼此粘结在一起，有时又和其它文物放在一起。发现这种情况要注意的是，在提取时要用托板衬托，将它们泡在含有防霉剂的蒸馏水中，如粘结在一起的则不必强行分离，可连同泥土或其它文物一起取回室内处理。往往发掘人员急于想了解简文的内容，迫不急待地就用刷子洗刷，这是千万要注意的事。由于墨汁中胶料年久老化，洗刷易使字迹模糊不清，造成不可挽回的损失，所以发掘人员在现场不宜洗刷，只要用树脂将字迹加固就行了。

（七）古遗址的现场保护

古遗址是研究当时人们生产及生活的原始场所。如居住址、房基等，在考古发掘过程中必须及时采取有效的保护措施。例如房基用细砂粒涂抹过，经几千年地下水的侵蚀，已经变得疏松，一旦将坡面的泥土轻轻地剔去，暴露在干燥的空气中，眼看着细砂的脱落，这对于遗址的发掘、观察、研究都会带来困难。如发现这种情况，首先用塑料布将它暂时覆盖，保持湿度，不要使它干得太快，同时选用5%聚乙烯醇或聚醋酸乙烯酯乳液对其表面进行喷涂，用以形成一种保护层。西安半坡遗址曾用水玻璃进行加固，也起到了一定的保护作用，但这种材料并不太理想。

（八）田野发掘现场常用的药品

从上面的介绍中可以看出，在发掘现场如何处理好出土文物，是文物保护工作中十分重要的一个环节。过去有一种偏向，只注意收集发掘资料，而忽视文物本身的保护，往往使十分珍贵的资料就毁于发掘现场，这是很不应该的。为了避免和减少出土时文物的损坏，以便在发掘现场采取临时的保护措施，在发掘前准备适当的常用药物还是很有必要的。这些药品是：

1.粘合剂

502胶、914胶、虫胶、环氧树脂（618#、6101#）、环氧树脂固化剂（二乙烯三胺、间苯二甲胺）等。

2.加固剂

石蜡（最好是微晶石蜡）、石膏、聚乙烯醇、聚乙烯醇缩丁醛等。

3.润湿剂

甘油、乙二醇等。

4.溶剂

汽油、苯、二氯苯、乙醇、丙酮、草酸等。

5.防腐剂

甲醛、苯酚、水杨酸等。

二、室内文物的保养

出土文物经过田野发掘之后，小心包装，运输回博物馆进行修复。文物的修复工作是对文物和标本运用各种科学方法，包括化学的、物理学的、生物学的，清除后天的附加物或修补残缺部分，恢复其原来的面貌。有时也是为了清除一切附着于文物和标本上的有害物质，阻止有害物质的危害性继续扩大，延长其寿命，使其充分发挥文物的作用。随着自然科学的发展和进步，文物保护工作正在逐步走上科学化、现代化的道路。化学、物理学、生物学等自然科学的科研成果正在文物保护工作中得到广泛的推广和应用。

（一）藏品修复的原则

藏品修复工作要重视历史的真实，要有依据，不能凭主观想象改动原物面貌。修复前，要与专业研究人员对文物进行研究，确有科学依据时才动手进行修复。

（二）藏品的修复办法

藏品质地是各种各样的，残损情况也各不相同，修复和处理的方法也就各异。下面就各类藏品在保养方面的问题做一般的介绍。

1.纺织品

出土的纺织品运回室内后第一步工作就是清洁工作。

（1）纺织品的清洗

①颜色加固

对有颜色的织物，在清洗之前，一定要先做点滴试验，检查各种颜色是否会掉色。如发现掉色，可用5%食盐水溶液或醋酸水溶液进行浸泡，然后用白色吸墨纸吮吸，检验颜色是否固定，待颜色固定后，方可进行清洗工作。

②清洗

中和清洗：清洗出土纺织品的水温一般应在35.0℃左右，在水中加入泡沫多的中性合成洗涤剂，控制PH（酸碱度）在6.5～7.5之间。洗的时候将纺织品放在玻璃板或塑料板上，用软毛笔蘸洗涤液，轻轻地洗刷，使之渗进去，后用温水清洗，直至没有泡沫为止。然后让它在室温下阴干，避免太阳晒或高温烤。为了使它干得快些，可以用干净的吸水纸吸掉水分。

干洗：用有机溶剂进行清洗，最常用的是苯和二氯苯。其方法是：把纺织品浸在溶剂里或者把纺织品放在玻璃板上用笔往上刷洗。干洗最好用于干燥的纺织品或者糟朽的在水中容易损坏的织物。

混合溶剂清洗：如用干洗或洗涤剂清洗对织物有所损伤的话，可改用混合溶剂进行清洗。它的配方如下：用10份中性合成洗涤剂、9份乙醇、6份醋酸乙酯、1份丙酮、2份三氯乙烯、1份醋酸，再用蒸馏水补充到100份。配制时要注意，洗涤剂应先用温水溶解，然后再加入其他成分，最后加足水。洗时用毛笔蘸此溶液轻轻地在织物上涂刷。净后，用温蒸馏水冲洗，最后用绒布或滤纸吸去表面的水分，然后阴干。

局部清洗：纺织品上污染较严重，经过上述办法清洗后，仍有局部污染或油脂不能除去，如织物还可能经受轻度洗涤时，有下述配方可供使用：

A.肥皂20克，氨水2毫升，加水100毫升涂污处再水洗。

B.若被尸体分解物严重污染要避免用热水洗，以免蛋白质污染进一步固化，宜用冷水浸洗。水中加食盐1～3克、硼砂2克、10%的氨水1毫升、水30毫升，混合溶解后，用脱脂棉蘸涂污处、轻轻揉压，清洁后水洗干燥。

C.大苏打（即定影用的海波）1克、水50毫升，加热到35℃，将污处浸入至消失为止。此法只宜于洗白色织物，染色的不宜使用。

D.细薄织物可用乙醇7毫升、肥皂15毫升、无色松节油2毫升、生鸡蛋黄一只，依次混合充分搅匀，用时据情况加水搅稀洗涤污处，净后充分水洗。

E.娇弱易伤织物，可夹在稀、软、薄布中洗涤，用乙醇、丙酮、苯的混合液清洗，它们之间的比例是1：5：5。或者用等量混合的乙醚、三氯乙烯溶剂清洗。凡使用有机溶剂，尤其是三氯乙烯等，注意不要洗得过甚，使织物脱脂太多，宁肯不足，干后再以弱作用溶剂或肥皂液洗之，以避免织物外观糙化。

F.衣物已洗净但仍有小油污点未除尽，除用溶剂外尚可用滑石粉隔一层仿纸（或毛边纸）上面以热熨斗烫，使之吸去油脂，但对已经氧化、聚合结成膜的油脂无效。

G.彩色丝织物上的污迹，用纯甘油50毫升、生鸡蛋黄一个，充分搅和涂污处，待数十分钟到两小时后，用温水仔细洗净。一般蛋白性污染（如棺液）经去脂后，皂洗亦能除去一部分。

H.蛋白质污染，可用木瓜酶与亚硫酸氢钠1∶1水溶液，在温度50～65℃、PH=5环境下，局部涂洗，最后用清水将浸液洗尽。

（2）纺织品的加固与保护

①匣藏保存：脆弱的织物经过水洗或干燥后，强度一般有所改善，但耐折叠性极差。如系整件衣物，应尽可能制一专用轻便薄匣，将织物封藏在其中，以防止意外的触动伤毁。

匣为盒式，有子口盖，匣内要求有活屉板，距底面0.5～1cm左右，留出空间，以放置防霉干燥剂。下垫棉垫，上蒙薄丝绸以承文物。丝绸不宜选用人造织物或合成纤维，以免与匣中常用的防霉剂反应，发生变色变粘，波及文物。

②透明薄板材料封存：一种是用玻璃或有机玻璃制盒，将织物制品封藏其中。也有用有机玻璃薄板把平片织物夹封其中，便于观察研究和陈列展出。但在封闭时，一定要在清洁干燥（相对湿度50%以下）环境下进行操作，有条件的话，最好在氮气保护下进行。临时封存，可用压敏胶纸封口，长期封存可用有机玻璃溶液或丙烯酸酯胶涂封。

③丝网膜托衬加固：对于散碎、断裂、非常脆弱的织物残片，不得已时，可以背面用单根蚕丝制作的各种规格的网膜粘托起来，使织物粘附到一个新的柔软透明的骨架上，联结成为一个整体。这种丝网细而稀疏，托衬后不影响视觉对组织结构的观察研究，也不影响照相的外观表达。经过近十年的实际应用和观察，是效果较好的方法之一。它比起用合成纤维、超细纤维制作的干法纸、无纺布、合成高分子膜等加固材料，有显著的耐老化、轻薄、最少改变文物外貌等优点。目前丝网、网

膜已能制成数十个规格（包括多种天然和合成粘合材料的选用），以适应不同的需要，尤其对双面都有文字的纸质文物、羊皮纸文物的加固处理保存极为有利。托衬后织物也可夹入有机玻璃片中封闭保存。

④裱托加固：即以字画装裱方式把某些织物残片或绘画织物裱托加固（如对帛画的装裱），大直径卷轴卷藏，好处自不待言，缺点是失去了观察织物另一面的机会。

⑤完全的合成高分子成膜材料的涂渗、热合贴膜式等方法：由于合成材料存在着易老化、改变织物外观等缺点，这些方法对于研究和保护都不利，一般不为文物保护工作者所选取。但在一些特殊的情况下也有它们的长处。比如在田野发掘现场，看到一些拿不到手的织物痕迹，用乳液型丙烯酸树脂渗涂，干后起取，亦收到良好效果。又如将某些严重炭化的织物片，用聚碳酸酯薄膜，红外灯照射热合到炭化织物上，亦是可取的。近年来，对那些严重炭化、完全烧成灰的织物的加固，甚至对烧成灰的织物叠层打开展平的方法——硅橡胶渗透法也取得了进展。

（3）织物上绘画颜料的加固

绘饰多用矿物颜料，但出土时，原有胶粘剂早已老化失效，所以器物表面的绘饰易于脱落，对研究和管理皆很不利。加固方法可选取：

①1%聚乙烯醇缩丁醛酒精溶液喷、浸涂，有一定效果。

②用1%左右的丝胶水溶液，在温热状态下（水中含15%～20%的乙醇），喷洒到织物上。使用上述方法时，切不可为追求牢固而喷涂过量。用量一定要适当，要为今后保护留下余地。

③如织物需要裱托加固时，落粉问题可以用胶矾水来解决，只是胶矾水中矾的用量要低于新材料裱托时的用量。

④N－羟甲基尼龙的温热乙醇溶液也有加固作用，用量也要控制在1%左右。

（4）织物的防霉防虫害

一般地说，具备以下条件宜于霉菌在织物上生长：相对湿度75%～100%；气温为15～35℃；有碳水化合物、氮化物、氧、无机盐存在；有霉菌孢子。织物本身即为纤维素或蛋白质纤维，加之受棺液污染，极易吸潮，易为霉菌所侵害。所以对织物一定要妥善保管。尤其潮湿季节，要把织物管理好。匣存的，可放入变色硅胶吸潮，封起匣口，并及时检查更换硅胶，待潮湿季节过后，再行打开。

不得已时，才在织物上施用防霉剂。用于织物上的防霉剂，可考虑以下一些：

①0.4%羟甲基硝基甲烷或1%溴丙酸胺，都可制成水溶液，喷或浸织物。

②平时保存在匣中，加一些麝香草酚（用纸包好或用熨斗烫入滤纸中放入也可，但要避免直接接触文物）。

③已生霉、但未形成菌落的，可用热吹风，快速将菌丝干化、掸除，然后用甲醛熏蒸灭菌。一般认为甲醛对丝织物保护不利，但对出土织物，与织物早已老化的程度相比，甲醛的硬化作用是不显著的。这是一种简便有效的灭菌方式，在无更好方法时是可取的。

④织物上菌落已经很厚，如能下水，可用蛋白酶、溶菌酶将菌体分解。但对某些不能下水的织物来说，此法无能为力，只有靠手工精心清除，而后灭菌封装保存。

⑤如要大规模灭菌，有条件的以环氧乙烷为好，但对环氧乙烷的纯度要求严格，以免熏蒸后在织物上有残留物。如在袋内充气灭菌，1~2小时可将孢子一同杀灭。然而，灭菌后的织物必须干燥，并需防尘防潮保存，否则还会重新长霉，因为大气中菌种——孢子是无孔不入的，反复使用同一灭菌剂之后，可能优选出抗药性很强的菌种来，又将带来新的困难。

2.纸张

纸是中华民族对世界文化发展做出的重大贡献之一。保存在博物馆、文物管理所中的文物如书画、拓片、革命文物和社建文物大多数都是纸制品。

纸张类文物传世品较多、出土者较少。在墓葬中因纸张一湿润就会损坏，很难保存下来，仅在干燥地区如我国的新疆、甘肃的早期墓葬中才出土了纸张类文物。另外在维修古代塔时，在塔身中也发现了纸张类文物，如大理三塔、山西应县木塔在维修时，都发现了纸张类文物。

（1）出土纸张类文物的揭取

出土纸张类文物往往由于微生物新陈代谢产物的污染和纸张本身的变质，出土时常常是许多层粘结在一起，成为"纸饼"，只有把它一页一页地揭开，才能发挥其文物作用，也才能鉴别和保管。

①水浸法：将粘结成"纸饼"的纸张类文物从墓葬中取出，小心包装，运回室内，取出放在工作台上，用使用过的白毛巾浸饱水搭敷在"纸饼"上，一段时间后，揭去湿润的一层，再搭敷，再揭去一层，照此下去，将其揭完。

②水蒸汽法：对水浸法不能解决问题的"纸饼"就采用此法。它是将"纸饼"放进高压锅中，使用过热蒸汽浸润。这样蒸一次分别揭去上下两层，再蒸再揭。在国内使用此法处理出土"纸饼"最为普遍。

③二甲酰胺法：对于被尸体腐败物严重污染的纸张类文物和因尸体腐败物造成粘结成堆的纸张类文物，最为有效。一般在明墓中出土的纸制品会遇到这种现象。它是用脱脂棉浸取二甲酰胺往"纸饼"上涂，涂一层揭开一层。

（2）脆弱纸张的加固

对于受损或是变脆了的纸张，在国外使用一种称为夹衬法的工序给予加固，其方法有两个：一是在纸张的前后两面各罩上一幅空纱眼的细丝织物，用淀粉浆糊或糊精作为粘合剂；另一种是把纸张夹在两层醋酸纤维素的薄膜中间，加热压合法，而不用任何粘合剂。这两种办法使两面都有文字、花纹和图案的脆弱纸张得到了加固，而丝毫未伤其耐久力。

南京博物馆和江苏省丝绸研究所在国外这两种办法的基础上，使用了单丝网络加固法。即用蚕单丝织成单丝网眼，使用聚乙烯醇缩丁醛作为粘合剂，电加热成型。对脆弱纸张上下两面加固。

对两面都有文字、花纹和图案的脆弱纸张，如碎裂缝较少，还可施行对口粘接的工艺。粘接剂的配方是：醋酸纤维素15份，丙酮85份，邻苯二甲酸二丁酯4.5份。三者混合在一起，密闭七天后才能使用。使用时将破碎纸张裂缝对口平放在玻璃板上，裂缝口两面分别涂上粘合剂，两天后成型即可。

对于只有单面字迹的纸张的加固和修整，使用我国传统的装裱技术还是有效的。装裱技术是一门专门的技术，在这里就不赘述了。

（3）纸张的去酸处理

纸张的耐久性与纸张本身的酸性有着密切的关系，实验表明，中性纸张有很高的耐久性，有利于保存。酸性越大的纸张，耐久性越差，酸性严重的纸张只须折叠3～5次就破裂了，这是十分不利于保存的。为了长期保存纸张类文物，特别是现代的纸张类文物，例如革命文物，需要进行去酸处理。纸张除酸的方法有三种。

①石灰法：为了便于操作，把纸张夹在两片光滑而可弯曲的铜丝网络里，放到石灰的饱和溶液里，浓度大约是0.15%，浸泡20分钟，纸张中的酸被中和了。纸张上残存的石灰也需要清除。把处理过的纸张再移到重碳酸钙溶液里浸泡20分钟，浓度是0.20%，这样就把多余的石灰转变成碳酸钙，沉淀在纸张纤维中，也加固了纸张的强度。

②碳酸氢镁法：先把碳酸镁和水放在一起，再通入二氧化碳，使碳酸镁逐渐溶解于水中。碳酸镁全部溶解于水中后，这时溶液的酸碱度为8.5～9.0。将此溶液倒入瓷盘中，把纸张放入浸泡25分钟后取出，晾干。如试液变成琥珀色，就应立即更新溶液，否则无效。

③乙烯锌法：这是国际上使用的一种办法。它是在特殊设备中，放入需要去酸的纸张，然后通入乙烯锌气体，使纸张去酸。

（4）纸张发霉及处理办法

存放书籍和纸张的地方，湿度的控制极为重要。因为纸张是一种有吸湿性的物质，它能从空气中吸收水分。过多的水分会削弱组织，促进霉菌生长，留下污斑。一些造纸的助剂和装订书籍的粘合剂都是霉菌滋长的最好养料，当空气的相对湿度超过70%时，纸张上的霉菌就开始生长了。如果霉菌滋生发觉得早，立即处理，把发霉的纸张干燥，就可以不产生什么损害。如果发觉得较晚，那么纸张上就会发生一块块污斑。污斑具有色彩，这是微生物新陈代谢产物或是它与纤维素发生反应的生成物。

受到感染的书籍或抄本，最好是拿到露天或是一间宽大通风的房间里去整治，刷刷晒晒，书本要立着放，书壳要打开，让空气能自由进去。假如屋里的潮湿情况能够永久地改好，又假如上述的种种办法已经做到，那么东西都可以安全地搬回来，不会再有霉变的发生。但是对于干燥状态是否真能保持还有怀疑的话，消毒手续就是必要的了。

①熏蒸房间——甲醛法

对于存放过发霉纸张的房间，可以使用甲醛进行消毒，只要房间能够密封就行。在液体甲醛中加入高锰酸钾固体，两者发生反应，产生甲醛气体，具体做法是在1千克甲醛中加入300克高锰酸钾固体，盛在一个瓷盆或瓷桶中，这个分量足够应用于一间1000～1500平方米房间的消毒，当气体旺盛发生时，操作人员要迅速离开，把房门从外面封住，经过24小时或更长的时间之后，再将房间的空气流通一下，地面上洒上氨水，以除去甲醛消毒后的余味，氨水把残存的甲醛转变成乌洛托品。

②纸张消毒

A.麝香草酚熏蒸：进行这种消毒要利用比较严密的不透气的大橱。要准备消毒的东西可以放在一种用金属丝制成的网络架上，距离橱底2尺高，靠近橱底装上一盏40瓦的电灯，它所发生的热量就足够熔化麝香草酚晶体了，这麝香草酚晶体可以盛在一个玻璃盅和搪瓷盆中间，用铁丝架子撑住，距离电灯上约2寸。给16m³容量的橱所装的东西进行消毒，大约需要1两麝香草酚。

这种装置的使用法是把电流打开2小时后，又关上。每天早晨进行2小时这样的加热工作，继续进行14天。假如消毒的纸张和书籍数量较多，应在每天早晨开灯加热前，工作人员戴上口罩和乳胶手套把纸张和书籍翻动一次。

保证消毒效果的关键是使纸张和书籍安放恰当，使麝香草酚的气体能够顺利地到达霉菌生长的地方，书籍可以站放，书画可以立放，拓片可以展开。

使用此法要注意一点，处理时使用的橱子不能是油漆过的，因麝香草酚气体与油漆要发生化学反应，降低消毒性能。所以这一方法不能用于油画去霉。

B.甲醛蒸气法：把福尔马林（40%甲醛）用盘子盛着，把纸张展开，暴露在上面熏蒸12小时左右，消毒必须在一个封闭严密的箱子内进行，气温在15℃以上，相对湿度在60%以上。消毒以后，应把纸张放在空气里暴露几个小时。

C.使用药纸：把白色吸墨纸放在10%麝香草酚的酒精溶液中，浸透之后，让酒精挥发掉，留下麝香草酚均匀地分布在纸上。这样的药纸可以用来对已展开的纸张进行消毒，也可以作为发霉书籍的夹衬之用。

（5）纸张的灭虫和防虫

和其他材料一样，纸张有时也会生长虫子，遭受虫害的侵袭。虫的生长也与气候有着很密切的关系，这与生长霉菌有相似之处。杀虫和防虫的办法有四种：

①二氯苯熏蒸法：把受虫害的纸制品放在一个装有二氯苯药粒的不透气的橱子里去，每10m³体积的空间，应放1斤药粒，熏蒸时间最少要14天，温度不低于25℃。

②环氧乙烷熏蒸：环氧乙烷在常温常压下是气体，装在压缩钢瓶里，它是最简单的环醚，有醚味，它与蛋白质相结合而阻碍了新陈代谢的进行，而使生物死亡。所以环氧乙烷不仅能杀虫灭菌，同时对人也有毒害。要用专门的密封设备才能进行此项工作。

③万年红防虫纸：这是我国古代防止书籍被虫蛀的传统方法。它是用桃胶15克、水100克，加热搅拌溶化后，加入红丹30克，涂刷在两层宣纸中间作成。放在古籍书的首尾以防虫蛀。

④0.4%二氯苯醚菊酯的无水乙醇溶液制成的防虫纸：将它垫于纸张柜内，虫子连续接触半小时以上，或间断接触1小时以上，则出现神经麻痹现象，不能动弹，并缓慢地死去。这种防虫纸有效期在1年半以上。

3.竹器、木器、漆器

自从旧石器时代起，竹、木材已经为人类所使用，人类用竹、木材几乎什么东西都做过——盖房子，烧火煮食物，做器皿、家具、工具、武器和装饰品等，所以竹器、木器就成为墓葬中经常出现的遗物。而木胎漆器更是我国祖先的独创，是我国的特产。

木材和漆器中的木胎都是由纤维素组成。当随墓葬埋入地下，生物和化学两个反应同时发生，竹、木材、木胎一般都要朽坏。但是在某些特殊情况下，也还是有经过长期暴露在极端干燥或极端潮湿的环境中，而仍能保存下来的。长时间埋在湿润的泥土里和水中的木材、木胎、竹器，水解得相当厉害。出土时也许还可保持着它的原来形状和大小，但在化学成分和组织结构方面早已发生了深刻的变化，木材、木胎本身的力学强度已经消失，成为一个海绵状的多孔道的物体。

（1）脱水前的处理——清洗

竹简清洗时，一般只要把竹简泡在5%草酸水溶液中，经过5分钟即可取出，然后再浸泡在5%碱液中，使之中和残留的草酸，再用蒸馏水清洗。

（2）饱水竹器、木器和漆器的脱水处理

一件饱水的竹器、木器和漆器是可以保管在水里的，这很不方便。要使它们脱离饱水的环境又不改变形状是一件难办的事情。使饱水的竹器、木器和漆器脱水的办法有下面一些。

①自然干燥法：适用于漆器木胎质量好、含水量比较低的器物脱水定型。常用塑料薄膜和饱和盐溶液的蒸气压来控制湿度，使之脱水。

②负压干燥脱水法：将完整的可脱水的漆器、木器固定于已干燥了的石膏外膜中缚紧，再置入真空干燥器中，抽至600mm汞柱以上，使饱水的漆器和木器在被约束的负压环境中加温到90.0℃左右，水分快速

蒸发，模内漆器木胎中的水分汽化产生内压力，保持漆器在外模内呈向外膨胀状态，直至被干燥定型，达到脱水目的。

③醇—醚—树脂联浸法：即把可能脱水保存的漆器、木器，先用水和乙醇液浸泡，逐步代之以无水乙醇浸泡。至测得容器内水分全为乙醇所取代后，再浸入醇醚混合液中，最后完全浸在乙醚中，至测定容器内乙醇全为乙醚所置换时，再使用松香或乳香或其他树脂的乙醚溶液，浓度为10%左右，再行浸泡，达到平衡稳定后，控制挥发或自由挥发，达到脱水的目的。

④冰冻升华干燥脱水法：它是使用叔丁醇或分子量为400～500的聚乙二醇水溶液浸泡以代替水，达到稳定平衡后，在冰冻（零下25.0℃至零下40.0℃）或真空的情况下，使叔丁醇或聚乙二醇进行真空升华或冰冻升华。国外多使用这个方法来使饱水的水器脱水定型。

⑤高分子材料渗透聚合法：先用清水的高分子材料的单体，逐步加大浓度进行渗透，再用物理或化学办法使之聚合。

⑥聚乙二醇渗透法：使用分子量为1000～2000的聚乙二醇水溶液对饱水木器进行渗透，常温常压下脱水。

⑦脲醛树脂加固：对出土饱水的竹编、竹席、竹帘使用聚醋酸乙烯酯乳胶或脲醛树脂在背面涂刷，然后用两块玻璃夹紧、缚扎，数日后即可定型。

⑧对大型漆器和木器脱水定型处理：

A.甘油法：每星期在漆器或木器上涂刷一次甘油，让甘油逐步代替水。

B.湿润法：埋在潮湿的泥土里或河边沙土里，逐步逐年向干燥地方移动，逐渐干燥定型。

（3）竹器、木器、漆器的灭菌杀虫

竹器、木器上生长了霉菌，国外是使用氟化钠或酸性氟化镁的水溶液处理，具体做法是将150克到300克的氟化钠溶解在1升水中，或200克酸性氟化镁溶解于1升水中，冷却后，用毛刷涂刷在竹器、木器上，反复2～3次。

竹器、木器、漆器（包括古建筑）上遭受虫害比霉菌具有更大的威胁。世界各国博物馆使用的杀虫剂可分成以下两种：

①熏蒸杀虫剂

这类杀虫剂在常温常压下都呈现气态，只需要把待处理的器物放在一个密封的环境中或放在一个不透气的箱子内就能使用。对于大型木器和古建筑多使用溴化甲烷熏蒸，它对木材的渗透力比较强，杀虫效果比较好。对于小型木器多使用氰化氢来处理。还有使用二硫化碳来杀虫的。将器物放进一只不透气的箱子或橱子，把几盘液体药剂放在生了虫的器物上面，然后将橱子或箱子密封起来，四周用聚乙烯塑料薄膜贴严。不用橱子，也可使用聚乙烯塑料袋。使用二硫化碳的比例大概是每8立方尺用1两。所需要的杀虫时间是14天到20天，中间还需要添加一次二硫化碳，以补充已蒸发了的那一部分。熏蒸后，把木器取出在空气中暴露一段时间即可。

②浸透杀虫剂

浸透杀虫剂在常温常压下都呈现液态，使用它们可以用滴管或注射器来进行，把液体注入虫蛀孔，使杀虫剂深入。这类杀虫剂比较多，如敌敌畏、五氯苯酚、五氯酚钠、氯萘或萘的金属化合物等。

需要指出的是，在使用任何一种杀虫剂之前，应当先做一些实验，要确有把握不致造成污染，不会使漆器上的漆皮软化褪色，才能正式使用，另外，任何一种杀虫剂都是毒剂，对人有毒性，在使用时要切实做好保护措施，避免人的伤亡发生。

4.骨器

骨头也是人类在早期的生产活动中，最早使用的材料之一。在田野考古发掘中，特别是早期遗址中出了骨器——骨针、骨箭镞、甲骨和骨装饰品。一般说来骨器本身存在的"病态"是不严重的，无需作特殊的专门处理，少数却患有多种"疾病"。

（1）骨器上水垢的去除：出土骨器，包括甲骨，在与地下水长期接触的过程中，其表面上往往形成一层水垢，又叫碳酸盐锈壳。这层水垢既影响骨器的形态，如有文字也影响其辨读。如骨质尚好，通常可加热后浸在冷水中胀缩脱落，松动后剔除。如是局部，锈壳面积较小，可用1~2%的稀盐酸溶蚀，软化后用竹刀剔除，并用水或酒精反复冲洗。另外还可以使用EDTA除垢剂和有机缓蚀剂。

EDTA除垢剂和有机缓蚀剂的配方及使用方法如下：

水　　　　　　　　　　　　80~90毫升

氢氧化钠　　　　　　　　　　8克

三乙醇胺　　　　　　　　　　3毫升

EDTA　　　　　　　　　　　10克

苯磺酸钠　　　　　　　0.05~0.1克

温度控制在75~80℃，骨器在EDTA除垢剂中煮沸20~30分钟，可反复多次，最后用水洗净干燥。

盐酸或硫酸　　　　　　　　　5份

有机缓蚀剂（HA-26，HA-30）　1份

水　　　　　　　　　　　　94份

混合后，将骨器放入，直至水垢除尽为止。

（2）骨面上霉斑的清除：骨面上的霉斑可使用2%~5%的草酸水溶液或柠檬酸水溶液清洗，最后用稀氨水中和。清除了水垢和霉斑的骨器，应放在塑料袋或密封容器中，使之均匀干燥。

（3）骨器弯曲的矫正：如是变形较大的薄质长条形的骨器，质地经试验尚有一定的弹性，可在3%~5%醋酸溶液中浸泡若干时间，或在蛋白胶液中煮过再矫形。对一个明显的弯曲，不要在短时间内一次纠正过来，要分为若干次进行，每两次之间的间隙时间要长一些，使骨器内部结构有所适应。否则欲速不达，会将骨器折断，造成残损。等到弯曲纠正之后，再用水洗净。固定后，缓慢干燥。

（4）骨器的加固：有些骨器出土状况不好，或保管条件不好，造成骨质表面疏松或有脱粉现象。一般可用三甲树脂或丙烯酸酯清漆浸透，滴渗或注渗加固。但也需分几次进行，不可操之过急，一般以表面

不显光泽，又能获得一定强度为好，如果表面有膜出现，且出现反光，可以丙酮溶剂用棉花轻轻抹去。骨器的粘合，可用较稠的三甲树脂随时粘好。干后，使用锋利的刀割除外溢的树脂。对于湿润的骨器，应将断口对好，以502胶粘合。另外蜡克——硝基清漆和环氧树脂对骨器的加固粘合，也是可取的。

5.青铜器

历代的青铜器以出自墓葬者居多，遗址中出土的数量较少，但无论哪种情况，都经过上千年的地下埋藏，一般都已受到水土的侵蚀，铜器上的花纹、铭文往往被铜锈掩盖，影响研究工作的进行。所以，一般来说对这些铜器大多需要做去锈处理工作。传世的青铜器一般保存现状都比较好，无需作专门的处理。

（1）铜锈大体可分为无害锈和有害锈两大类。无害锈较稳定，属于碱式碳酸铜。锈的质地坚硬、聚结成层。它的颜色有深绿、浅绿、红、蓝等，对此，可根据情况决定是否去锈。有害锈因继续锈蚀文物，必须及时采取措施加以处理。

①土锈：土锈约可分为三种。

A.土和钙镁盐的混合物，紧密附在铜器表面上，很难用水洗掉。

B.土和铜锈混合在一起。

C.少见的硫酸钙或硅酸盐锈层，与锈结合为一体，十分坚硬。

②层叠锈：锈被分层，从断面上看层次明显，颜色错杂、诸色俱全。

③地子：是指原铜器的表面。出土时，有些青铜器在地子上也生成薄而均匀的锈层，又叫"地子锈"。

④"脱胎锈"：有些青铜器可分出界线不很明显的两层，上层鲜艳美观，底层锈则呈土红色。这类铜器一般不必去锈，如为显示某些花纹和铭文，可局部去锈。

⑤"胎发锈"：这是从金属心向外腐蚀的锈层。金属胎几乎被腐蚀殆尽，锈蚀部位胎子变厚，有的外貌起泡。这种锈处于稳定状况，不再继续发展了。有的"胎发锈"的铜器，原来的花纹和铭文基本上都已

变形。去锈过程中，大多采取封闭保护的办法，避免因去锈不慎而使花纹及铭文连锈一起脱落。

⑥ "珐琅质锈"：青铜器经腐蚀后，表面变成 "珐琅质锈"，器物的形状虽未改变，但本身变得很脆。"珐琅质锈" 也属于稳定锈，出土后不再继续腐蚀，如有局部花纹被层锈掩盖，可采取局部去锈的方法处理。

⑦ "粉状锈"：又称 "青铜病"，绿色粉状，不结体。"粉状锈" 属于氯化亚铜，氯离子侵入金属，开始呈小块锈斑，接着逐渐扩散，把铜胎蚀成坑洞，不断发展下去，可使青铜器全部毁坏，变成若干小碎块或一堆绿色粉末。

（2）各种铜锈的处理

①土锈

常用的方法是在10%的醋酸水溶液中局部或全部浸泡。浸泡约1~2小时后取出检查，放在清水中进行洗刷，至土锈全部脱落为止。如果还有少数土锈没有脱落，可用刀剔除。对铜器上残留的酸液，须将铜器放在5%的小苏打（碳酸氢钠）或10%氨水（氢氧化铵）溶液内煮沸，或浸泡数小时使之中和，最后再用蒸馏水洗净干燥。

对于硫酸钙或硅酸盐类的锈层，可试用局部加热的办法，比如用电烧灼器熨烫张缩剥离，也可以配合机械性的手工剔除。酸洗的办法是不能奏效的。

②全身去锈

有些铜器的表面有错金错银的花纹，或镶嵌绿松石、玛瑙、玉片等作为装饰。为了把掩盖在锈层下面的这些装饰纹样全部清理出来，往往需要采取通体去锈的办法进行处理。

全身去锈的办法有：

A.使用10%醋酸水溶液浸泡；

B.使用酒石酸钾钠150克，氢氧化钠50克，水100克的混合液体浸泡；

C.如使用B配方还未清除大部分的锈，就在B配方中加入20毫升过氧化氢（又叫双氧水）继续浸泡。

全身去锈要十分小心，边浸泡边取出观察，不可离人，一到锈层除尽，立即取出，用10%的氨水或5%的氢氧化钠中和，最后用蒸馏水或去离子水反复冲洗，并干燥保存。

③局部去锈

局部去锈主要适用于那些不需要全身去锈的青铜器，一般只对铸有铭文的部位用蒸馏水或去离子水刷洗干净，弄清铭文范围的大小。去锈时，用油泥搓成一直径为1.5cm的长条，将铭文四周围住，油泥条与铜器接触部位用手指压实，避免酸液渗出，再将去锈膏填入油泥圈内铭文上面，所填去锈膏的厚度为2cm，操作时，需用木板将去锈膏按实，与铭文上的锈层贴实，促使酸液发挥应有的作用。

去锈膏糊抹约四小时后，需检查一次。拿掉去锈膏，用蒸馏水或去离子水把铭文部位洗刷干净，已分解的锈会随着洗刷而脱落。也可用刀试着剔离未脱落部分的铜锈，如能剔除，证明锈体已经软化解体。如剔除不掉，再用上述方法糊上去锈膏。这次约两小时即应检查一次，经过刷洗，如大部分脱落，未脱落部分也已经解体软化，则用刀剔除干净即可。然后将去锈的部位再用蒸馏水或去离子水洗涤，并用滴管把氨水（氢氧化铵）滴在去锈部位进行中和。为使氢氧化铵渗入较深，一般以滴三次为宜，每隔10分钟一次，最后把铜器浸泡在蒸馏水或去离子水中四小时，取出，再换水，共计三次。最后揩干保存。

去锈膏的配方和制作方法是：乌梅500克，冰醋酸100毫升，醋酸铜50克。先将乌梅放入砂锅内加热使乌梅软化，将核去掉，把乌梅肉用捣药罐捣成糊状取出，放在砂锅中，再加上冰醋酸，并把醋酸铜也捣碎过细筛加入，混合后搅拌均匀，贮存在瓷罐中。此膏可反复使用多次，均有效果。

④清除"粉状锈"

铜器上如发现有粉状锈时，应及时处理。处理方法有三种：

A.在全身去锈时一并处理

对全身需要去锈的铜器，如果上面有点状或片状的粉状锈，应在去锈过程中同时处理。经过浸泡后，如粉状锈只脱掉一部分，则还要用浓酸进行处理。操作时，应将粉状锈的点和片的面积用油泥围圈起来，用滴管滴入浓醋酸，使粉状锈软化分解，用小刀把粉状锈剔挖干净，用蒸馏水或去离子水刷洗干净后，再用氢氧化铵进行中和，最后把铜器放在蒸馏水或去离子水中浸泡三小时以上，取出揩干，放入干燥箱干燥。

对于"粉状锈"的坑洞及伤疤，可以用蜡或漆封闭。把适量的蜡放入坑内，将铁条烧红熨蜡，使蜡液渗入坑洞内封住，也可用三甲树脂或漆类胶粘剂用毛笔或滴管滴入，将坑洞封住。为了青铜器外表美观，还可做假锈，将伤疤封闭起来。

B.化学的方法

倍半碳酸钠浸泡法：将需除去粉状锈的青铜器放入5%～15%的倍半碳酸钠水溶液中浸泡数年，最后再用蒸馏水或去离子水反复冲洗除去剩余的倍半碳酸钠，干燥保存。

氧化银封闭法：在粉状锈生长的区域先用机械方法剔除表面锈层，仔细地刷去锈蚀碎块及粉末，并以丙酮将腐蚀区擦干净。然后用以酒精调成糊状的精制氧化银（试剂二级）仔细地擦在剔除部分表面上，尽量使它完全覆盖并结合牢固。最后放入潮湿环境（相对湿度70%以上）中24小时，促使其充分作用。如果发现有新生的绿色粉状锈出现，再重复上述操作，一般按这样的操作重复3～4次就可以了。用氧化银处理的斑点，外观呈棕褐色，和铜器的其他铜锈也能和谐一致。

苯并三氮唑封闭法：将腐蚀青铜器用蒸馏水刷洗干净，而后用丙酮等有机溶剂除去表面残存油污。干燥后，可以将它浸泡入苯并三氮唑浓度为3～15%的酒精溶液中进行自然浸渗或减压渗透处理。让苯并三氮唑与铜器的所有表面和空隙充分接触反应，以形成完整的保护膜。对腐蚀不太严重的青铜器，使用3%的苯并三氮唑酒精溶液处理即可。对于腐蚀严重而又不除去表面腐蚀产物的情况下，应以较高的浓度，即

15%的苯并三氮唑的酒精溶液来处理，才能取得较满意的效果。

苯并三氮唑受热容易升华，逐渐地从被处理的青铜器表面挥发出去，所以它对青铜器的保护是暂时的，为了防止它的挥发，可以在表面再涂上一层高分子化学材料的封护膜，以保证苯并三氮唑更长时间留存在金属表面，更长期地保护腐蚀青铜器免受周围环境影响而发展腐蚀。

表面封护剂的配方：

苯并三氮唑   1克

聚乙烯醇缩丁醛   5克

95%的乙醇   100克

综合保护法：它是将氧化银、苯并三氮唑和表面封护综合使用的一种方法，先将腐蚀青铜器用蒸馏水清洗干净，然后对粉状锈的腐蚀部位以氧化银保护法先进行处理，抑制腐蚀后，再以3%的苯并三氮唑酒精溶液作渗透或减压渗透处理，最后，以带有苯并三氮唑的聚乙烯醇缩丁醛酒精溶液作表面封护。

二甲亚砜封闭法：将腐蚀青铜器用热水洗净后，自然干燥，再放入二甲亚砜中浸泡数日，取出后用丙酮洗涤两次，除去多余的二甲亚砜。目前仅用这种方法对四川地区出土的青铜器做过保护处理，效果是好的。

C.物理法——控制湿度法

这是把有粉状锈的青铜器保存在干燥的环境中，为此通常要求环境的相对湿度不超过50%，40%就保险得多。在这种干燥环境中，氯化亚铜是非常稳定的。

以上的处理方法都不能彻底根除氯离子，用封闭法只能抑制腐蚀，使之减缓。对已经处理的青铜器，也要经常观察、随时发现，再行处理。

⑤铜器的加固

锈蚀严重、甚至已完全锈蚀的青铜器已经受不起任何化学或物理方法的处理了，一触即溃，就只能进行整体加固处理。用聚甲基丙烯酸酯乳液、三甲树脂或B01-6丙烯酸酯清漆进行减压渗透，铜器表面多余的树脂可用丙酮、甲苯等有机溶剂除去。

⑥鎏金、鎏银铜器的去锈

共有两种配方：①15%的冰醋酸溶液；②10%的硫酸溶液。浸泡过程与前面所述的相同。

鎏金、鎏银的铜器也经常出现胎发锈。如上所述，去掉胎发锈时，往往会在铜器上面留下一个个坑疤。所以，在浸泡之前，一经判明是胎发锈，即可用三甲树脂将该部分先封闭。方法是：用5%三甲树脂和丙酮溶液混合充分后，用毛笔沾溶液涂抹胎发锈范围，共涂2~3层，浸泡时这一部位不受腐蚀，就可起到封闭作用。应去的锈全部处理完后，再用丙酮洗去封闭用的三甲树脂，露出原锈（如去掉这些锈，在铜器上面会出现许多坑凹，则铜器外观很不理想）。如在去锈过程中，发现嵌有金银花纹或其他镶嵌物，但这些花纹或镶嵌物因胎发锈而引起变形或镶嵌的绿松石、玛瑙行将脱落时，也可以用封闭办法来处理，保留因腐蚀而变形的花纹及镶嵌物。

上面所述的去锈方法只是一些常用的方法，由于各地的土质条件千差万别、各不相同，出土青铜器上的铜锈也不是一样的，在工作中一定要根据具体情况妥善处理。要善于区分铜锈，不断摸索，总结出各种行之有效的办法来。

6.铁器

铁是除铝以外在地球上分布最广的金属，我国早在商代就已经认识了铁，在春秋战国之际已大量使用。铁由于它本身的化学活泼性及所生成的腐蚀产物多为结构疏松的物质，是金属中特别容易腐蚀的一类，腐蚀类型及产物也比较复杂。仅就铁质文物而论，腐蚀方式大致可归成三种类型：①空气中的腐蚀：主要是大气污染造成。②地下埋藏条件下的腐蚀：主要是地下水中的氯化物及微生物新陈代谢所造成。③出土铁器未及时进行保护性措施，放置在空气中的继续腐蚀：主要是空气中的水和氧气所致。

（1）铁器的检验

为了防止铁器在出土后继续腐蚀，及时采取保护措施是非常必要的，在保护之前要进行检查。

①盐类的检验

A.湿润室法：将出土铁器放入湿度较高的箱内或容器内，不要与水直接接触，24～48小时后，观察铁器表面，如果发现附着有棕色水珠，这就表明铁器中存在着可溶性的盐类。

B.氯离子测定法：将出土铁器放入蒸馏水中浸泡加热，然后取溶液几滴放入一个干燥的试管中，再加入几滴硝酸和几滴15%硝酸银摇匀，如有白色沉淀出现，说明在铁器中存在着可溶性的盐类。

②磁性的检验

各件出土铁器的腐蚀程度各不相同。有的可能仅仅在器物表面形成一层极薄的锈层，它有完整的未腐蚀的金属核心，有的则已腐蚀得相当严重，甚至已经没有多少金属核心了。这些是我们在选择保护方法时必须注意的事情。对此就必须对出土铁器进行磁性检验。

金属铁有一个特性，易于导磁，因而能被磁铁所吸引。而铁的腐蚀产物，除去四氧化三铁之外，都失去了导磁的性能。这样要检查铁器的腐蚀深度及铁器内部未腐蚀的金属核心的完整程度时，可借助于磁铁或电磁体来进行，只要用磁体来检查铁器的各个部位，如果有磁性反应，就说明这部分铁的金属核心还未被完全腐蚀。如果已经没有磁性反应或磁性反应十分微弱，就说明这部分基本上是被腐蚀的铁锈了。对于那些长条形的器物（例如剑），可以通过磁性测定而了解其铁心的完整性和连续性，亦即了解其铁心是否有间断等现象。这些都是在文物处理前，选择处理方法时所必须考虑到的。

（2）铁器的去锈

如果铁器因科学、历史、艺术上的要求及考古上的需要，或以长期保存为目的，必须除去其表面腐蚀产物——铁锈时，可进行去锈处理。

①机械去锈

锈层较厚的铁器，一般在做其他处理前，都需要先用机械法做初步去锈。机械法去锈是借助于一套精制的金属打磨工具，如刀、钻、针、凿或锤之类，进行剔、挑、剥、凿或者锤震的方法来去除金属表面较厚的锈层。现代又逐渐有人利用可控电磁振动钢针、振动凿、微型电动磨床、压缩空气振动器、电钻等工具进行精致品的去锈。有时为了去锈方便，以浸泡煤油来软化锈层，但是由于煤油挥发太快，不便操作，又往往将煤油加上石蜡调成糊状，涂敷在腐蚀铁器表面，让其充分软化锈层。

②试剂去锈

A.常用试剂去锈法：常用的试剂有草酸、醋酸、磷酸、柠檬酸、柠檬酸铵的水溶液。这些去锈剂对铁器本身仍有一定程度的影响，所以在使用时要严格控制，浓度不宜太高，一般控制在5%～10%左右，有时甚至更低。可以将腐蚀铁器放在去锈剂水溶液中浸泡，也可以用脱脂棉吸足去锈剂，敷在器物上欲去锈的部位。因去锈剂都为酸性物质，处理后一定要用氢氧化钠、碳酸钠的稀溶液进行中和，而后用蒸馏水充分洗涤干净。

B.改良法去锈：使用常用试剂去锈，对金属本体有影响，所以往往添加腐蚀抑制剂来控制这种影响。铁器的酸洗腐蚀抑制剂种类很多，有铬酸盐、重铬酸盐、磷酸盐、多磷酸盐、吡啶、乌洛托品等，添加量一般都在0.1%～1%之间。

有一种配方可使去锈后的铁器表面保持一定的防锈能力：

磷酸	35%
乙醇	20%
丁醇	5%
对苯二酚	1%
水	39%

C.去锈剂EDTA类：EDTA是一大类金属离子的络合剂。对于除去铁

器上的锈层常在弱酸性条件下使用EDTA，用碳酸钠、氢氧化钠和氨水来调节EDTA溶液的PH值至5～6左右。处理方法是将腐蚀铁器直接浸泡在配制好的溶液中，如铁锈较严重，那么在处理时可以加温至60℃左右，以加强去锈效果。对于精细的器物，可以用棉花球蘸溶液仔细擦拭的办法去锈，不直接在溶液中浸泡。如果遇到坚硬老锈，可以在浸泡液中加进一些亚硫酸钠，以促进铁锈的溶解。EDTA去锈剂的配方见骨器去水垢一节。

用EDTA类去锈虽然比较可靠，但去锈速度缓慢，而且要不断调节PH值，甚至加热。

D.新型去锈剂——巯基化合物：最适合铁器去锈的巯基化合物有巯基醋酸（硫代乙醇酸）、硫代乳酸、硫代苹果酸等，常用浓度以3%～30%为宜。一般还使用氢氧化钠、氢氧化钾、氨水、三乙胺吡啶来调节酸碱度（PH值）在6～9之间。

操作方法：将腐蚀铁器放入已配制好的去锈剂溶液中1小时左右，或是用果胶、沙棘胶或树脂胶作增稠剂将去锈剂溶液调成糊状，敷在器物的表面上作局部去锈处理。去锈后要用蒸馏水或去离子水充分洗净。

③还原法去锈

使用还原法去锈可以不损伤金属本体，并在最大程度上消除腐蚀金属体内部的腐蚀发展因素，对铁器在库房条件下长期保存是有利的。

A.电化学还原：即牺牲阳极法。在一个较大的容器中，用干净的锌粒将腐蚀的铁器完全包围和埋置起来，然后再倒入10%的氢氧化钠水溶液，使其淹没，反应就开始了。如反应过于缓慢，就适当加热或煮沸。等到气体停止逸出时，表明反应过程已经结束。将铁器取出在蒸馏水中刷洗，去除黑色残渣，刷去黑色粉末，清洗干净。如果效果不太理想，可以重复上述操作一次或多次，直到满意为止。

当遇到只需进行局部处理、不宜作全面处理的铁器时，上面的方法只要稍加变换就可以应用。首先是把锌粒改为锌粉，再将锌粉拌上10%的氢氧化钠的水溶液成膏状，敷在需处理的部位。在气泡停止释放时结束。而后，立即用蒸馏水或去离子水将表面残留物擦拭干净。

有时遇到比较脆弱的腐蚀铁器，为了保证它在还原处理过程中的安全，应该设法控制条件，使还原作用尽量进行得缓和一些。应把锌粒改用锡粒，电解液使用5%的氢氧化钠，或者更低。也可用10%的醋酸钠水溶液。

B.电解还原：在电解槽中加入10%氢氧化钠水溶液，选用不锈钢板作为阳极，被处理的锈蚀的铁器作为阴极。接通电源，调节电解槽电压在6伏左右（一般控制在2～12伏之间），调节电流密度在8安培/平方分米左右（一般控制在4～12安培/平方分米），电解还原过程开始进行，作为阴极的锈蚀铁器得到了还原，在铁器锈蚀层及空隙内的各种盐类也被彻底地清除了。电解结束后，同电化学还原法一样，也需进行必要的清洗工作。

槽电压、电流密度及电解时间的选择都要严格控制。因为电解不足、铁器腐蚀物还原不彻底，金属表面的腐蚀物就不能彻底清除。如果电解过度也可能在器物表面形成麻点等不光洁现象。一般对于腐蚀较重的铁器不宜使用较高的电流密度来进行电解，以免因作用过于猛烈而引起腐蚀铁器的瓦解。对于锈蚀特别严重、锈层厚重、几乎已无完整铁心存在的铁器，那就不宜轻易地采用电解还原的办法了。

对于某些不宜全面电解还原的锈蚀的铁器，可以使用局部处理的办法。只是不把器物完全浸泡在电解质溶液中，而将电解质溶液放在一定的容器中，仅局部地与器物的被处理部位接触。

C.高温处理及高温还原法：高温处理是利用不同材料具有不同热膨胀系数和热胀冷缩的原理除去金属表面的锈蚀产物。高温还原法是使锈蚀铁器在还原气流中进行高温处理。高温还原烧结是将锈蚀的铁器仔细地粘上用粘合剂调合的铁粉，然后放在高温下进行还原处理。这些方法都需要特殊的加热设备，投资费用大，不宜推广，在此就不详述了。

（3）铁器的稳定处理——深洗技术

对于腐蚀特别严重、锈层厚而疏松、又无完整的铁心存在、已经不宜于作除锈处理的出土铁器，经过检查还存在着盐类，这就需要作稳定处理，消除盐类。

①蒸馏水深洗技术：将带有盐类的铁器浸泡在蒸馏水或去离子水中，让铁器中的可溶性盐类溶解到水中去。这样更换几次新鲜蒸馏水，每更换一次，都用前面已介绍过的硝酸银检验法来检查洗液，直至洗液中不再有白色沉淀产生为止。这时铁器的锈蚀层中的盐类已经全部被蒸馏水清洗掉了，然后就是采取干燥、表面封护等进一步的保护措施。

为了加快蒸馏水溶解盐类的速度，在浸泡过程中可以加热或者采用冷热交替的办法进行。经过冷热交替，借助于铁器内部的微孔毛细管现象来提高洗涤效果。

②倍半碳酸钠水溶液浸泡：铁器在蒸馏水或去离子水中浸泡过程中，难免又形成新生的棕红色的铁锈。使用倍半碳酸钠水溶液就是为了防止铁器在处理过程中继续腐蚀生锈。倍半碳酸钠不易直接购得，在需要时可临时用无水碳酸钠47克、碳酸氢钠37克、水2000毫升配制而成。处理时将铁器放入浸泡，每星期更换一次新液，直至在浸泡液中使用硝酸银法检查不出盐类为止。为了加速盐类的提取过程也可以强化上面办法，缩短更换溶液的周期或在浸泡过程中加热和冷却交替进行。在开始浸泡时可以每天更换一次溶液，每天加热一定时间。到盐类提取到一定程度后，再改为一周更换一次溶液，中间加热几次，直到盐类全部提取完毕。

使用深洗技术来消除出土铁器上存在着的有害盐类，速度是相当缓慢的，并且要严格检查有害的盐类是否已经提取干净了，不要自认为差不多时就中止深洗工作。

③电泳法：腐蚀铁器内部的有害盐类也可在外加电场的作用下，经过电泳游离出来进入溶液，在更换溶液时被带走。一般是在电解槽内两侧分别安装不锈钢板作为阳极和阴极，把腐蚀铁器放在两极之间，注入电解液——2%的碳酸钠水溶液，保持槽电压为10～12伏，电流密度为0.25安培/平方分米。通电，出土铁器内的盐类经电泳而与铁器脱离。

用离子电泳法除去盐类也是用硝酸银检验法来检查盐类清除的程度。这样更换几次电解液、进行几次电泳操作，就可认为是完成了。

（4）铁器的保护处理

出土腐蚀铁器虽然经过去锈、还原或去除盐类的处理，但是由于铁本身的化学活泼性及内部结构的不均匀性，在大气中保存还会有腐蚀现象发生，所以必须要有表面的保护性处理措施。

①金属缓蚀剂的应用：在现代化学研究中发现了一些化合物，它们在一定的条件下有防止金属腐蚀和阻滞腐蚀的作用，这类化合物称为金属缓蚀剂。金属缓蚀剂在出土铁器上使用较多的有：

A.碳酸环己胺、亚硝酸二环己胺。它们具有较高的蒸气压，容易挥发，在金属表面形成微气候，防蚀效果较好。

粉末使用：在放置铁器的密闭容器内，放入少许混合粉末。

防锈纸使用：用经过亚硝酸二环己胺和碳酸环己胺水溶液浸泡过的包装纸，包封铁器。

防锈保护膜：将欲作保护处理的铁器先刷上两道缓蚀剂溶液，然后再刷一次带树脂的缓蚀剂溶液。

缓蚀剂溶液配方：

亚硝酸二环己胺	3份
碳酸环己胺	3份
水	1份
乙醇	100份

带树脂的缓蚀剂溶液配方：

亚硝酸二环己胺	2份
碳酸环己胺	2份
水	5份
乙醇	100份
聚乙烯醇缩丁醛	2～3份

B.苯甲酸三乙醇胺：使用方法与碳酸环己胺、亚硝酸二环己胺使用

方法相同。金属缓蚀剂在文物保护上的应用有着广阔的前景，还有待于进一步的研究。

②表面处理：田野考古工作者常能遇到，有些在土壤中埋藏的铁器保存得相当完整，甚至有的还保存了乌黑的外观。但同时也能发现埋藏有这些铁器的土壤的附近，有动物尸骨或皮革类物质存在，含有磷酸盐及鞣酸盐类物质。这是因为磷酸盐和鞣酸盐能与铁作用生成铁盐，在铁器表面形成了一层稠密的保护膜，防止了铁器的进一步锈蚀。受到这种启发，人们就试图用人工的办法在铁器的表面形成一层保护膜，来防止铁器在保管中的锈蚀破坏。

A.鞣酸盐保护法：鞣酸溶液可以用来保护锈蚀较轻的铁器。同时鞣化也可以用于锈蚀严重的铁器，这时铁锈就转化成为粉状，易于用机械除去，而一层适于作为保护膜的鞣酸盐薄膜直接在金属上形成。

处理办法是将铁器置于温水中冲洗5～10分钟，而后用鞣酸溶液（200克鞣酸溶液在1升蒸馏水中，再加入150毫升变性酒精）擦洗铁器。一般需洗六遍以上。随之刷洗3～5分钟，而后放入干净干燥的大气中1～2天。对于锈蚀严重的铁器，先用添加有100毫升80%～85%的磷酸的鞣酸溶液敷湿表面四次，在干燥后用钢刷刷去松散的锈，再重复操作。而后用不带磷酸的鞣酸盐再处理几次，洗净干燥。

B.磷酸盐保护法：在一些出土铁器去锈方法中，会把磷酸作为添加剂。也有的在出土铁器处理的最后阶段，在10%的磷酸水溶液中浸润一下。事实证明，这种处理方法对防止出土铁器的锈蚀是有一定效果的。多磷酸盐能产生连续的、无定形的结晶保护层，完整地沉积在金属表面上而无任何伤害。六偏磷酸钠就是一个理想的材料。

溶液配制是称取10克六偏磷酸钠、3.6克氯化钙（应带有2个结晶水）、1000克水。以大半水溶解六偏磷酸钠，以小半水溶解氯化钙，然后再将两者混合。此溶液只能在非金属器物内配制，配制后立即使用。处理时，将要处理的出土铁器用纱线捆住，悬挂在溶液中三小时。或是用阳极保护法来处理。

C.常温磷化法：一些野外的大型铁质文物，不能采用上述多磷酸盐的办法来处理，只能用常温磷化法。

常温磷化液配方是：马日夫盐15克、硝酸锌30克、亚硝酸钠2.2克、磷酸0.5克、水500毫升。将经过去锈去油的铁器放入配制好的磷化液中，浸泡半小时，然后用水冲洗干净，再放在9%重铬酸钾水溶液中一小时，进行纯化处理。

（5）铁器的表面封护和渗透加固处理

出土铁质文物虽然经过了去锈、还原、稳定处理和保护处理，但是最后的表面封护往往是必不可少的步骤。可利用一些天然的和合成的高分子材料封护表面以隔绝大气对金属的侵蚀。也有一些出土铁器在出土时锈蚀已十分严重，用任何去锈的方法稳定处理也无法长期稳定地保持它的形状了，由于锈蚀彻底，已完全矿化了，内部几乎也没有什么东西可以进一步被腐蚀了。对这类文物需要用加固的办法，对它们的孔隙、裂隙、碎块用高分子材料粘合加固，保持它的形状并长期保存下来。一般说来对出土铁器的表面封护和渗透加固都是放在铁器处理的最后一步来进行。

对铁器进行表面封护和渗透加固必须选用适宜的材料。一般对材料的要求是：对铁质材料的附着力要强；材料本身的内聚率要强，材料强度较大；材料本身的收缩力要小；对铁的间隙、裂缝有较大的渗透力；在铁器表面形成的封护膜要无色透明，少眩光，能阻止大气污染对铁器的腐蚀；有较好的耐老化性能；加固、封护材料需要除去时，要有方法比较容易地溶解和除去。处理工艺要简单。

①微晶石蜡的渗透加固：这是国内外许多文物工作者经常采用的传统方法。

直接熔融浸渗法：选择质量好、熔点高的硬质微晶石蜡放在容器内加热至110.0℃以上，待完全熔融后，将欲处理的铁器浸入其中。这时会逸出大量气泡，石蜡开始渗透进铁器的间隙、裂隙。待气泡停止逸出后，将铁器从石蜡液中取出，除去器物表面多余的石蜡。可加热烘烤，可在加热后用多孔纸吸收，也可用毛刷刷除或用棉纱蘸取煤油等有机试剂擦去。最后为消除眩光，可用硬毛刷蘸取石墨粉、烟灰来刷擦。

石蜡溶液浸渗法：把石蜡溶解在煤油或汽油中，再把欲处理的铁器放入，进行浸透处理。在石蜡浸透液中加入一些金属阻蚀剂，例如在5%的石蜡溶液中加上1%的三乙醇胺作为缓蚀性浸渗溶液，对保护铁器更为有效。

②高分子化学材料的表面封护及渗透加固：有不少高分子溶液，例如聚乙烯醇缩丁醛的酒精溶液、聚甲基丙烯酸酯类的丙酮（或苯、甲苯、乙酸酯类溶液、聚醋酸乙烯酯的酒精或甲苯）溶液都可以作为铁器的表面封护材料及渗透加固材料。有的市售清漆如B01–6丙烯酸清漆、三甲清漆也可以使用。

使用方法：先是把铁器浸入2%～3%或3%～5%的溶液中浸渗或将溶液反复多次涂刷于器物表面，然后在真空系统中减压渗透。减压渗透是将欲处理的铁器放入一抽真空容器中，抽真空至10～20毫米汞高，保持四小时后，加入渗透加固材料，维持液面超过器物，再保持真空状态四小时左右，最后恢复常压，维持八小时。

一般脆弱铁器，本身强度很低。应用减压渗透是为了使高分子溶液充分渗入器物间隙获得足够的强度。所以应用的减压渗透材料应具有较高的浓度和较强的渗透能力。目前国际上在这方面较为理想的材料是丙烯酸乳液，它的浓度达到30%～40%时，还具有很大的流动性，而一般的高分子材料浓度在10%左右，流动性就相当差了。

（6）铸铁的保护

铸铁器物在库房中保存时，即使在干燥条件下，也往往会发生不断剥落的现象，有的相当严重。对于铸铁要特别注意的是，在其内部的可溶性盐类，特别是氯化物没有全部清洗干净以前是不能让它干燥的。除去盐分对铸铁的保存是十分必要的，方法前面已经讲过，这里不再重述了。铸铁除去盐分以后，再以20%的磷酸水溶液进行浸泡渗透或减压渗透。也可使用已讲过的磷化处理或表面封护处理的方法进行。

7.银器

银是比较稳定的化学元素之一，在墓葬中不易受到腐蚀。出土的银器除去人为（主要是盗墓者）的破坏外，一般都比较完整，表面仅有少量的锈斑。这种锈斑可用20%的醋酸水溶液浸泡软化后清除。

银器在保存中，往往变黑。这是大气污染所致，只要大气中含硫量在百万分之一至百万分之三就足够使银器变黑。空气中硫的来源是煤的燃烧、橡胶老化和油漆老化。

（1）银器发黑的处理

①擦洗法：用软布蘸取少许白垩粉，加水调成糊状，或再加上几滴氨水，用力擦洗。这个方法仅适用于轻弱变黑的银器。

②溶液法：对质地较好的银器，可放在5%的明矾水中煮沸，取出后用软布蘸牙膏擦洗，使之光洁。

③化学法：变黑严重的银器适合于运用此法。把变黑严重的银器和铝片放在一起，倒入5%的氢氧化钠或碳酸钠的水溶液，等到黑色一消失后，取出放在流水中冲洗干净，再用软布或棉花擦拭。

（2）银器变黑的防止

在库房或保管室中可装入聚乙烯薄膜所做成的塑料袋中，扎口密封，可维持很长一段时间不变黑。在陈列室中可采三甲树脂、B01-6丙烯酸树脂、E-51环氧树脂（用593或二乙烯三胺作固化剂），或KH系列的有机硅偶联剂，如KH-550（γ-氨基丙基三乙氧基硅烷）、KH-580（γ-硫醇丙基三甲氧基硅烷，比KH-550效果要好），薄薄地涂膜封护，都是比较有效的办法。

在国外，对海底打捞起来的海事沉船中的腐蚀银器，还使用一种廉价的化学药品——连二亚硫酸盐，让它在碱性条件下，隔绝空气中的氧气进行氧化—还原反应，使受腐蚀的银器还原成金属银。连二亚硫酸盐易燃、有毒，在使用时要严加注意，加强保护措施。

8.陶器和瓷器

陶、瓷器在墓葬中出土时多已破碎，尤以陶器为甚。对于出土陶、瓷器说来主要的问题是表面沉积物的清除，以及破碎陶、瓷器的粘接和加固。

（1）表面沉积物的清除

在某些出土的陶、瓷器表面上存在着碳酸钙的水垢，用一般的机械法不易安全地除去。可用稀释过的盐酸、硫酸或甲酸，以棉纱球蘸少量溶液浸润揉洗，并随后用毛笔蘸清水冲洗。不过这一工作一定要在个别不重要的器物上先取得实际经验，掌握处理的分寸和合适的酸液浓度以后再进行，决不可一次处理过分，应以减薄略有不足为度，要最大限度地保持原貌或原有彩绘的笔调和表层的完整。然后水洗干净，并使之缓慢干燥。

（2）陶器加固

陶器加固主要是指彩陶，素色和无色彩的陶器都不需要加固。出土的彩陶由于原来调涂的天然胶粘材料完全消失，仅余矿物颜料附着在器物表面上，极易脱落，因而必须加固保护。彩绘陶器出土时，把附着在上面的泥土基本清理干净，使花纹比较清晰地显现在我们面前。然后缓慢干燥到一定程度，当花纹在陶器表面还有相当附着力的时候，可用2%的三甲树脂的丙酮溶液浸涂或喷涂，以表面无光泽感、轻度摩擦下原来的色粉不再脱落为合适。如陶胎表面硬而发光，三甲树脂浸过后，要把彩绘陶器放到一个装有少量溶剂的玻璃器中加盖，使在饱和的丙酮蒸气条件下缓缓地干燥，使三甲树脂渗入陶器深层而不泛出光泽。

（3）破碎陶、瓷器的粘接

①粘接前的准备工作：洗刷陶片前要注意观察陶片表面有无重要的遗迹粘附在上面，如发现有丝、麻织物或其他印痕时要注意保护，可用稀释过的三甲树脂、硝基清漆或丙烯酸酯清漆封涂，不使损伤。

如果是低温烧造的陶片，切勿用水冲洗，因为遇水易酥解。一般是将陶片表面的泥土用干刷子刷掉即可，或是进行加固处理。对彩绘陶片一般不用水洗刷，以免损伤彩绘纹饰，而是用加固的材料保护起来。

②粘接：粘接的次序或从口起，或从底起，也可以粘成上下两半

或左右两半，这些都要根据破碎情况而定。但要注意，碎片过多时，接缝误差的积累将会造成不能合缝的毛病。考虑不周全，就要返工。

粘接陶、瓷器常用材料有虫胶棍、硝基漆、三甲树脂、脲醛树脂和环氧树脂、CKD-1热熔胶、土漆等。

虫胶棍、CKD-1热熔胶都是热粘材料，用酒精灯把粘接面烤热，再涂上虫胶棍或CKD-1热熔胶；再小心加热，使之熔化，粘合合缝。这样逐片粘合。器形不正，可加热纠正或拆卸重做，都较容易。

三甲树脂、丙烯酸酯清漆、硝基漆都是常温使用。三甲树脂和丙烯酸酯清漆透明无色，适用于常见文物的粘接。硝基漆因本身色深，不宜用于浅色陶器的粘接。不足是施用后器物表面有一层油质层。

环氧树脂和脲醛树脂是粘接强度比较大的合成树脂，它们在粘合时，都要加入固化剂才能使用。作为粘合陶器使用的环氧树脂固化剂是二乙烯三胺、间苯二甲胺等室温固化剂，脲醛树脂的固化剂是氯化铵。

CKD-1热熔胶、虫胶棍的粘合强度较差，环氧树脂固化速度较慢，但强度大。在粘合破碎陶、瓷器时，对底部和下半部的陶、瓷片粘接使用环氧树脂，颈部和上半部的粘接使用CKD-1热熔胶。

随着我国化学工业的发展，合成胶粘剂的产品会越来越多，可用于陶、瓷器粘合的胶粘剂的产品也会越来越丰富，可供选择的余地会越来越大，决不仅是上面介绍的那几种。

9.石质文物

这是内容比较丰富的一类文物，玉石、玛瑙、大理石都算作石质文物，石质文物有保存在室内的，也有保存在室外露天的。保存于室内的石质文物一般存在着的问题是盐类外渗、水垢锈壳和风化。保存于室外的石质文物除去上面列出的三个问题外，还存在着崩塌的风险。

（1）盐类清除

对于室内保存的小件石质文物可使用清水浸泡，几天换一次水，连续几次即可。如是大件石质文物和野外的石质文物，因大而重，无法浸泡，就用水润湿的去脂纱布进行搭敷。需要注意的是，这项工作不可在冬季进行，否则会损坏石质文物。

（2）锈壳清除

在石质文物的表面存在的锈壳，均可用稀盐酸、稀醋酸软化溶蚀，有条件的还可放入超声波清洗器中，快速清除。

（3）粘接

玉器和石质坚硬的石质文物都可直接粘接。粘接前先清除土垢，用丙酮反复擦洗粘接面。

①合缝严密的小件可用502胶滴入缝隙中，当即可粘合固着。

②粗重器物的断口，可用以聚酰胺作固化剂的环氧树脂，加入石英粉作填料粘合。但应注意，两侧断口涂抹时要匀而薄，不要弄脏断口以外的地方。此胶粘剂颜色较深，对于颜色浅的石质文物不适用。此时可将固化剂改作二乙烯三胺或间苯二甲胺即可。

③对大理石可使用T、R、V硅橡胶粘合，尤其对那些暴露于室外的石槛、柱头、雕像等，使用硅橡胶材料粘接，不会发生因温差变化引起的粘接面剥落的弊病。

对于室外石造像群上发生的危岩崩塌和裂隙，可使用现代土木工程中的金属锚杆加锚和环氧树脂粘合体系灌浆加固，这是比较复杂的工程技术，需要专门的设备和专业的技术人员。在这里就不多讲了。

（4）风化加固

石质材料，尤其是砂岩和大理石，因属多孔性的结构，内含水分，吸水率大。在水和风等各种自然条件的侵蚀下，表面开裂粒化、剥落粉末，受到严重的风化破坏。为了减弱这种破坏，需要对已风化的石质文物进行加固。

岩石风化的加固剂包括无机和有机共十几种，各有优缺点，对于室外、野外风化石质文物加固都不是最有效的。尽管如此，我们还是不得不对石质文物进行加固处理，所以现在只好在这种强化剂不理想的情况下使用它。下面讲一下加固石质文物的一般方法。

①蜡渗透法：将石蜡和蜂蜡的混合物加热溶解后，涂在岩石的表

面，然后再加热使蜡熔化，完全渗透到岩石内部。这种方法的优点是持久性长，国外普遍使用此法，但缺点是处理时要求岩石干燥，否则渗透不完全，处理后外观效果不够好，色调带湿、发暗，表面有粘性，容易粘上灰尘等。

②合成树脂溶液渗透法：这种方法主要是采用丙烯酸酯的5%~10%的溶液渗透到岩石内部进行加固，小型的可放进合成树脂溶液槽内进行减压渗透，其效果比较好。而对室外大型石质文物，只有用喷涂的办法来渗透。但由于树脂溶液粘度比较高，渗透到石质的内部比较困难，仅在表面生成一层硬壳，反而有害。因此这种方法仅适用于保存于室内的较小型的石质文物，对野外大型石质文物就不适应了。

③硅酮酯渗透法：这种方法是把一种硅酸低聚体的乙醇溶液喷涂在野外石质文物上，利用空气中的湿度，使其水解生成胶质硅胶，将风化松散的颗粒粘接起来。它的粘度比较低，比合成树脂更易渗到石质文物中去。但是在处理后，如若石质文物受潮，表面就会出现白色玻璃状，影响外观，所以使用时，浓度要严格控制。

④有机硅树脂渗透法：北京化工二厂生产的防水剂3#（聚甲基三乙氧基硅氧烷，简称甲基三乙氧基硅烷）做石质文物的风化加固剂效果较好，它无色透明，用其配制的酒精溶液涂刷在石面上，可深度渗透入石材孔隙中，无膜、无光，完全不会改变石质文物的外观。雨水不能渗入，而内部水分可以向外挥发。

上海树脂厂和晨光化工厂生产的有机硅玻璃树脂用乙醇稀释后，加入交联剂和催化剂，也可用作石质文物的防风化和风化加固处理。

10.壁画

中国古代壁画的绘制具有悠久的历史，早在春秋时代，已有了在建筑物内绘制壁画的传说和记载。历史文献上记载的许多富丽堂皇的壁画，虽然已不存在，但在现存的古代建筑物、石窟及墓葬中仍保留着大量的精美的历代壁画。重要的有河北望都汉墓壁画、甘肃敦煌壁画、河北安平壁画墓、云南昭通东晋壁画、甘肃麦积山石窟中北魏到宋的壁画、陕西永泰公主墓和章怀太子墓以及懿德太子墓中的唐代壁画、吉林省库伦旗辽墓壁画、河北省定县两座塔基中的宋代壁画、山西永乐宫的元代壁画、北京法海寺以及四川蓬溪宝梵寺和新津观音寺及剑阁觉苑寺的明代壁画、南京的太平天国时期的壁画。这些壁画都是祖国的宝贵的文化遗产，是研究中国绘画史的宝贵资料。

如此丰富多彩的壁画艺术，自秦汉至明清，连续二千多年的漫长的岁月里，由于受自然条件的影响、人为的破坏、帝国主义的盗窃掠夺，产生了种种病状。为了不使壁画继续遭受自然力的破坏，壁画的保存已成为文物保护工作中一个重要的问题，需加以研究。

保护壁画的方法，大体上可分为三大类。保存在石窟、建筑物或墓葬中的壁画，一般采取"原地保存"的方法，也称做"现场保存"。数量众多的壁画都是采用这种方法。另外一种情况是新发现的墓葬中壁画由于各种原因不能原地保养，或是古建筑物需要拆除，通常是将壁画揭取下来，经过修复加固，保存在陈列室或库房中，此种方法称为"迁移保存"。第三种情况是绘有壁画的建筑物，由于某些原因需要搬迁或落架维修时，需先将壁画揭除，然后搬迁或落架维修建筑物，待建筑物修复后，再将揭下的壁画修复加固，按原位装回原来的建筑物内。这是保护壁画工作中最为复杂的一种，一般称为"迁移复原保存"。由于建筑物内壁画损坏，必须揭取下来修复后仍装回原处，也属于此种方法。

（1）现存壁画中常见的几种病状

主要是画层脱胶掉色、泥层酥碱、画面表层的龟裂、墙皮膨胀脱落、变色、褪色、发霉和烟熏等现象。其产生的主要原因是壁画受水潮湿、通风不良、温差变化大、风蚀和日晒等。

①脱胶掉色

古代壁画的绘制所用颜色均以胶掺合，因年久受潮湿等原因，用手触摸诸色随即落下或粘于手上。如急速烤干，则整个画面就会很快脱落，变得模糊不清，尤其是墓葬壁画，这种情况更为严重，也相当普遍。如遇到这种情况可用胶矾水喷刷1～3遍，进行加固。另外也可用聚乙烯醇或聚乙烯醇缩丁醛高分子材料进行加固。胶矾水的配方为骨胶：明矾：水=2克：3克：250克。配制过程是先用一部分水溶解明矾，另一部分水加热溶解骨胶，使用前再将两者混合，搅拌均匀后立即使用，不可久放，否则失效。

②泥层酥碱松软

当壁画靠近地面时，因地面潮湿、通风不良而产生此种现象。它会致使色层逐渐脱落，画面不清。处理酥碱泥层所用材料和方法与脱胶处理基本相同，只是所用材料浓度应加大，喷刷次数增多。必要时还可用针管注射的方法进行加固，可视壁画的具体情况分别进行，所用加固剂浓度要先稀后浓。同时还应加强通风措施，使其在壁画上保持干燥。

③画面表层的龟裂起甲和裂缝

龟裂现象，主要是在绘制壁画时，在表面上刷白色底层用胶过多而形成。它会使壁画的颜色逐片脱落。如环境比较干燥、壁画强度较高，可不采取任何处理方法，反之就要进行揭取加固、修复回位。

④壁画的膨胀离皮

这种病状在现存壁画中是较为普遍而使人头痛的一个问题。造成空胀原因有多种，在建筑物内，往往因当初抹制底泥时与墙壁就粘接不牢，后遇到剧烈震动而逐渐与墙脱离而产生。也有一种是在历代重修墙壁抹泥时，下层泥受上层的干燥张力作用而形成。地震也能造成空鼓。再一种就是因受地下水的侵蚀，壁画表层与墙体严重受潮而形成，或者因建筑物漏雨，壁画被水淋湿，膨胀系数不一样而造成。根治空鼓，目前还没有什么好办法。若空鼓面积不大，可在空鼓部位采取灌浆的办法来进行粘接。

⑤发霉

石窟或墓葬内的壁画，由于潮湿和通风不良，壁画表层易生长霉菌。严重时，在画面上可结成点点斑斑，甚至掩盖大部分画面。这只有采取降低地下水位、改善通风条件等措施加以解决。

⑥变色、褪色

壁画由于颜料的化学变化而引起的变色或返色的现象，也是比较常见的病状。这只有采用化学方法来解决，如白色变成了黑色，可用双氧水涂刷或熏蒸，使其还原成白色。

⑦烟熏

在石窟和古建筑内，因过去的迷信活动、烧香拜佛，壁画常受烟熏变黑。要使壁画还原，可用5%的热的碳酸钠的水溶液多次涂洗。

⑧画面凹凸不平

各种壁画多有此种病状，主要是制作技术不精而造成的。有时也因为墓葬中的墓壁本身常常不平直而略带弧形而造成。

此外如泥污、油迹、钟乳白浆、游人刻划和涂抹等都会对壁画保存造成一些损失。

（2）古代壁画的揭取技术

凡古壁画因受潮受震受自然力破坏严重，不能继续在原来位置上保存，或因其他原因需要搬迁时，就需将壁画取下来。壁画揭取工作就是指从墙壁上揭取带有绘画的泥层或灰层。它的程序是：将准备要揭取的大幅整幅画面分成若干小块，再将画面上的严重破裂状况做临时加固，用木板加上垫层承托画面；再在壁画背面采取种种方法，使壁画的泥层或灰层与墙体脱离，安全地平放在木板上；再经过妥善的包装，把它运到存放或加固的地点。总之它的步骤就是：准备、揭取、包装、运输四个阶段。

①揭取前的准备工作

A.分块划线

依照画面形象，在尽量不损坏或少损坏主要画面的情况下，进行分块划线。同时也应照顾运输和复原安装，在划线时只能划直线不能划弧线，线位决定后，即用白粉线弹在画面上。

B.编号

分块后即进行编号。编号从画面一侧开始，分层逐块进行编号。

C.测量记录

按编号逐块测量壁画块的大小，测量画块上各个角的角度。同时把画面的主要画景位置和破碎情况，一并详细测量绘制成册。

D.照相记录

将画面的分块情况和每块画面残碎情况及其相互关系照相记录。

E.贴布加固

为使画面在揭取中少受损失或不受损失，凡画面有裂缝和空鼓处，均应贴拷贝纸一层、白纱布一层。

F.墙板的制作

墙板用于承托揭下的画块，其大小规格要视每个画块的差别而不同，即每个画块需要制作一个大小尺寸和各个角度相同的墙板。墙板做成后，再在墙板表面铺垫厚约2～3cm的棉絮做垫层。

②壁画的揭取

A.搭架

根据实际情况，支搭揭取时用的脚手架和安装墙板的台架。

B.开缝

将要揭取的画块，在四周开缝。先开底缝再开两侧立缝，最后开顶缝。缝的宽度维持在0.3～0.5cm之间。

C.装前墙板

先检查墙板与要揭取画面是否相符合，如符合就在底端安装角铁和联接活铁。然后将墙板竖直，并将角铁嵌入底缝，使墙板与画面贴实。

D.锯截

用大锯将壁画表层与墙体分离。也可用其它方法进行锯截。

E.壁画离墙

锯截快完时，要十分小心，防止画面垮塌。锯截一结束，迅速放倒放平。

③壁画的包装和搬运

A.检查画面在墙板上的安全情况。

B.在墙板四周钉上边板。

C.用棉花、纸张、锯末等软物垫在壁画后面和空隙处，再盖上后墙板，用绳捆扎成一体，编号，运输。

④壁画的修复加固

A.清除底层

将要修复加固的壁画运回室内，放平、开包。将壁画背面凸凹不平的泥层，用刀、锯、铲，分片、次逐渐铲薄，直至清除全部泥层，剩余下白灰层。

B.灰层加固

先对壁画画面的残洞用素白灰泥填平补齐，干后，用胶矾水对画面涂刷几次，干后用玻璃钢、水泥、石膏、土漆等粘合剂配上玻璃纤维布或铁丝、钢丝加固。一层纤维布或铁丝，一层粘合剂，加固厚度1～2cm。

C.修整画面

灰层加固后，再用边框固定。然后将壁画翻转过来、画面向上，进行表面的细处理，然后复原到规定的墙壁上。安装完毕后，对锯缝要细心地使用白灰（白垩或石灰）浆泥进行填补，不可沾污画面。完全干燥后，再仔细填补颜色，使锯缝消除，这是一个非常细心的工作。

壁画的揭取、搬迁工作要根据具体情况，即建筑物的原状、壁画的原状、壁画的结构等来决定工作的步骤和安排，切不可生搬硬套，应具体问题具体解决。

（3）壁画上石灰覆盖层的清除

这层覆盖层往往是后天人为涂刷上去的，要很快地清除是比较困难的。使用5%～10%的聚乙烯醇溶液和脱脂纱布，多次粘合、多次撕拉可除去，但花费时间较多。

三、文物的保存与环境

文物最终的归宿总是要进入库房或保管室内，因此，怎么对文物实行科学的保管，尽可能地延长寿命，使其能完好无损地长期保存下去，这是博物馆学重要的组成部分，也是文物保护这门学科研究考虑的内容之一。

藏品——文物存放在库房或保管室中，除去人为因素造成的损坏之外，经常存在的是自然界对文物本身造成的破坏，这种破坏有的很缓慢，不为人们所察觉，有的破坏却很快速，往往引起人们的注意，于是便大声疾呼。在库房或保管室的条件下，造成文物的损坏的因素，一般有温湿度、光、空气污染及昆虫和霉菌的影响。

（一）库房温湿度与文物保存的关系

温度和湿度，对保存文物有着十分重要的作用，控制温湿度的变化，将会获得延长文物寿命的良好效果。相反，对温湿度不加控制、任其自然，就会造成意想不到的危害，这已为国内外博物馆的实践所证实。温湿度对文物的影响，一般说来是缓慢的。可是文物的保存是长远的，虽然微乎其微，但是经长时间的积累，其危害也是可怕的，因此不能忽视温湿度的影响。

温度和湿度，在一定条件下是互相影响的，随着温度的变化，湿度也会发生变化，它们之间是相互关联的。各种文物的光氧化速度也受着它们的影响，温度一升高就会加速化学反应的过程。在室温下，温度每升高10℃，化学反应的速度将可能增加1～2倍，有些化学反应在湿度增加以后，也会加快反应速度，促进氧化降解作用。有些文物是属于有机质的，具有细胞结构和吸湿能力，当温度升高物体就会发生膨胀、结构松散、含水量逐步蒸发、纤维发脆，这时极易出现物体翘曲、开裂、干缩等现象。

此外，温湿度也是细菌、微生物生长的必要条件，特别是湿度。试验表明，在常温和高湿（相对湿度65%以上）的环境下，有机质的文物，由于本身又具备一定的养料，各种霉菌就会滋生，致使文物发生侵蚀、质变，造成不可弥补的损失。

由此可见，控制一定的温湿度是减缓文物的物理及化学破坏、抑制微生物生长的必要措施之一。

　　各类文物的质地不同，它们对保存的温湿度的要求也不一样，各类文物所要求的保存的温湿度上下限如下：

品名	湿度	湿度
绘画	16～18℃	57～62%
档案	15～24℃	57～66%
纺织品	15～24℃	50～65%
竹木	18～24℃	55～70%
漆器	18～24℃	60～70%
牙骨	25℃以下	60～70%
皮毛	25℃以下	55～65%
铜铁银	25℃以下	50%以下
陶瓷砖瓦	常温	70%

　　制定各类文物的温湿度上下限是必要的，有了控制温湿度的明显范围，对各类文物的保护就可以做到心中有数，减少盲目性。

　　有了各种质地的文物对温湿度的要求标准，就希望能够按文物质地予以分类保管，这样就便于控制温湿度。目前有些博物馆和文物管理所物质条件不够，还不能建立各类文物的专库，有的仅仅只有个存放的地点，根本谈不上分类保存。有的馆虽然有较好的建筑，但库房未必是专门设计的，而是改用、代用的，保温和密封性能都不太好，这就给文物的科学保存带来了不少的困难。

　　总之，对保存文物来说，一个季度内温度变化要求在10℃左右，夏天不高于25℃，日夜温差2℃左右，相对湿度50%～65%，相对湿度差不高于3%～5%。尽量不要使藏品受到暴冷暴热、忽干忽湿。对于无法人为地控制湿度的库房和保管室，也要尽可能地降低温度和湿度，做到宁冷勿热、宁干勿湿。

　　降低温湿度目前所使用的方法有自然通风和密封。选择较好的天气，室外的湿度低于室内或与室内相当时，开窗排风，调节湿度，或者严加密封不让高湿空气进入库内，这是最常用的办法，但它受气候的制约，不是什么时侯都可以采用。在密封的条件下，使用吸湿剂来降低室内的湿度是切实可行的办法。一般使用的吸湿剂有氯化钙、硅胶、生石灰、木炭。氯化钙的吸湿量为100%，硅胶吸湿量为40%，生石灰为26%，木炭为8%～12%。吸湿剂的吸湿速度与室内的温湿度、空气流速、吸湿剂本身的表面积都有关系，它们的使用不能解决根本问题，只是一种临时性的防潮、降湿、手段。它对一些库房条件和设备较差的博物馆和文物管理所在夏季防潮、防霉、防虫蛀还是很必要的，虽属权宜之计，也还是一种花钱不多、易于普及的好办法。

（二）防止光线对文物的损害

文物按质地，可分为无机物和有机物。属于有机物的有丝、棉、麻、毛、皮、竹、木等材料的制作物，还有书画、纸张、印刷品以及含有颜色和各种墨迹的文物。它们随着时间的推移而逐渐变质、褪色、龟裂，甚至完全毁坏。造成这种现象的因素很多，也比较复杂，而光线的照射是比较主要的原因之一。

太阳光中，除了有我们眼睛能够感觉得到的可见光外，还有眼睛感觉不到的红外线和紫外线。紫外线在一般的太阳光中仅占5%左右，但是它的能量大，能够破坏各种有机物。将红、绿、白三色纸样和各种不同墨水字迹以及棉织品，放在紫外线灯的直照射下，十几小时后所有带色的样品，褪色明显，纸张明显发黄发脆，这是因为纸张中的纤维素在紫外线的作用下发生氧化降解作用，使纸张变黄发脆。可见光对有机物的文物也是有氧化降解作用的，但因能量较小，破坏作用较弱。因光线对文物的破坏有叠加的作用，从文物需要长期保存的角度出发，无论紫外线还是可见光都一律要加以避免。

为了防止紫外线和可见光对文物的破坏，库房、保管室和陈列室应尽可能地避免自然采光，保存于黑暗中最为理想。若光线照明，应采取灯光照明，并在照明设备上装置滤掉紫外线的设施。即使这样，照明时间也要严加控制，不可太长。

滤掉太阳光中的紫外线可采用：

1.紫外滤光玻璃：这是在玻璃原料中加入吸收紫外线能力较强的稀有金属铈的氧化物，同时还加入少量的铅的化合物。这种玻璃成本较高，只能在重点文物上覆盖。

2.真空镀膜玻璃：它是在真空条件下，将氟化镁和硫化锌加热熔化蒸发，在玻璃上镀上一层薄膜。

3.涂刷紫外线吸收剂：将紫外线吸收剂添加在有机玻璃或透明漆中，涂刷在玻璃上。如涂层厚度不均匀，易脱落。

目前紫外线吸收剂种类较多，按其作用和原理大致可分为四类：

①邻羟基二苯甲酮类

②苯并三唑类

③水杨酸酯类

④三嗪类

吸收紫外线能力最强、效果较好的是三嗪类，其次是苯并三唑类。三嗪类价格高，自身颜色较深，限制了它的推广应用。目前一般都使用苯并三唑类的产品，如UV-9、UV-327、UV-326等。

（三）防止灰尘对文物的危害

灰尘给人一种肮脏、污秽之感，当它沉积在文物上的时候，不仅肮脏，还可以使文物生锈、发霉或者老化。

平时，我们讲空气是由五分之一的氧、近五分之四的氮及少量惰性气体组成的。实际上除了这些基本成分之外，还有工业生产中排出的大量废气、汽车尾气，以及成千上万个烟囱冒出来的、未燃烧完全的烟尘、煤气、炭粒等。它们是空气中的有害成分。随着季节不同，大气的污染程度也不相同。在冬天，气温较低，煤燃烧过程中产生的二氧化硫和硫化氢气体伴随着炭粒尘埃，排放到空中，很快冷却下来，不易扩散，因而冬天的大气污染更为严重。

二氧化硫气体在空气中易被氧化为三氧化硫，三氧化硫遇到空气中的水分能形成硫酸雾。此外，工业废气、汽车尾气中含的二氧化碳和二氧化氮，遇水也能形成酸雾，这些酸雾不仅会影响人的健康，对文物也十分有害。

自然界的有害物质是怎样损害文物呢？灰尘分"飘尘"和"落尘"两种。颗粒在10微米以下的"小"灰尘称为飘尘，它常常飘浮在空中不易降落。颗粒在10微米以上的灰尘是落尘，落尘随风飘落，当它沉积在文物上时，对文物危害很大。这是因为在大量的落尘中有活性粒子、中性粒子和非活性粒子。

　　活性粒子多数是由氯化钠、硫酸铵以及其他金属类组成。这些盐类吸湿性很强，遇到空气湿度大时，就很快潮解，形成腐蚀性很强的电解质溶液。金属文物一般都具有电化学的不均匀性，也就是金属文物多是合金材料制成，有的是因为金属材料内含有杂质或表面粗糙不平，这样，当活性尘埃覆盖在金属文物表面吸湿并形成电解质溶液，就会使金属文物发生化学腐蚀。

　　烟尘中排出的大量炭粒，属于中性尘埃，它虽不具腐蚀性，但具有很强的吸附性。它往往吸附着与它一起排出的二氧化硫、硫化氢等废气，飘浮在空气中、散落在文物上。遇水后二氧化硫、硫化氢便活跃起来，它们溶于水生成亚硫酸和氢硫酸等强电解质溶液，亚硫酸在一定的条件下借助于金属表面的催化作用，可氧化成硫酸。这些都会大大地加速腐蚀作用。

　　落尘中的砂粒是非活性粒子。它本身没有活泼的化学性能，也不易吸附其他物质，但它降落在金属文物上，能减少水分在器物上的表面张力，使水容易在金属表面凝聚。此外，砂粒覆盖在金属器物上，还会造成氧气到达金属面上各点浓度不同，形成氧的浓差电池，这样也会招致金属文物的腐蚀破坏。

　　灰尘在随风飘扬中还常携带着大量的微生物。它飞落在哪里，霉菌就在哪里安家。在潮湿季节，不仅纸张、书画等有机材料制品易发霉、腐烂，就是在金属文物上也常看到发霉现象。有人把一件沾满灰尘的元代铁器放在调温调湿箱中培养，经过一两天，从铁器表面尘埃中就长出许多毛茸茸的霉菌来。霉菌在繁殖和生长过程中，常有酸性物质析出来，因而加速金属物品、石质文物和其他一些藏品的腐蚀破坏。

　　灰尘不只是肮脏，还是文物的一大隐患。因而必须十分注意采取防尘措施。根据当前的条件，应当做到以下几点：

1.修整陈列室、库房的门窗和陈列柜子，增添密封设施，防止尘土从缝隙进入。

2.对室内的灰尘（包括地面、柜面、展品等）宜用抹布或吸尘器等做到勤打扫、勤清除，尤其是在风大的时间应特别重视。

3.搞好环境卫生，种植树木花草，以净化空气。

4.在有条件的地方，可采用除尘机等现代化的设备。

关于昆虫和霉菌的影响，防虫防霉和杀虫去霉的措施都已讲过了，这里不再多述。

（原为文化部文物局西南区培训中心内部讲义，1984年5月）

附 录

论著目录

论著目录

1.《试探新都战国墓青铜器不锈之原因》，《考古与文物》1982年第3期。

2.《四川新都战国墓椁板颜料鉴定》，《考古与文物》1983年第6期。

3.《邛崃石塔的维修》，《四川文物》1984年第4期。

4.《科学正在揭开随同埃及国王埋葬的秘密》，〔美〕W·布朗著，曾中懋译，秦学圣校，《四川文物》1984年第4期。

5.《文物的保养》，1984年5月，文化部文物局西南区培训中心内部讲义。

6.《四川瓷器的化学分析鉴定》，高毓灵著，曾中懋译，秦学圣校，《四川古陶瓷研究（一）》，1984年6月，四川省社会科学院出版社。

7.《高颐阙铆铁的科学考察》，《四川文物》1986年第2期。

8.《化学材料在大足石刻维修保护中的选择和应用》，《四川文物》1986年第S1期。

9.《磷——巴蜀式青铜兵器中特有的合金成分》，《四川文物》1987年第4期。

10.A Study of Application of the Material MSG-8 for Painting and

Reinforcing Weathered Carved Stone, *The Engineering Geology of Ancient Works, Monuments and Historical Sites*, 1988, A.A.Balkema.

11.《忠县无铭阙的维修复原技术》（合作），《四川文物》1988年第6期。

12.《鋈锡——铜戈上圆斑纹的制作工艺》，《四川文物》1989年第6期。

13.《广汉三星堆一、二号祭祀坑出土铜器成分的分析》，《四川文物》1989年第S1期。

14.《珙县"僰人"悬棺岩画颜料的鉴定》，《考古与文物》1990年第2期。

15.《广元千佛岩千佛洞的加固和风化碑刻的处理》，《四川文物》1990年第3期。

16.《王建墓券额上残存彩绘的加固处理》，《成都文物》1990年第4期。

17.《广汉三星堆二号祭祀坑出土铜器成分的分析》，《四川文物》1991年第1期。

18.《四川地区古代石刻风化原因的研究》，《文物保护与考古科学》1991年第2期。

19.《出土巴蜀铜器成分的分析》，《四川文物》1992年第3期。

20.《泸县龙脑桥加高与维修技术》（合作），《四川文物》1992年第6期。

21.《三星堆出土青铜器上"有害锈"的分析和研究——兼谈保护问题》，《四川文物》1992年第S1期。

22.《高颐阙残损阙檐的修复技术》，《文物保护与考古科学》1993年第2期。

23.《巴蜀式青铜剑虎斑纹的铸造工艺》，《四川文物》1993年第5期。

24.《三星堆出土铜器的铸造技术》，《四川文物》1994年第6期。

25.《王建墓防渗、排水和通风工程及其稳定性的研究》,《文物保护与考古科学》1996年第2期。

26.《僰人悬棺的维修和加固》,《四川文物》1996年第6期。

27.《忠县石宝寨寨尾危岩的勘察和治理》,《四川文物》1997年第5期。

28.《广汉三星堆一、二号坑出土青铜器的成分与铸造技术》(日文),《三星堆:中国5000年的谜·惊异的假面王国》,1998年,朝日新闻社。

29.《飞天藏木雕人像的杀虫和加固》,《文物保护与考古科学》1998年第1期。

30.《中国古代巴蜀式青铜剑上的虎斑纹装饰——古代锡汞齐的证据》,〔美〕亚历山大·科索拉波茨、〔美〕约翰·特威利著,曾中懋译,《四川文物》1999年第5期。

31.《石质文物上油烟污物清洗材料的研究》,《文物保护与考古科学》2000年第1期。

32.《南部禹迹山大佛的维修和保护》,《四川文物》2000年第4期。

33.《邛崃十方堂遗址中砖石构件的封护加固处理》,《邛窑古陶瓷研究》,2002年,中国科学技术大学出版社。

34.《武侯祠文武廊彩塑后背壁画的维修保护》,《四川文物》2002年第6期。

35.《王建墓棺床四周雕刻风化原因的研究》,《文物科技研究(第一辑)》,2004年,科学出版社。

36.《三星堆祭祀坑出土金器的成分分析》,《文物科技研究(第二辑)》,2004年,科学出版社。

37.《三星堆祭祀坑出土金面铜头像上的铜—金黏合剂分析》,《文物科技研究(第三辑)》,2005年,科学出版社。

38.《涪陵白鹤梁题刻的本体保护》,《四川文物》2009年第6期。

编后记

时光荏苒，岁月如梭，2023年，我院迎来了70岁的生日。

《四川省文物考古研究院名家学术文集》正是为庆祝我院成立70年而精心策划的一份礼物，收录了我院老一辈杰出文物考古工作者具有代表性的学术论文，共九卷。"著述前辈的开拓，启迪来者的奋斗，赓续传承美好。"这是院领导发起出版本套文集的初衷，也是全院干部职工多年以来共同的期待。

文集筹备工作始于2022年初，从征求上级领导意见，到广泛收集我院离退休职工及离世专家家属的建议和意愿，再到组织专家论证、院学术委员会研究，最终明确了本套文集的整体定位、选文标准和著录体例。

《四川省文物考古研究院名家学术文集》编辑委员会于2022年7月成立，主要负责落实文集资料收集查证、作者方联络、出版对接等工作。或因联系不上有些曾在我院工作过的专家、专家家属，或因已经有机构为一些专家出版过个人文集，或因有些专家身体抱恙，或因部分资料年代久远、查证困难，加上编辑时间有限，还有一些曾为我院事业发展做出杰出贡献的专家的文集未能成行，前辈们的风采也未能尽善尽美地呈现，略有遗憾。但未来可期，希望在我院文物考古事业更进一步、迈上新台阶时，后辈们能不忘前辈们的辛劳和奉献，续启为前辈们出版个人文集的计划。

本文集的出版得到了四川省文化和旅游厅、四川省文物局的大力支持，同时得到了诸多专家、前辈的指导和帮助。还有巴蜀书社的编辑们，他们以高度负责的态度、高质量的要求，确保了文集出版工作的顺利推进。在此，向关心支持本文集出版的工作单位和工作人员，表示由衷的感谢。

《四川省文物考古研究院名家学术文集》编辑委员会

2023年10月